Ildikó von Kürthy ist Journalistin und Kolumnistin bei der BRIGITTE. Sie lebt mit ihrem Mann und den beiden Söhnen in Hamburg. Ihre Romane wurden mehr als sechs Millionen Mal gekauft und in 21 Sprachen übersetzt. «Neuland» ist nach «Unter dem Herzen» das zweite Sachbuch der Autorin, es begeisterte Hunderttausende von Lesern und stand ganz oben auf der Bestsellerliste.

Ildikó von Kürthy

NEULAND

Wie ich mich
selber suchte
und jemand
ganz anderen
fand

Mit Collagen
von Julia Thesenfitz

Rowohlt Taschenbuch Verlag

Veröffentlicht im Rowohlt Taschenbuch Verlag,
Reinbek bei Hamburg, Dezember 2016
Copyright © 2016 by Rowohlt Verlag GmbH,
Reinbek bei Hamburg
Fotos Frank Grimm
Fotos Seite 69 Malte Babion
Umschlaggestaltung ZERO Werbeagentur,
München, nach einem Entwurf von Julia Thesenfitz
Umschlagabbildungen Frank Grimm
Satz aus der Documenta, PostScript, InDesign,
bei Dörlemann Satz, Lemförde
Druck und Bindung GGP Media GmbH, Pößneck, Germany
ISBN 978 3 499 63088 0

*Dem Gehenden schiebt sich der
Weg unter die Füße.*

Martin Walser

Ich hatte mich ganz anders in Erinnerung. Die Frau im Spiegel kommt mir nur entfernt bekannt vor.

«Ich wünschte, das wäre ich», höre ich das Spiegelbild mit meiner Stimme sagen.

«*Ich* ist ein dehnbarer Begriff», sagt der Mann, der hinter mir steht und mein blondes, langes Haar zu einer Frisur zusammensteckt, wie ich sie sonst nur aus Kostümfilmen mit namhaften Schauspielern kenne.

Eine vorbildlich gelockte Locke kringelt sich an meinem Hals entlang, meine Stirn ist so glatt wie eine Pfütze an einem besonders windstillen Tag. Ich kann den Blick nicht abwenden von der Person, die ich sein soll. Oh Mann, bin ich schön!

Noch vor zwei Tagen hatte ich mich im Bad eingesperrt und mich geweigert rauszukommen. Ich hatte ein blaues Auge und kurze, struppige, orange Haare, die an ein Knäuel frittierter Haushaltskordeln erinnerten.

So böse, wie es mir mit meiner durch Nervengift lahmgelegten Stirn möglich gewesen war, hatte ich die demolierte Frau angeschaut. Drei Fragen drängten sich mir auf:

1. Sieht so eine Frau auf der Suche nach sich selber aus?

Ich hatte ein Klopfen an der Badezimmertür gehört.

2. Wie konnte es bloß so weit kommen?

Das Klopfen war lauter geworden.

3. Wann genau hat das alles eigentlich angefangen?

«Komm raus!», hatte mein Sohn gerufen. «Wir lieben dich trotzdem!»

Nett von euch. Ich mich aber nicht.

Es hatte an einem trüben Morgen im Dezember begonnen, an dem ich mir bedauerlicherweise selbst begegnete...

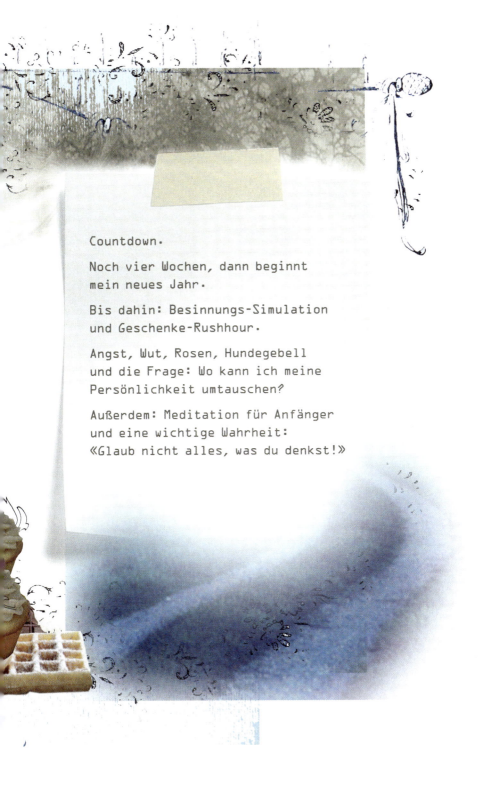

Countdown.

Noch vier Wochen, dann beginnt
mein neues Jahr.

Bis dahin: Besinnungs-Simulation
und Geschenke-Rushhour.

Angst, Wut, Rosen, Hundegebell
und die Frage: Wo kann ich meine
Persönlichkeit umtauschen?

Außerdem: Meditation für Anfänger
und eine wichtige Wahrheit:
«Glaub nicht alles, was du denkst!»

7. Dezember

Ich hole tief Luft und hämmere mit beiden Fäusten gegen die Tür. Meine Stimme überschlägt sich, und ich klinge wie ein Handmixer, der seine besten Zeiten lange hinter sich hat.
«Mach endlich auf, du Pupsgesicht!»
Die Frau neben mir nickt anerkennend. «Sehr gut. Aber bitte noch lauter und aggressiver.»
«Lass mich rein, du widerliche Kackbratze!»
Einige der Anwesenden schauen erschreckt. Im Raum nebenan setzt das Klavierspiel kurz aus. Die Sache beginnt, mir Freude zu machen.

Aber zu diesem Zeitpunkt habe ich auch noch keine Ahnung, was auf mich zukommt und dass diese Tür mein Leben für immer verändern wird.

Ich war zu einer Zeit auf den Hinweis mit dem *Personality Coaching* der berühmten Hamburger Stage School gestoßen, zu der ich normalerweise längst im Bett bin.

Ich hatte mich in einer sich hinziehenden Sonntagabend-Krise befunden und einige grundlegende Überlegungen trübsinniger Natur bezüglich meiner Persönlichkeit, meines Gewichts und meiner Frisur angestellt.

Meine Haare und meine Kinder waren mir schwer erziehbar vorgekommen, und der Sinn meiner Existenz wollte sich mir zu dieser späten Stunde nicht erschließen. So war ich zu dem Schluss gelangt, dass es mit meinem Leben nicht weitergehen konnte wie bisher.

Keine einzige der mir bekannten Frauen will, dass ihr Leben so weitergeht wie bisher.

Alle Frauen in der Lebensmitte sind auf der Suche.

Aber es gibt kaum eine, die genau weiß, wonach sie eigentlich sucht. Nach dem Sinn des Lebens? Nach Selbstbewusstsein, Gelassenheit, Achtsamkeit? Nach einem neuen Mann oder lieber doch nur nach einer neuen Haarfarbe? Wie eine panische Büffelherde fegt eine riesige Schar sich selbst verwirklichender Frauen rund um den Globus. Und wer nicht mindestens Yoga macht oder eine Gluten-Unverträglichkeit vorzuweisen hat, verhält sich verdächtig.

Ich bin mit fortschreitendem Alter ebenfalls zunehmend nervös geworden, aus meinem linken Hirnlappen erklingt immer häufiger ein unheimliches Gequake.

Ich versuche dann, meiner inneren Unke meist mit ein paar bereitgestellten Erdnussflips das Maul zu stopfen. Manchmal verstummt sie, in letzter Zeit aber nicht mehr.

Und dann werde ich aus den Tiefen meines Bewusstseins wie aus einem dunklen Brunnen allzu deutlich angemeckert: «Soll es das jetzt gewesen sein? Willst du einfach so weiterleben bis zum Schluss? Jetzt ist noch Zeit, Neues zu entdecken. Aufbruch. Oder Ausbruch. Was willst du noch tun, bevor es zu spät ist? Wovon hast du mal geträumt? Und, sag mal, hast du deine eigene Mitte überhaupt schon gefunden? Oder eine akzeptierende, gelassene Haltung gegenüber deiner Frisur? Und was ist mit Yoga? Nein, die Probestunde von neulich zählt nicht! Jetzt ist noch Zeit. Höchste Zeit! Hör doch mal, wie deine Knie schon knacken. Ohrenbetäubend. Deine klagenden Knochen sind die Totenglocken, die dein Alter und dein Ende einläuten. Also los, es ist noch nicht zu spät. Abmarsch! Nein, die Erdnussflips bleiben hier.»

An jenem Sonntagabend hatte ich beschlossen, ein anderer Mensch zu werden, und mich voller Tatendrang im Internet auf die Suche nach einem neuen, angesagten Ich gemacht.

Auf der Seite selbstbewusst-hamburg.de las ich: «Lösen Sie Ihre Bremsen, dann kommen Sie schneller ans Ziel. Zeigen Sie, wer Sie sind! Entdecken Sie sich neu und optimieren Sie Ihre Fähigkeiten. Wir zeigen Ihnen den Weg zu einem spannenden Menschen: Ihrer Persönlichkeit.»

Am nächsten Morgen hatte ich betroffen festgestellt, dass ich mich tatsächlich für das Seminar angemeldet hatte, was eigentlich nicht meine Art ist, denn ich habe es gern gemütlich und gehe meiner Persönlichkeit, wann immer ich mit ihr aneinandergerate, üblicherweise aus dem Weg.

«Mach die Tür auf, oder ich ramm dir das Brotmesser in deinen Schwabbelbauch!», höre ich mich bedrohlich brüllen. Ich will mich ja nicht selber loben, aber wenn es sich derartig anbietet, tu ich es ausnahmsweise mal gern: Bei der Wut-Übung bin ich die absolute Nummer eins. Unschlagbar im derben Rumpöbeln und wüsten Beschimpfen. Rumschreien, bis die Scheiben klirren, dazu kommt man im Alltag ja viel zu selten.

Die Übung begann mit einer Frage unserer Seminarleiterin, der Schauspieldozentin Karin Frost-Wilcke: «Wer von euch kann richtig wütend werden?»

Zwei der drei teilnehmenden Männer und ich hoben den Finger. Von den sieben anderen Frauen rührte sich keine einzige.

Die Übung bestand darin, auf eine imaginäre Tür zuzugehen, wütend gegen sie zu hämmern und den Menschen, den wir uns hinter ihr vorstellen, laut und unflätig zu beschimpfen.

Was dann zu beobachten war, war eine dramatische Unfähigkeit der Frauen zur Wut.

Eine hauchte «Du Doofmann» und machte zarte Klopfbewegungen in die Luft. Eine andere verließ der Mut bereits auf dem Weg zur Tür. Eine dritte rief zwar halbwegs energisch «Mach auf, du Schwein!», brach dann jedoch in verschämtes Kichern aus und huschte mit eingezogenen Schultern zurück zu ihrem Platz.

«Komm mal zu mir», forderte Karin sie auf. «Und jetzt brüll mich an und schubs mich weg. Los, trau dich!»

Es war ein Trauerspiel. Das Schubsen war, wenn es hochkommt, ein verhaltenes Tätscheln, und das Gebrüll erinnerte an eine heisere Prinzessin Lillifee.

Was hindert Frauen bloß an ihrer Wut? Warum leiden sie regelrecht, wenn sie Aggressionen zeigen sollen?

Vielleicht hat man ihnen einmal zu oft ins Poesiealbum geschrieben: «Sei wie das Veilchen im Grase, sittsam, bescheiden und rein, und nicht wie die stolze Rose, die immer bewundert will sein.»

Ich habe nichts gegen Rosen und nichts gegen Bewunderung, und manchmal möchte ich eines dieser dusseligen Veilchen rütteln und schütteln, bis die verdammte Bescheidenheit von ihm abfällt wie der defekte Hitzeschild eines Raumgleiters beim Wiedereintritt in die Erdatmosphäre.

«Verglüh doch, du Würmchen!», möchte ich ihnen ins Gesicht brüllen. «Dann bist du wenigstens einmal in deinem Leben zu sehen!»

Die Schüchternheit mancher Frauen lässt mich ratlos zurück. Was mag da hinter dem Panzer aus Zurückhaltung und Konvention alles schlummern? An Energie und Phantasie und, ja, auch an Wut und Gewalt?

Oder funktioniert unsere Welt nur, weil Frauen tendenziell brav sind, sich um die Weihnachtsgeschenke für die Schwiegereltern kümmern, leere Klopapierrollen auswechseln und später keine Kriege anzetteln?

In deutschen Gefängnissen sitzen zu fünfundneunzig Prozent Männer. Vielleicht würde es eng werden hinter Gittern, wenn Frauen keine Veilchen wären.

Aber die Sehnsucht bei Frauen nach mehr Selbstbewusstsein und weniger Bescheidenheit ist da, und ebenso die Lust, den ewigen Platz im Zuschauerraum zu verlassen, um sich endlich mal auf die Bühne des Lebens zu stellen.

Im Rampenlicht wachsen keine Veilchen, und in der letzten Reihe blühen keine Rosen.

Es geht um Auftreten und Stimme, es geht um Haltung statt Zurückhaltung – und um die Überwindung des niemals schlafenden, gefräßigen Untieres, das in den Winkeln unserer Seele haust: unseres inneren Schweinehundes.

Und nun bin ich hier mit einem ganzen Rudel von Schweinehunden, meiner Persönlichkeit sowie der von neun anderen: Menschen, die sich verändern wollen, die das Optimum aus sich rausholen wollen und sich manchmal einfach eingestehen müssen, dass auch das Optimum nicht immer optimal ist. Und dass es keinen einfachen Weg gibt, besser zu werden, glücklicher zu werden, freier zu werden. Veränderung tut weh.

Auf die Wut- folgt eine Partnerübung. Wir sollen aufeinander zugehen und uns begrüßen, wobei abwechselnd einer den Chef und der andere den Untergebenen spielen soll. Durch unsere Körperhaltung sollen wir Überlegenheit beziehungsweise Unterlegenheit ausdrücken.

Friedemann und Regina, ein Ehepaar aus Tübingen, das den Kurs in Kombination mit einer Hamburg-Tour und einem Musicalbesuch gebucht hatte, geraten sich dabei derartig in die Haare, dass man ihnen, auch im Sinne der bedrohten Gesamtharmonie der Gruppe, einen vorzeitigen Abbruch des Kurses nahelegen möchte.

«Er kommt einfach nie runter von seinem Thron!», ruft Regina klagend in die Runde. «Er kann sich mir nicht mal im Spiel unterordnen.»

«Du bist dominant und merkst es gar nicht, das ist dein altes Problem», schimpft Friedemann. Sein gewaltiger Bauch bebt böse, und Seminar-Chefin Karin schlägt zur Entspannung der Situation eine Übung vor, bei der wir Hunde spielen sollen, die sich wütend anbellen.

Regina und Friedemann klingen wie zwei überreizte Pitbulls bei einem Hundekampf-Festival in Tschetschenien.

Mein Partner bellt mich so engagiert und überzeugend aus, dass ich es schon fast persönlich nehme.

Ich finde meine Performance aber auch recht gelungen. Ich sehe mich selbst als eine Mischung aus aufgeschrecktem Foxterrier und wachsamem Weimaraner und bekomme zunehmend den Eindruck, dass meiner Bühnenkarriere nichts mehr im Wege steht.

Das ändert sich schlagartig bei der nächsten Übung.

«Es geht um Mut», sagt Karin, und mir rutscht das Herz in die Strumpfhose. Ich ahne, dass ich nun dem unangenehmeren Teil meiner Persönlichkeit begegnen werde, mit dem ich mich seit Jahren rumschlage und immer den Kürzeren ziehe.

«Ihr werdet jetzt der Reihe nach durch diese Tür auf die Bühne kommen und vor den Teilnehmern einen drei Minuten langen Vortrag halten», sagt Karin. «Überwindet eure Angst!»

Meine Atmung verabschiedet sich eilig, als hätte sie dringende Anschlusstermine.

Angst gehört eindeutig zur Kategorie der Gefühle, die ein überdurchschnittlich schissiger Mensch wie ich besonders gern zu vermeiden versucht. Aber loswerden möchte ich sie trotzdem. Eine Zwickmühle: Wer mutig werden will, muss mutig sein. Wer stark werden will, muss stark sein. Um das zu werden, was du werden möchtest, musst du das sein, was du nicht bist.

Ich habe ja schon Lampenfieber, wenn ich was auf Facebook poste oder mich bei Elternabenden in der Kita zum Ausbau der Matschgrube äußern soll.

Öffentliche Auftritte sind für meine innere Balance die größte anzunehmende Katastrophe. Bei Lesungen kämpfe ich, während ich hinter dem Vorhang auf meinen Einsatz warte, mit einem schier unbezwingbaren Fluchtinstinkt.

Ab und zu überwinde ich meine Angst. Nein, das ist eigentlich nicht korrekt, ich überwinde sie nicht. Ich habe sie und mache es trotzdem. Ich gehöre zum Beispiel zu den Steinzeitmenschen, die in der Steinzeit stehengeblieben sind und denen Fernsehen immer noch so etwas wie Respekt einflößt. Wahrscheinlich, weil ich tagsüber nie dazu komme.

Entsprechend aufgeregt bin ich natürlich, wenn ich selbst mal im Fernsehen vorkomme.

Warum bin ich nicht zu Hause geblieben?, frage ich mich bei Pulsfrequenzen um die zweihundertdreißig, wenn ich als Gast in einer Talkshow sitze, das rote Aufnahmelicht der Kamera angeht und die Anfangsmusik zu spielen beginnt.

Was mich zusätzlich nervös macht, ist der Eindruck, dass alle anderen nicht nervös sind. Das ist mir völlig unbegreiflich.

Meiner Ansicht nach ist fehlende Angst letztlich ein Ausdruck mangelnder Phantasie.

Man stelle es sich doch bitte konkret vor: Im Fernsehen sehen dich Tausende von Menschen, hören, wenn du dich verhaspelst, lachen sich kaputt, wenn du sinnfreies Zeug stammelst, sehen den Schweiß auf deiner Stirn und wundern sich, wenn du schreiend rausrennst, um dich dahin zu begeben, wo der normale Mensch hingehört: vor den Fernseher und nicht in den Fernseher.

In den letzten Monaten war ich ein paarmal zu Gast in Talkshows und hatte den unschönen Eindruck, dort jedes Mal die Einzige zu sein, die die alarmierende Sauerstoffknappheit im Studio bemerkte. Barbara Schöneberger, Jörg Thadeusz, Bettina Böttinger: Diese Personen atmen einfach weiter, obschon sie auf Sendung sind. Es ist ungeheuerlich!

Leute, dachte ich, wir sind im Fernsehen! Warum regt ihr euch denn nicht auf?

Bei meinem letzten Besuch bei *Beckmann* war mir acht Minuten vor Beginn der Sendung aus Nervosität mein Sender ins Klo gefallen. In der *NDR Talk Show* versuchte ich ein klägliches Witzchen über Coolness, was dem coolen Sänger Jan Delay nicht mal den Ansatz eines Lächelns entlockte, und bei einer Lesung in München zitterte das Mikro in meiner Hand derartig, dass ich meinem Bühnenpartner Hubertus Meyer-Burkhardt fast die Zähne damit ausgeschlagen hätte.

Und jetzt wird mein Albtraum wieder wahr: Ich stehe hinter einer Tür auf der Bühne, höre die Stimmen der Teilnehmer im Zuschauerraum und warte auf meinen Einsatz.

Karin klatscht in die Hände.

Ich öffne die Tür, schließe sie hinter mir, gehe die paar Schritte zum Rednerpult – und gebe mich geschlagen.

Die Angst überfällt mich wie ein wütendes Tier. Ich habe keine Chance. Herzrasen und Schnappatmung. Das Blut rauscht in meinen Ohren und schwemmt jeden brauchbaren Gedanken mit sich fort.

Ungünstige Voraussetzungen für einen souveränen Auftritt. Und als ich japsend meinen Vortrag beginne, stelle ich mir, wie gewöhnlich, die Frage, warum ich mir und meinem Publikum das eigentlich antue?

Die Antwort: Weil ich es können will. Und weil ich glaube, dass hinter meinem Lampenfieber eine ausgewachsene Rampensau schnarcht. Weil ich nicht länger hinnehmen möchte, dass mir Ängste Wege versperren, die ich gehen will.

Weil ich einmal in meinem Leben eine Showtreppe hinunterschreiten will, und weil ich ganz tief in meinem Inneren eine Seelenverwandtschaft spüre zwischen mir und Hans-Joachim Kulenkampff.

Irgendwie bringe ich meinen Vortrag zu Ende und schleiche verzweifelt und beschämt an meinen Platz zurück. Ich fürchte, wenn, dann muss der Hans-Joachim Kulenkampff ein sehr entfernter Verwandter von mir sein.

Karin sagt zum Abschluss des Seminars an uns alle gewandt: «Wenn du etwas wirklich willst, dann mach es. Du musst dich treten, immer wieder und immer wieder. Es gibt kein Geheimrezept gegen die Angst. Fast alle machen sich auf der Bühne in die Hose, aber sie stehen trotzdem da. Der Weg ist verdammt hart, aber er lohnt sich.»

Nun, ich muss ganz offen sagen, dass ich nicht gerade eine Spezialistin für den harten Weg bin. Im Gegenteil, ich mag besonders gern den des geringsten Widerstandes.

Auf dem Heimweg gerate ich ins Grübeln. Ein Wochenendseminar macht keinen anderen Menschen aus mir. Aber könnte ein ganzes Jahr einen anderen Menschen aus mir machen?

Vielleicht muss ich nicht so bleiben, wie ich bin. Vielleicht kann ich auch ganz anders sein, als ich denke.

Warum nicht einmal, quasi zur Abwechslung, den steinigen Weg wählen? Es wäre einen Versuch wert.

Jetzt ist die Zeit für einen Neuanfang!
Und was auch kommen mag, eines bleibt mir ja ganz bestimmt: Ich kann wunderbar bellen.

12. Dezember

GEWICHT: **Ist doch völlig nebensächlich. Auf dem Pfad der Erkenntnis fragst du dich nicht, was du wiegst, sondern wer du bist.**
GEMÜTSVERFASSUNG: **Unheimlich gestresst durch die Aussicht auf drei Tage Stressbewältigung mit Hilfe von Achtsamkeitsmeditation.**

Ich will das kommende Jahr gut gerüstet beginnen und hoffe, in diesem Seminar die Grundlagen für meine zukünftige Weisheit, allumfassende Gelassenheit und innere Ruhe zu legen.

Ruhe?

Was war das jetzt noch gleich?

Kurz zur Erinnerung: Ruhe herrscht zwischen zwei eingehenden SMS. Ruhe bezeichnet man als klingeltonfreie, relativ geräuscharme Zeit, in der sich der Körper beim Nichtstun entspannt und der Geist behaglich und ziellos herumschweift.

Ruhe ist Müßiggang. Ruhe ist Zeitverschwendung im schönsten Sinne. Zur Ruhe kommen heißt, sich grundlos zurückzulehnen, am Nachmittag ein Buch zu lesen oder aus dem Fenster zu schauen, vielleicht bis es dunkel wird.

Früher kannte ich sie, diese versunkenen Zustände, die kleineren und größeren Inseln des Rückzugs, die den Alltag unterbrachen wie glänzende Atolle die Weltmeere.

Früher, das ist lange her, konnte ich kleine Ewigkeiten ins Nichts schauen oder ins Irgendwo. Die Zeit vergessen und den Raum.

So war das früher. Aber früher ist vorbei.
Heute kann ich die Ruhe nicht mehr ertragen.

Ich beherrsche sie nicht mehr, die Kunst der ungeteilten Aufmerksamkeit, und aus meinem Hirn ist ein nervös zuckendes Organ geworden, überlastet, überfordert, überinformiert, überfressen.

Wenn ich länger als fünf Minuten tatenlos zubringe, klopft mein Gehirn an und fragt, unterzuckert von Untätigkeit, wo denn der nächste Außenreiz bleibt.

Jedes Tun hat einen Zweck. Und statt Pause mache ich die Wäsche.

Aber das soll sich ja nun ändern. Gleich geht's los – ich muss nur noch kurz die Spülmaschine ausräumen.

9 Uhr 45
Ankunft.

Es ist so trübe draußen, dass mein Navigationssystem noch nicht auf Tageslicht umgeschaltet hat. Für die Elektronik meines Autos ist es noch Nacht und für mich eigentlich auch.

Mein Hirn dümpelt träge in den Resten des vorzüglichen Grauburgunders dahin, von dem ich gestern mit meiner Freundin Vera reichlich getrunken habe.

Meine Lust, zwei Tage mit esoterischen Spinnern im Schneidersitz auf stinkenden Gummimatten zu hocken und meinen Atem zu spüren, geht gegen null.

Ich biege auf den Parkplatz des Osterberg-Instituts ein. Mein Navi hat immer noch nicht gemerkt, dass hier in Schleswig-Holstein, irgendwo zwischen Oberkleveez und Niederkleveez, der Tag angebrochen ist.

Ich schalte den Motor ab und gönne mir noch ein paar Minuten in meinem vertrauten Auto.

Mal hören, ob Vera schon wieder kommunikationstauglich ist.

«Prost», meldet sie sich krächzend. «Ich dachte, du bist schon ganz entspannt im Hier und Jetzt.» Sie gähnt. Ihre Stimme klingt nach Nikotin und Kopfschmerzen vom Rausch des letzten Abends.

Ich sage: «In zehn Minuten geht's los. Ich bin hier am Ende der Welt und will nach Hause. Ich vermisse meine Kinder und meinen Mann und würde lieber Socken bügeln, als jetzt gleich da reinzugehen, um mit wildfremden Menschen meine Mitte zu suchen.»

«Quatsch. Du kriegst immer Sehnsucht nach deinem Mann oder deiner Bügelwäsche, sobald du Schiss oder keine Lust hast. Du gehst da jetzt rein, Ildikó, und ziehst das Seminar durch. Sieh es als Experiment. Auch Scheitern macht klüger.»

Sie spricht meinen Vornamen so streng aus wie meine ehemalige Biologielehrerin Frau Opitz, und schon beginne ich zu bereuen, von Vera, meiner ältesten und strengsten Freundin, Trost, Verständnis und womöglich Absolution für eine frühzeitige Abreise aus Niederkleveez erhofft zu haben.

«Hast du auch solche Kopfschmerzen?», frage ich ablenkend.

«Nicht jammern – tun!», ruft sie mir unerwartet laut durch die Freisprechanlage entgegen. Mir dröhnt der Kopf. «Denk an das Maßband in deiner Nachttischschublade. Die Zeit läuft!»

Ach ja, das verdammte Maßband. Zunächst kam ich mir albern vor, aber Vera hatte gesagt, ich solle das unbedingt ausprobieren. Es sei sehr effektiv und eindrucksvoll, und man hätte danach augenblicklich keine Lust mehr, öde Filme oder öde Menschen zu sehen.

Ich hatte also ein Maßband gekauft, es bei sechsundvierzig Zentimetern durchgeschnitten und das erste Stück weggeworfen.

Das war meine Vergangenheit. Null bis sechsundvierzig. Die Zeit, die ich schon gelebt habe.

Dann hatte ich das Band ein weiteres Mal bei dreiundachtzig Zentimetern gekappt und das abgeschnittene Stück weggeworfen – die Zeit, die ich voraussichtlich nicht mehr erleben werde, sollte ich das für eine Frau durchschnittliche Alter von dreiundachtzig Jahren erreichen.

Übrig blieb mir ein verstörend kurzes Stück Maßband mit einer Länge von siebenunddreißig Zentimetern.

Meine Zukunft.

Statistisch gesehen.

Ich hatte das Maßband in meine Nachttischschublade gelegt, und von dort aus verströmt es seither seltsame Energien.

Manchmal kommt es mir vor wie eine Bedrohung, wie ein Strick, der sich langsam um meinen Hals zuzieht.

Dann versuche ich, mich an das zu erinnern, was ich neulich bei Wilhelm Schmid gelesen habe: den Unterschied von *Edelsteinleben* und *Kieselsteinleben*. Wie man unachtsam Kieselsteine aufeinanderhäuft, wenn man sich der Endlichkeit des Lebens und des Wertes jedes einzelnen Augenblicks nicht bewusst ist. Und wie es durch das Wissen um die Begrenzung gelingen kann, kostbare Momente wie Edelsteine zu sammeln.

Ein Edelsteinleben will ich auch. Und dieser Moment könnte unheimlich schön sein, wenn ich den Rückwärtsgang einlegen und nach Hause fahren würde.

Vera scheint meine Gedanken zu erahnen und sagt: «Vergiss es. Du bleibst, wo du bist.»

«Warum musst du denn immer so hart zu mir sein?», frage ich weinerlich.

«Weil du es nicht bist.»

Eine halbe Stunde später sitze ich Auge in Auge mit einer Rosine, und es ist ganz offensichtlich, dass wir beide uns überhaupt nicht leiden können.

Sowohl die Seminarleiterin als auch die sieben Teilnehmer entsprechen ebenso wenig meinen Vorurteilen wie der schöne, achteckige *Raum der Mitte*, in dem sich die Gruppe zusammengefunden hat.

Ich hatte mich augenblicklich geschämt, als ich eingetreten war und nichts so war, wie ich es mir vorgestellt hatte. Es war, als würde eine dünne, schöne Blondine, von der man gehässig angenommen hatte, sie sei ganz sicher stumpfsinnig und garstig, anfangen, einem superfreundlich die Grundlagen der Astrophysik zu erklären.

Die Teilnehmer und Susanne Kersig, Psychologin mit dem Schwerpunkt Achtsamkeitsmeditation und Leiterin des Seminars, machten alle einen sehr vernünftigen Eindruck auf mich. Im Grunde genommen fast wie ganz normale Menschen. Ich beschloss aber, achtsam zu bleiben. Man hängt ja auch irgendwie an seinen Vorurteilen, sind sie doch eine liebevoll zusammengestellte Komposition aus Klischees und Spießigkeit und den Gedanken, die sich andere bereits für einen gemacht haben.

Nachdem wir uns bei der Vorstellungsrunde aufs Duzen geeinigt haben – immerhin hatten wir die Wahl –, reicht Susanne eine Dose herum. Wir sollen hineingreifen, eine Rosine herausholen und sie dann so wertfrei betrachten, als hätten wir noch nie zuvor eine gesehen.

Ich greife beherzt zu und komme mir einen Moment lang vor wie Maren Gilzer bei einer Dschungelprüfung.

Ich rufe mir mahnend in Erinnerung, was Vera gestern weinselig verkündet hatte: «Wochenendseminare sind wie Karneval: Entweder du lässt dich auf sie ein, oder du kannst es gleich bleibenlassen. Du gehst ja auch nicht ohne Kostüm zum Rosenmontagszug.»

Ich betrachte das verschrumpelte Klümpchen zwischen meinen Fingern und versuche, die Rosine meine Antipathie nicht spüren zu lassen. Aber ich habe das Gefühl, dass die Abneigung auf Gegenseitigkeit beruht.

Selbst vollkommen wertfrei betrachtet, sieht das Gebilde aus wie eine unappetitliche Kreuzung aus Kotkrümel und vertrockneter Hirnmasse, und es verströmt einen süßlichen Verwesungsgeruch.

Als Susanne uns auffordert, die Rosine in den Mund zu nehmen, kann ich mich gerade noch dazu überwinden, aber kauen und schlucken? Nein, das geht beim besten Willen nicht. Karneval hin oder her, es gibt gewisse persönliche Abneigungen, über die man sich nicht hinwegsetzen sollte. Ich zwinge mich ja auch nicht, einen Film mit Christine Neubauer anzuschauen oder Eigenurin zu trinken. Ich spucke also die klebrige Frucht entschlossen in meine Hand und komme mir unheimlich achtsam vor, habe ich doch rechtzeitig und eindeutig bemerkt, wo meine Grenzen sind, und diese respektiert.

Während alle anderen noch mit geschlossenen Augen kauen, schleichen sich bei mir erste Zweifel ein. Und als die Teilnehmer anschließend berichten, wie es ist, eine Rosine wie zum ersten Mal zu essen, wie der Geschmack plötzlich im Mund entsteht und genauso plötzlich spurlos verschwindet, und wie ungewöhnlich es ist, sich mit allen Sinnen auf einen einzigen Vorgang zu konzentrieren, und dass dieser eigentlich normale Vorgang dadurch zu einem unerwarteten Abenteuer wird – da muss ich zerknirscht zugeben, dass ich gerade durch meine eigene Schuld einen kleinen Edelstein am Wegesrand habe liegen lassen.

Als ewiger Besserwisser kann man keine neuen Erfahrungen machen.

«Vorurteile sind typisch für den Anfängergeist», sagt Susanne Kersig, und ich fühle mich durchaus gemeint. «Achtsam sein heißt, das gewohnheitsmäßige Denken zu unterbrechen und den Ist-Zustand wertfrei wahrzunehmen. Ihr braucht nicht alles zu glauben, was euch durch den Kopf geht. Wir denken mehr als hunderttausend Gedanken pro Tag, aber davon sind neunzig Prozent nicht sinnvoll. Viele Gedanken wiederholen sich oder sind überflüssig. Es lohnt sich, eure Gedanken zu überprüfen. Grübelt beim Aufstehen nicht darüber nach, was der Tag wohl bringen wird. Frühstückt, als frühstücktet ihr zum ersten Mal, statt achtlos zu kauen und an etwas zu denken, das in der Vergangenheit oder in der Zukunft liegt, sich also sowieso eurem Einflussbereich entzieht. So könnt ihr eure Stressmuster durchbrechen.

Unser in der Steinzeit angelegtes Gehirn ist nicht gemacht für die Fülle an Reizen, der es heutzutage ausgesetzt ist. Unruhige Geister sind ineffektiv, denn unter Stress übernimmt unser Reptiliengehirn das Kommando. Kompliziertes ist dann nicht mehr zu bewältigen, weil dieser Teil des Hirns lediglich auf Angriff oder Flucht programmiert ist. Da wir aber nur noch selten realen Gefahren ausgesetzt sind und nicht mehr wegrennen oder uns prügeln müssen, wird das bei Stress erzeugte Adrenalin nicht mehr abgebaut. Wenn wir nicht ab und zu innehalten, wird der Stress chronisch, und wir werden zu Marionetten. Auf Reiz folgt Reaktion, pausenlos. Veränderungen sind so nicht möglich.

Innehalten schenkt Freiheit. Das Jetzt ist unser wahres Zuhause. Genießt die Zeit, die euch ein Stau schenkt. Lasst eure Handys die nächsten Stunden auf euren Zimmern. Lernt Funklöcher lieben und stellt euch im Supermarkt an der längsten Schlange an.»

In der ersten Pause höre ich auf der Toilette meine Mailbox ab und habe dabei ein Gefühl, als würde ich meinen Mann betrügen oder über meine beste Freundin hinter ihrem Rücken schlecht reden.

Aus dem Klofenster sehe ich, wie Ingeborg, eine der Teilnehmerinnen, hinter einen Stechginster geduckt ihr Handy ans Ohr presst, mit jener angespannten und jederzeit zur Flucht bereiten Körperhaltung, wie sie Menschen einnehmen, die genau wissen, dass sie gerade etwas tun, was sie eigentlich nicht tun sollten.

Sehr schön zu beobachten auch bei Kindern, die abends ans Nutella-Glas gehen, verheirateten Frauen, die sich bei Tinder anmelden, und Hunden, die gerade das letzte Amuse-Gueule für den Champagnerempfang aufgefressen haben.

Unsere Handys sollten für uns Gebühren bezahlen, nicht wir für sie.

Es würde mich nicht wundern, wenn sich Smartphones untereinander genauso abgedreht über ihre Besitzer, ach, was sage ich: über ihre User unterhalten wie wir über unsere Telefone.

i-Phone: «Du, ich hab mir jetzt einen Neuen besorgt. Der ist auch nachts und auf dem Klo online!»
Nokia Lumia: «Mein User kann beim Fahrradfahren simsen!»
Sony Xperia: «Meine Userin hat mich letzte Woche ihrem Mann geschenkt, um ihn jederzeit orten zu können.»
Motorola Moto (kleinlaut): «Meine benutzt mich nur zum Telefonieren und als Taschenlampe, wenn sie ihren Schlüssel sucht.»

Ich verlasse die Toilette mit dem gleichen Pokerface, mit dem Ingeborg kurz nach mir den Meditationsraum betritt.
Funklöcher, zumindest die größeren, machen mich nervös.
Erst seit ich ständig erreichbar bin, habe ich das Gefühl, dass ständig etwas passieren könnte.
Früher war die ganze Welt ein Funkloch. Kein Empfang. Überall.
Da musste man nichts abschalten, um abzuschalten, und Eltern mussten auf ihre Kinder und das wohlwollende Schicksal vertrauen, statt auf Ortungsdienste und Skype.
Wie haben die das bloß ausgehalten? Das Festnetz als einzige Nabelschnur? Unvorstellbar!
Heute kehre ich um, wenn ich mein Handy zu Hause vergessen habe, und ohne Empfang fühle ich mich bedroht von all dem, was passiert oder nicht passiert, während ich unerreichbar bin.
Wie ein Kettenraucher wäre ich mir nicht zu schade, in kurzen, regelmäßigen Abständen in die Eiseskälte rauszugehen, um meine Nachrichten zu checken.
Die einen brauchen Nikotin. Ich brauche ein Netz.
Es könnte ja schließlich was sein.

Ich schließe die Augen und beginne meine erste Körpermeditation. Auf der Mailbox war meine Zahnärztin, die mich an den Prophylaxetermin nächste Woche erinnern wollte.
Aber es hätte ja was sein können.

Die Stille im Raum ist anders still, als ich gedacht hatte. Nicht bedrängend, nicht ungemütlich, nicht so, dass man ständig Angst hat, als Einziger ein womöglich unappetitliches Geräusch von sich zu geben.

Die wenigen Geräusche der anderen stören mich nicht. Im Gegenteil, die Stille schließt alles freundlich mit ein: die Atemzüge des Mannes rechts von mir, das Magengrummeln der Frau links von mir, das Rumpeln eines schweren Fahrzeuges irgendwo da draußen zwischen Oberkleveez und Niederkleveez.

Es scheint, als gäbe es in diesem Raum eine geheimnisvolle Kraft der gemeinsamen Gedanken, die sich gegenseitig wohlwollend begleiten und beruhigen.

Susanne sagt: «Versuche, Abstand zu schaffen zu deinen Gedanken. Lass sie vorüberziehen wie einen Zug, in den du nicht einsteigst, oder tu so, als seien es die Gedanken deines Nachbarn. Werte sie nicht, beobachte sie nur, lass sie kommen und wieder gehen.»

Mein Nachbar fängt an zu schnarchen. Mich beruhigt das ungemein, so wie ein leise gemurmeltes Mantra oder sanfte Musik. Susanne weckt ihn leider vorsichtig wieder auf.

Meditieren, sagt sie, heißt, wach zu sein. Nicht Schlaf sei das Ziel, sondern aufmerksame Entspannung. Mit allen Sinnen da zu sein, Empfindungen anzunehmen. Aufgeschlossen wahrnehmen, was ist und was mit jedem Atemzug entsteht und vergeht.

Es ist erschreckend, wie schwer es ist, den herumtollenden Geist bei Fuß zu halten.

«Versuche, deine Gedanken wie einen Hund wenigstens ab und zu zurück ins Körbchen zu locken», sagt Susanne, aber in meinem Kopf sieht es aus wie auf einer Hundewiese, auf der mindestens die Hälfte der Köter von Tollwut befallen ist. Meine schlecht erzogenen Gedanken schnappen nach mir, sobald ich sie einfangen will.

Hinsetzen und an nichts denken: Warum ist es nicht so einfach, wie es klingt?

Meine Nase juckt. Wie alt ist der Prinz Harry jetzt eigentlich?

Ob mir Blond steht? Meine Knie schmerzen. Wie ist Putin wohl privat? Ich muss dringend noch vor Weihnachten den Keller aufräumen. Und am besten auch mein Leben. Meine Schultern sind ja total verspannt. Warum geht die Zeit an Nena spurlos vorüber und an mir nicht?
 Der Gedankenstrom rauscht in meinen Ohren. Und hinter meinen Augenlidern tobt das Leben, das ich doch eigentlich für einen Moment außen vor lassen wollte.
 Es ist beschämend, wie ruhelos mich die Ruhe macht.
 In der zweiten Pause lese ich auf dem Klo eine SMS der Elternvertreterin aus der Kita meines Jüngsten, die uns daran erinnert, wie wichtig es ist, das Kopfhaar unserer Kinder regelmäßig auf Läuse zu untersuchen und bei Befall unverzüglich die notwendigen Maßnahmen zu ergreifen, wie sie auf dem anhängenden Merkblatt *Kopfläuse wirkungsvoll bekämpfen* geschildert seien.
 Ich beschließe, bis zum Abend nicht mehr auf mein Handy zu schauen. Genauso könnte ich mir vornehmen, erst ab Mitternacht wieder zu blinzeln, zu atmen und Speichel zu bilden.
 Der Gong der Klangschale ruft mich zurück in die Unwirklichkeit, in der Kopfläuse und Putin keine Rolle spielen, sondern nur der jetzige Moment, weil er der einzige ist, den wir haben, und weil es schön wäre, uns diese vielen einzigartigen Momente nicht zu versauen, in dem wir in Gedanken ständig bei den Momenten sind, die vorbei sind, oder bei denen, die noch vor uns liegen.
 So verpasst man andauernd das Leben.

14. Dezember

Auf der Rückfahrt bin ich zuversichtlich und voller Pläne für mein achtsameres Leben, das im neuen Jahr beginnen soll. Für zu Hause habe ich mir eine von Susanne besprochene Meditations-CD gekauft. Als Geländer für meine Gedanken.

Was unsere Lehrerin uns mit auf den Heimweg ins wahre Leben gegeben hat: «Das, was uns wichtig ist, ist selten dringend und taucht deswegen nicht auf unseren Prioritätenlisten auf. Wir müssen uns für das Wichtige bewusst Zeit schaffen, weil es sich anders als das Dringende nicht aufdrängt.»

Was ich mir also vorgenommen habe: jeden Morgen meditieren und mich fragen, was mir heute wichtig ist. Multitasking vermeiden. Gleichgewicht schaffen zwischen Tun und Nichtstun. Heilsame Gedanken füttern. Und mich immer wieder zur Ordnung rufen und zur Überprüfung der eigenen Denkmuster und Glaubenssätze mahnen.

Glaub nicht alles, was du denkst! Alles kann auch ganz anders sein!

In einem Experiment wurde Patienten stinknormales Wasser gereicht mit dem Hinweis, es enthalte ein Brechmittel. Achtzig Prozent der Probanden erbrachen sich, nachdem sie das Wasser getrunken hatten.

Es hilft, wenn einem mal wieder zum Kotzen zumute ist, sich freundlich, aber bestimmt zu ermahnen: «Es sind nur Gedanken. Die Wahrheit, die Zukunft, die Realität kann ganz anders aussehen, als ich es mir gerade ausmale. Also kann ich das unnütze Nachdenken eigentlich auch gleich lassen und mich angenehmeren Dingen zuwenden.»

Ich bin eine Spezialistin in Sachen nutzloser Gedanken. Im engagierten Reinsteigern und superfinsterem Grübeln macht mir so leicht keiner was vor.

Ich nehme alles persönlich, bin leicht zu beleidigen und verstehe mich darauf, auf quasi jede beliebige weibliche Person innerhalb von Sekunden eifersüchtig werden zu können. Wenn ich mir genug Mühe gebe, sogar auf Schaufensterpuppen und *Tatort*-Kommissarinnen.

Ich verleihe Dingen, Menschen, Verhaltensweisen und nicht zuletzt mir selbst eine Bedeutung, die nicht angemessen ist. Der

Busfahrer, der mich nicht zurückgrüßt, kann mir den Tag vermiesen. Dabei hat ihn am Morgen vielleicht seine Frau verlassen. Und der Typ, der mir das Taxi vor der Nase wegschnappt, muss womöglich so schnell wie irgend möglich zu seinem Kind ins Krankenhaus. Die Schnepfe, die über mich herzieht, tut das eventuell, weil ihr das Leben gerade über den Kopf wächst.

«Wie schön, dass das alles deren Probleme sind und nicht meine. Endlich mal eine Schwierigkeit, in der ich nicht stecke!» Das könnte ich doch einfach mal abwechslungshalber denken.

Dann würde, allein durch die Kraft meiner Gedanken, jede Übelkrähe meine Laune heben, weil sie mich darauf hinweist, dass es mir im Moment ganz offensichtlich besser geht als ihr. Ganz dem wunderbaren Satz nachempfunden, den ich neulich im Schaufenster der *Modern Life School* in Hamburg las und den man innerlich immer abrufbereit haben sollte für den Fall, dass einem jemand unnötig nahe kommt oder geht:

«Wenn ich du wäre, wäre ich lieber ich!»

Dann wäre ich viel weniger verletzlich, und meine Zukunftsängste würden jener heiteren Gelassenheit weichen, von der ich immer in Glücksratgebern und Frauenzeitschriften lese.

Denn sollte die Zukunft tatsächlich düster werden, bräuchte ich mir ja nicht auch die Gegenwart damit zu verderben.

«Kein Vorschuss auf Zores!», heißt eine jüdische Weisheit.

Zores sind Sorgen. Und die soll man sich gefälligst erst machen, wenn man Grund dazu hat. Und auch nur dann. Karl Valentin sagte: «Ich freue mich, wenn es regnet. Denn wenn ich mich nicht freue, regnet es auch.»

Ich halte vor dem Haus, in dem ich wohne, und fühle mich schon gehörig erleuchtet, ansatzweise weise und bin absolut bereit, den guten Gedanken und sogar den Rosinen in meinem Leben eine Chance zu geben.

26. Dezember

GEWICHT: Ich hatte bereits einen Tag vor Heiligabend mein Nachweihnachtsgewicht erreicht. Muss mir auch erst mal einer nachmachen.
STIMMUNG: Tendenziell mürrisch.

Entweder ist Weihnachten nicht mehr das, was es mal war, oder ich bin nicht mehr die, die ich mal war. Oder wir haben uns auseinanderentwickelt. Das kommt ja in den besten Beziehungen vor. Wir hatten wieder keine weißen Weihnachten. Dabei hat früher am Heiligen Abend fast immer Schnee gelegen. Und die Tannen rochen viel intensiver nach Tannen, und die Lichterketten hatten ein deutlich wärmeres Licht. Wann hat die Weihnachtszeit ihren bedingungslosen Zauber verloren? Warum kann ich mich nicht mehr freuen wie ein Kind? Kann ich es vielleicht wieder lernen?

Ich betrachte den überladenen Baum und bin froh, dass sie jetzt vorbei ist, diese überheizte, überfüllte Weihnachtszeit. Stets vollgepackt mit Terminen und dümmlichen Sätzen wie: «Wir müssen uns in diesem Jahr unbedingt noch mal sehen!»

Warum eigentlich?

Auch wenn man es nicht für möglich hält: Es gibt einen Januar, den man getrost nutzen könnte, um den Dezember zu entlasten.

Aber weil ja im Januar jedes Mal alles ganz anders und ganz neu und leicht und lebendig und total vernünftig werden soll und man den Kohlehydraten, dem Alkohol und den Nuss-Nougat-Kreationen für immer abschwört, muss man den Dezember richtig auskosten. So frisst man sich träge dem neuen Jahr entgegen, verwechselt Völlerei mit Genuss und ist enttäuscht, dass man an Silvester in keines der etwas schickeren Kleider mehr reinpasst und wieder eine weit fallende Bluse über Leggins tragen muss.

Ein Outfit, das übrigens auch durch hohe Absätze optisch nur minimal gestreckt und nicht wesentlich erträglicher wird.

In dieser Saison ist es mir gelungen, vom ersten bis zum letzten Advent fünfeinhalb Kilo zuzunehmen, sodass ich mich jetzt in der Zwei-Hosen-Phase befinde.

Von gefühlten zweihunderttausend Hosen in meinem Schrank passen noch zwei, und die auch nur, weil sie einen Gummizug in Kombination mit einem erhöhten Stretchanteil vorzuweisen haben.

Jetzt hocke ich wohlgenährt wie ein verwöhnter Mops zwischen meiner Weihnachtsdeko, die mir, genauso wie ich selbst, viel zu üppig vorkommt.

Überladen mit Überflüssigem. So wie ich. So wie mein Körper. So wie mein Hirn.

Innerlich und äußerlich verfettet. Unbeweglich geworden unter selbstauferlegten Luxuslasten.

Mittlerweile verschafft mir die Entsorgung des Weihnachtsbaumes mehr Vergnügen als das Schmücken.

Mit großem Behagen verstaue ich die unzähligen Christbaumkugeln in ihren Kisten, schleife den kahlen Baum durchs Treppenhaus raus zum Bürgersteig und lehne ihn gänzlich ohne Abschiedsschmerz an die Müllbox.

Eigentlich sollte ich ihn das ganze Jahr im Wohnzimmer stehen lassen – als Mahnmal meiner Unfähigkeit, mich auf das Wesentliche zu beschränken.

Ich könnte große Haufen mit Unnötigem bilden: T-Shirts in realistischerweise nicht mehr zu erreichenden Größen. Ungelesene Bücher, die Platz wegnehmen und mein Gewissen beschweren. Elektrische Küchengeräte, nahezu unbenutzt. Edle Parfüms, schillernde Schuhe und teure Gesichtsmasken, die ich seit Jahren aufspare. Für wann?

Käme ich heute überraschend zu Tode und würde man mich zusammen mit all den Dingen beerdigen, die ich für besondere Anlässe zurückbehalten habe, es würde ein Massengrab ausgehoben werden müssen.

Seit Sommer dieses Jahres gibt es in unserem Keller einen Raum, der nur aus Schränken besteht, deren grifflose Türen sich mit einem leisen, lieblichen Geräusch öffnen, wenn man auf sie draufdrückt.

Push-to-open. Bis vor kurzem kannte ich diesen Begriff genauso wenig wie die Thigh Gap, Hashtag oder Digital Detox.

Der Schrankraum ist mein Lieblingszimmer. In ihm komme ich mir vor wie im meditierenden Gehirn eines Zen-Meisters. Ruhig und aufgeräumt. Nichts lenkt die Sinne ab, bis auf einen unsichtbaren Ventilator, der einmal in der Stunde leise anspringt, um den Raum zu belüften und zu verhindern, dass sich irgendwo Schimmel bildet.

Wie in einem klaren Kopf, durch den ab und zu ein frischer Wind weht.

Aber einmal Push-to-open, und sofort sieht der Raum aus wie das Hirn einer Frau, die vergessen hat, ihren Söhnen die Pausenbrote zu schmieren, die an jeder roten Ampel ihre E-Mails checkt und die definitiv ein Weihnachtsdeko-Problem hat.

Müll und Kostbarkeiten purzeln aus den Schränken, unsortiert reingestopft, wo gerade Platz war.

Wenn ich mich umschaue in meinem aufgewühlten, überlasteten, überquellenden Kopf, in dem ein Grundrauschen tost wie an den Wasserfällen von Iguazú, dann ahne ich, wonach ich im neuen Jahr suchen sollte, in dem ich möglichst viel richtig, möglichst wenig falsch und eine Menge anders machen will.

Ich wickle die Weihnachtskrippe meiner Großmutter in vergilbtes Zeitungspapier. Es ist die *Zeit* vom 30.12.1994.

Das war das letzte Weihnachten meiner Mutter, und es war mein letztes Weihnachten als Kind, und vielleicht ging damals der Zauber verloren.

31. Dezember

Zeit und Ort: **23 Uhr 48 unter Raketenbeschuss am Ostseestrand.**
Stimmung: **Konfus, um nicht zu sagen: panisch.**
Körpergewicht: **Sechs Kilo über dem Startgewicht.
Nach dieser voll ausgekosteten Weihnachtszeit ein eindrucksvoller, deutlich über dem von der Weltgesundheitsorganisation empfohlener Wert.**
Motivation, irgendetwas anders zu machen als bisher: **Null.**

Und das soll jetzt alles vorbei sein?

Ich schaue betrübt auf die Flasche Champagner in meiner linken Hand und auf die Zigarette in meiner rechten.

Ich liebe meine Laster!

Und ich liebe mein Leben!

Und zwar ganz genau so, wie es ist.

«Ich habe die Erfahrung gemacht, dass Leute ohne Laster auch sehr wenige Tugenden haben», hat Abraham Lincoln gesagt, und der Mann wusste doch vermutlich, wovon er sprach.

Ich will so bleiben, wie ich bin. Ich darf aber nicht.

In zwölf Minuten werde ich Abschied nehmen und mit meiner letzten Zigarette eine Rakete anzünden und sie aus meiner letzten, dann leeren Flasche Alkohol abschießen.

Ich neige zu großen Gesten, die, wie fast alle großen Gesten, mitunter hart am Rande der Lächerlichkeit entlangschrappen. Das stört mich aber nicht.

Der Jahreswechsel rast auf mich zu wie ein Intercity ohne Verspätung. Ich könnte einfach nicht einsteigen. Oder auf den nächsten Zug warten.

In einem Jahr fängt ja wieder ein neues Jahr an.

Wozu also die Eile?

Eine Rakete landet direkt vor meinen Füßen und erstirbt ohne zu explodieren mit einem jämmerlichen Zischen im Sand.

Na, so möchte man auch nicht enden, denke ich. Verrecken ohne Getöse. Erlöschen, ohne vorher wenigstens ein bisschen gefunkelt zu haben.

Ich zünde eine Zigarette an der an, die ich noch in der Hand halte, und ziehe den Rauch so tief in meine Lungen runter, dass sie erschrocken quietschen.

Kann ich jetzt echt keine Rücksicht drauf nehmen.

Ich habe keine Zeit zu verlieren. Wer hat das schon?

Aber vielleicht wäre es ganz schön, wenn ich wieder Zeit zu verlieren hätte?

Vor vierzehn Jahren habe ich aufgehört zu rauchen.
Vor einer Dreiviertelstunde habe ich wieder angefangen. Kette. Ich hatte ja nun wirklich nicht die Möglichkeit, die Sache langsam angehen zu lassen oder auf Mäßigung zu achten.
Bin sowieso kein großer Freund von Maßhalten.
Die Zigarette nach dem Essen, das Glas Wein am Abend, der Riegel Schokolade und der Kuss an der Haustür haben mich nie interessiert. Mein Aschenbecher war immer voll, die Flasche leer, die komplette Tafel weg und mit allen, mit denen ich an der Haustür geknutscht habe, wollte ich für immer zusammen sein. War ich auch. Also mit fast allen.

23 Uhr 58
Der Countdown und die Frage: Könnte man Silvester vielleicht verschieben? Nur dieses eine Mal?

Verdammt, die Champagnerflasche ist noch halb voll!
Kaum zu schaffen in zwei Minuten.
Die Zigarettenpackung ist auch noch halb voll.
Eine Stimme, sie kommt mir bekannt vor, raunt mir zu, dass das neue Jahr doch eigentlich erst morgen früh nach dem Aufstehen beginnt und dass ich mich bitte mal fragen solle, wie spießig und unglaublich unindividuell es ist, an Silvester um Punkt Mitternacht mit den guten Vorsätzen zu starten. Das machen alle, und es geht sowieso immer schief.
Ja, denke ich, da ist was dran.
Es handelt sich im Übrigen um dieselbe Stimme, die mir seit Jahrzehnten erzählt, *Nutella* sei im strengen Sinne keine Süßigkeit, Alkohol sei Medizin und morgen im Übrigen auch noch ein Tag, um mit gezieltem Krafttraining und einer ausgewogenen Ernährung zu beginnen.
Wenn ich es mit Blick auf die Uhr recht bedenke, gibt es, ver-

nünftig betrachtet, an meiner Gesamtsituation wenig auszusetzen. Hunger leide ich nur absichtlich. Meine Kinder sind gesund, die Kaiserschnittnarben verblasst und mein Beruf und ich, wir gefallen uns. Meine Ehe hat sich auf einer rational-emotionalen Ebene gefestigt, und es ist mir tatsächlich möglich, nicht aus jeder altersschwachen Mücke einen wütenden Elefanten zu machen. Zumindest manchmal.

Ja, es hat in letzter Zeit schon Abende gegeben, an denen ich bitterböse und mit festen Scheidungsabsichten Richtung Bett gestampft bin, bloß um morgens friedfertig aufzuwachen mit der mir eigentlich wesensfremden Haltung, der Streit sei unnötig und den ganzen Ärger nicht wert gewesen.

In solchen Momenten bin ich mir unheimlich. Meinem Mann nicht.

Wann immer mich das Schicksal gebeutelt hat, hat es mir immerhin nicht die Lust aufs Leben oder den Appetit verdorben.

Einige der Abschiede, die ich nehmen musste, schmerzen bis heute. Manchmal wie am ersten Tag. Und darüber bin ich froh, weil man ja nur vermissen kann, was wichtig war, als es noch da war.

So wie meine Eltern, meine Tante und das Gefühl, das du als Kind hattest, wusstest, dass morgen Nikolaus, dein Geburtstag oder der erste Tag der großen Ferien ist: Brause im Herzen.

Ich habe ein gutes Auskommen, ein solides Dach zwischen mir und dem Himmel, Freunde, bei denen ich mich zu Hause fühle, ein schnelles WLAN, keine lebensbedrohliche Krankheit, und manchmal gebe ich ein Autogramm oder schreibe eine bunte Widmung in eines meiner Bücher.

Wie kann ich ernsthaft etwas ändern wollen an diesem reichhaltigen Leben?

Wie kann ich es wagen, rumzumeckern an meiner Existenz auf der Sonnenseite, wenn Flüchtlingskinder in Lastwagen ersticken und Menschen hungers sterben, während ich mir überlege, was ich morgen nicht esse?

Andererseits kann ich mich auch nicht dauernd entschuldigen für die Probleme, die ich nicht habe.

«Nimm dich selbst nicht so wichtig, das hilft», sagte mein Freund Daniel neulich. Bei diesem Punkt gibt es sicherlich bei mir noch Optimierungsbedarf.

Gleicht geht die Reise los.

Ein Jahr auf der Suche nach der eigenen Mitte, dem Idealgewicht, einer emanzipierten Haltung, innerer und äußerer Schönheit und dem Geheimnis straffer Haut, freundlicher Gelassenheit und einer überwiegend gut sitzenden Frisur in einer angesagten Farbe.

Aufbrechen und sehen, was noch möglich ist.

Edelsteine suchen. Ein Jahr lang.

Und vielleicht ist danach nichts mehr so, wie es war.
Denn ich will genau das, was alle wollen: mehr!

Fünf!
Vier!
Drei!
Zwei!
Eins!

Bitte einsteigen, Türen schließen selbsttätig, Vorsicht bei der Abfahrt. Prost Neujahr!

Der ICE verschwindet in unbekannte Richtung.

Auf dem Bahnsteig bleiben eine leere Flasche Champagner und eine halb aufgerauchte Zigarette zurück.

Ich bin unterwegs.

Von der Komfortzone in die Problemzone:

Furien im Schweigekloster,

Einsamkeit zum Anfassen,

Liegestütze ohne Happy End.

Warum der Nikolaus sterben muss, wie sich Nüchternheit negativ auf die Qualität eines Abends auswirkt, und warum es sich so falsch anfühlt, alles richtig zu machen.

1. Januar

BEFINDEN: **Kümmerlich, verkatert, verzagt.**
GEWICHT: **Neue WLAN-Waage erscheint mir sehr kompliziert zu installieren. Mache ich morgen.**
MEDITATION: **Langsam angehen lassen.** Morgen werde ich als Erstes meine Meditations-CD auf mein Handy überspielen.
ZIELSETZUNG: **Konkrete Ziele festlegen! Gleich morgen!**
MOTTO (EIGENTLICH): «**Was du heute kannst besorgen, das verschiebe nicht auf morgen.» Oder: «Wenn dir was runterfällt, dann heb es lieber gleich auf.**»

Ich versuche, mich zu trösten. Etwas Großes kann ganz klein anfangen. Jedes überwältigende Gemälde beginnt mit einem Pinselstrich, jeder Bestseller mit einem einzelnen Wort und jedes ganz besondere Jahr mit einem ganz normalen Tag.

Dieser hier beginnt grau bei zwölf Grad und ergiebigem Dauerregen.

Der erste Januar dieses Jahres unterscheidet sich nicht von einem durchschnittlichen norddeutschen Sommertag. Außer durch die Erwartung, er müsse sich unterscheiden und irgendwie eine glanzvolle Aura des Aufbruchs und der Freude verbreiten.

Ein fünfter April darf untergehen zwischen dem vierten und dem sechsten April. Man nimmt es keinem fünften April persönlich übel, wenn man morgens mit leichten Kopfschmerzen aufwacht und abends beim Einschlafen schon nicht mehr weiß, was man zu Mittag gegessen hat.

Aber ein Neujahrstag sollte wirklich nicht so mittelmäßig daherkommen.

Ich fühle mich mal wieder überrumpelt und enttäuscht von meinen eigenen Erwartungen. Es ist wie mit Leuten, von denen man immer nur Gutes gehört hat, und dann stehen sie zum ersten Mal vor einem. Man rechnet mit einer Lichtgestalt und hat einen Menschen vor sich, der Trekkingsandalen trägt und mit schwäbischem Dialekt spricht.

Obwohl es erst kurz nach zehn ist und mein Frühstück leicht und ungewöhnlich obstlastig war, habe ich das Gefühl, schon so ziemlich alles falsch gemacht zu haben.

Die Last meiner allzu vielen und allzu guten Vorsätze wiegt schon jetzt so tonnenschwer, dass ich den Eindruck habe, beim Strandspaziergang deutlich tiefer als gestern einzusinken.

Ein Jahr lang alles richtig machen: Träume verwirklichen, Sehnsüchte aufspüren, gesund leben, Wesentliches erkennen, Abenteuer wagen, selber glücklicher werden und andere glücklicher machen.

Ich stapfe durch den Neujahrsmüll.

In meiner Manteltasche knistert das Papier von einem Riegel Kinderschokolade, den ich mir gestern um kurz vor zwölf noch in stummer Verzweiflung in den Mund geschoben hatte.

Ewig her – so kommt es mir vor.

Wirklich gute Vorsätze müssen realistisch und konkret sein. Das weiß ich, weil ich es seit dreißig Jahren in den Neujahrsausgaben aller Zeitungen und Zeitschriften lese. Wer abnehmen will, darf sich nicht vornehmen, abzunehmen, sondern braucht ein Zielgewicht, eine Zielzeit – und am besten noch eine Zielhose.

Wer eine Fremdsprache oder das Ukulelespiel lernen will, der sollte sich am ersten Montag nach Silvester zu einem entsprechenden Kursus anmelden, denn am Dienstag ist das neue Jahr schon nicht mehr ganz so neu, und am Mittwoch ist es eigentlich schon zu spät, um noch was Neues anzufangen.

Wenn die Straßen und Gehwege erst wieder sauber und die Lichterketten in den Kellerschränken – wunderbares Push-to-open! – verstaut sind, dann macht unser Gehirn wieder das, was es am allerliebsten tut: einfach weiter so wie bisher.

Menschen sind hochentwickelte Energiesparmodelle, und ich bin eines der ausgeklügeltsten unter ihnen. Ich lebe in einem relativ stabilen, man könnte auch sagen: ziemlich unbeweglichen Gerüst aus einigen guten und etlichen schlechten Gewohnheiten.

Und alle Gehirne lieben ihre Gewohnheiten, so wie Kinder ihre Kuscheltiere und Foxterrier ihre Kauknochen. Alles, was automatisiert abläuft, verbraucht weniger Energie. Gewohnheiten machen das Leben einfacher und sicherer. Sie sind lebens- und manchmal überlebenswichtig.

Du stellst dir abends den Wecker, bleibst bei Rot stehen, und wenn dir ein freilaufender Tiger mit Lust auf Nachtisch begegnet oder ein freilaufender Mann in Shorts und Kniestrümpfen, dann rennst du um dein Leben. Reflexartig, ohne innere Diskussion.

Aber du machst auch abends gewohnheitsmäßig den Fernseher an und eine Flasche Wein auf. Die Chips im Schrank werden per Autopilot verzehrt, E-Mails noch aus dem Bett heraus beantwortet, Zigaretten auf leeren Magen geraucht und Vorurteile hingebungsvoll und leidenschaftlich intolerant gepflegt.

Ganz ehrlich: Ich liebe meine Gewohnheiten. Auch die schlechten. Da bin ich mir selbst gegenüber unheimlich laisser faire.

Ich gewöhne mich gerne an Dinge, Menschen, Tätigkeiten und Fernsehserien. Nach dem Essen was Süßes, sonntags Spaghetti zum *Tatort* und der Geruch von Verbranntem, wann immer wir grillen.

So soll es sein. Es war ja schon immer so.

Wir lieben das Vertraute. Auch wenn das Vertraute nicht immer das Gute ist.

Wenn ich in meine Heimatstadt Aachen fahre, taucht kurz vorm Ziel ein Braunkohlekraftwerk auf, grau und hässlich, aber für mich eines der schönsten Bauwerke, die ich kenne. Denn jetzt ist es nicht mehr weit bis dahin, wo ich mal zu Hause war, als die Sommer noch endlos waren, die Füße ohne Hornhaut und das Essen keine Kalorien hatte.

Ich liebe das beständige Rauschen der Autobahn in der Nacht, weil das zwanzig Jahre lang das Geräusch war, bei dem ich einschlief oder viel länger las, als meine Eltern erlaubten.

Ich liebe den widerwärtigen Geschmack der ersten Zigarette des Tages, weil ich im selben Moment wieder fünfzehn bin und mir die Welt und meine Zukunft beim ersten Zug zu Füßen liegt.

Der Anblick einer von Rheuma entstellten Hand rührt mich im Innersten, erinnert er mich doch an die geliebten Hände meiner Mutter, und jeder Blinde auf der Straße entlockt mir ein völlig unpassendes, glückliches Lächeln, weil mein Vater blind war und mich dennoch sicher durch mein Leben geleitet hat.

Ich mag, wenn etwas so bleibt, wie es war.

Und es muss nicht mal gut gewesen sein.

Eigentlich.

Denn leider liegen da eben doch ein paar nachhaltig störende Krümel in meinem Lebensschaukelstuhl, piksen am Po und am Rücken. Gerade wenn man sich endgültig für zufrieden erklärt hat und sich ein für alle Mal zurücklehnen will, um womöglich ein paar uralte Staffeln von *Ally McBeal* anzuschauen oder Langspielplatten von *Earth Wind & Fire* und *Alphaville* zu hören, drängen sich ungemütliche Fragen auf: Wann ist es Zeit für was Neues?

Ab wann werden geliebte Gewohnheiten, durch die man sich sicher und beschützt fühlt, zu Hindernissen auf dem Weg zu Erneuerung, Abenteuer, Lebendigkeit?

Und wann, wenn es denn sein muss, ist der Abschied fällig von den alten Denkweisen, von *Wetten, dass...?*, Overknees, Perlmuttlippenstift und der reflexhaften Ansicht, dass es nach einem Glas Wein auf den Rest der Flasche jetzt auch nicht mehr ankomme.

Gewohnheiten sind nicht per se schlimm, aber man sollte sich die Mühe machen, sie ab und an auszumisten, wie Küchenschränke. Einiges darin ist abgelaufen, einiges schmeckt einem nicht mehr, und manches nimmt einfach zu viel Platz weg für die Dinge, die man mal ausprobieren könnte.

Weil aber unsere Gewohnheiten insgesamt gesehen so nützlich sind, ist es anstrengend, die unnütz gewordenen zu verändern oder abzulegen. Und nicht nur das: Es fühlt sich zu Beginn einer Veränderung fast immer so an, als sei man auf dem falschen Weg.

Die unerfreuliche Kurzfassung lautet also: Du musst dich überwinden, etwas zu lassen, was du normalerweise tun würdest, und du musst dich überwinden, etwas zu tun, was du normalerweise nicht tun würdest. Dabei fühlst du dich so, als würdest du das Falsche tun, und kannst nur hoffen, dass es das Richtige ist, denn zunächst deutet nichts darauf hin.

Das klingt so unattraktiv, dass man es doch lieber aufs nächste oder übernächste Jahr verschieben möchte.

Der Verzicht auf Gewohntes ist immer schmerzlich, egal, ob es Nikotin oder Zucker ist, ständige Erreichbarkeit, stundenlanges Internetsurfen, Sonnenbaden oder die Neigung, Beziehungsgespräche über WhatsApp zu führen und peinliche Posing-Fotos aus der Umkleidekabine auf Instagram zu posten.

Kein Wunder, dass bei diesen bedrückenden Aussichten der Neujahrstag ein wenig an Glanz und Gloria vermissen lässt.

Trotzdem habe ich, gewissermaßen hinter dem Rücken meines Gehirns, meine Gewohnheiten überprüft und mir, ganz klassisch, eine Liste mit guten Vorsätzen gemacht für dieses Jahr, das so verdammt grau anfängt und so besonders bunt werden soll:

MEIN GUTES JAHR

1. **Ordnung schaffen!** *(Im Kleiderschrank, im Keller, im Kopf.)*
2. **Neues ausprobieren!** *(Rezepte mit Quinoa, Wollmützen stricken, endlich Yoga machen, Geduld bewahren, wenn meine Kinder sich wieder komplett anders verhalten, als ich mir das mal gewünscht habe.)*
3. **Sehnsüchte aufspüren und verwirklichen!** *(Sich dabei einigermaßen an Machbarkeit orientieren. Als unnütze Energieräuber unter den Wünschen einzuordnen sind beispielsweise: als Bikinimodel arbeiten, meinen streikenden Computer allein in Ordnung bringen und gelassen bleiben, wenn der Ehemann sich kritisch zu meinem Haarschnitt/Charakter/ Erziehungsstil äußert.)*

To do!

Ich betrachte wohlwollend meine schöne Liste.

Ein Glas Wein zur Belohnung wäre jetzt eine feine Sache.

Ich bin ja gerne manchmal etwas voreilig mit mir und mit meinen Leistungen zufrieden. Mir fehlt da ein ausgeprägter Hang zu Selbstkritik und Perfektionismus. Das ist einerseits ein Vorteil, weil ich in einigen Lebensbereichen – Küche, Mode, Verkehr und Gartengestaltung – nicht dazu neige, mir unnötigen Stress zu machen.

Ich würde niemals selber kochen, wenn Gäste kommen, und ich habe eine nonchalante Art, über meinen grauen Haaransatz hinwegzusehen, selbst wenn mir wohlmeinende Freundinnen die Mobilnummer ihres Frisörs zustecken.

Ich bin in der Lage, ungeschminkt und im Schlafanzug zu den Mülltonnen zu gehen, und wenn es hart auf hart kommt, würde ich sogar in flachen Schuhen das Haus verlassen.

Ich fahre nie Autos, zu deren Karosserie ich ein inniges Verhältnis pflege. Die übertriebene Liebe zur äußeren Form macht einem ja generell das Leben schwer, da äußere Formen, wie wir alle wissen, dazu neigen, sich mit der Zeit nicht den eigenen Vorstellungen gemäß zu verändern.

Wer sich dagegen auflehnt, verbittert zusehends.

Ich sehe es an den schmallippigen Touareg-Fahrerinnen und den nicht wirklich lässigen Maserati-Insassen, die ständig in Panik sind, es könne sie ein Schicksalsschlag in Form eines Kratzers im stets metallicschwarzen Lack oder einer kleinen Delle in der Beifahrertür ereilen.

Dabei erinnern solche Autofahrer unerfreulich an die um ihre Frisur besorgten Damen im Schwimmbad, die glauben, ihr degenerierter Schwimmstil sei der Gesundheit förderlich.

Den frisierten Kopf strecken sie krampfhaft möglichst weit aus dem Wasser, sodass sie aussehen wie paralysierte Schwäne mit Schleudertrauma und jedem Orthopäden das Blut in den Adern gefriert und man sie bitten möchte, auf der Stelle das Becken zu verlassen, um sich in osteopathische Behandlung zu begeben.

Autos, um darauf zurückzukommen, sind aber ihrem ursprünglichen Sinne nach, so wie Gummistiefel und Kinderwagen, Lebenserleichterungsmittel.

Selber schuld also, wenn man sich Autos, Gummistiefel, Kinderwagen und Frisuren zulegt, die so edel sind, dass man sie der rauen Wirklichkeit des Lebens außerhalb von trockenen Innenräumen eigentlich lieber nicht aussetzen möchte.

Am entspannendsten ist es, man kauft sich ein gebrauchtes Auto, bei dem die erste Beule schon drin ist.

Ich denke, ähnlich wie bereits beim Kauf kaputter Jeanshosen könnten auch Autos im *destroyed look* den Markt der Zukunft beherrschen.

Kurz vor Weihnachten hatte ich einen leichten Unfall. Ich wollte mit meinem kleinen Auto flott mal einparken, aber das hatte der Fahrer einer beeindruckend großen, selbstverständlich metallicschwarzen Limousine wohl übersehen.

Es gab ein unschönes Knirschgeräusch – zu einem Knall hatte es nicht mal gereicht –, ich stieg aus, begutachtete den geringfügigen Schaden und musste feststellen, dass sich der feindliche Fahrer in keiner Weise schuldig fühlte.

Wir zankten hin und her, er zeigte sich uneinsichtig, ich mich ebenfalls, und so entwickelten wir uns zu einem ernstzunehmenden Verkehrshindernis. Schließlich schimpfte ich erbost: «Dann müssen wir wohl die Polizei dazuholen! Schade, denn mir ist das Ganze eigentlich völlig egal.»

Der Mann schaute mich verdutzt an und sagte: «Mir auch. Ich mache mir nichts aus Autos. Fröhliche Weihnachten.»

Das ist aktive und vorbildliche Stressvermeidung.

Unwichtiges nicht wichtig nehmen.

Ein Auto ohne Kratzer ist für mich immer ein sicheres Zeichen für die inneren Verspannungen des Eigentümers.

Dümmliche Stressvermeidung, und zu der neige ich leider eben auch, ist, wenn man Wichtiges nicht wichtig nimmt und schon zufrieden ist, wenn man längst noch keinen Grund dazu hat. Das nennt man dann Faulheit und träges Verweilen in der berüchtigt gewordenen Komfortzone.

Diese Form der Stressvermeidung kann man bei mir sehr schön während der Problemzonen-Gymnastik beobachten, insbesondere bei den Bauchübungen.

Man darf getrost sagen, dass ich in den vergangenen zwanzig Jahren, seit ich zum allerersten Mal versucht habe, Sit-ups und Crunches in einer nennenswerten Anzahl zu machen, keinen Fortschritt erzielt habe. Keinen!

Heute schiebe ich das auf zwei Schwangerschaften, aber die Wahrheit ist, dass ich einfach immer dann aufhöre, wenn der Stress anfängt. Und das tut er für mich nach fünf Bauchaufzügen. Schaffe ich mal sechs, überlege ich, mir zu Ehren ein Fest zu geben.

Ich liege dann immer – meines Erachtens nach völlig verausgabt – auf dem Studioboden rum, während die anderen nach fünfzig Wiederholungen von den vorderen zu den seitlichen und dann zu den unteren Bauchmuskeln wechseln.

Das sind lange Minuten der entwürdigenden Selbstbetrachtung, in denen ich regelmäßig über meinen mürben Charakter philosophiere und zu der Einsicht gelange, dass ich daran dringend etwas ändern muss.

«Weisheit ist Wissen und Tun», hat irgendein kluger Mann gesagt, entweder war es meiner oder Plutarch. Und weil ich eigentlich schon ziemlich lange weiß, was ich tun sollte, könnte ich es ja auch mal tun. Sonst nutzt es ja nichts.

Ich erinnere mich: «Glaub nicht alles, was du denkst!»
Und das ist ein guter Rat.

Fange ich doch gleich mal damit an und überprüfe die Liste mit meinen guten Vorsätzen.

Bei längerer und kritischer Betrachtung ist das leider eine total bescheuerte Liste. Unprofessionell, weil unkonkret. Für degenerierte, disziplinlose, verwöhnte Weicheier wie mich völlig untauglich.

Ich habe gelesen, dass Kindern auf Klettergerüsten, die mit dicken Gummimatten gesichert sind, sehr viel mehr Unfälle passieren als auf ungesicherten.

Du fällst nicht, wenn es weh tut. Und mit einem Netz unter dir gibst du dir keine Mühe, nicht zu fallen.

Ich brauche jedenfalls klare Ansagen ohne Netz. Einfache Regeln mit möglichst wenig Spielraum für Eigeninterpretation. Denn da ich nicht gerade das bin, was man gemeinhin als vernunftgesteuert bezeichnet, finde ich mit einem seismographischen Gespür jede Lücke im System, die mir erlaubt, auszubrechen.

Und sobald ich eine dicke Gummimatte unter mir sehe, lasse ich mich fallen.

«Wenig Alkohol, wenig Zigaretten und maßvoller Genuss von Milchschokolade und weißmehlhaltigen Teigwaren» – das wäre zum Beispiel ein Vorsatz, an dem ich, schon allein aus Desinteresse und Langeweile, scheitern würde.

Maßvoll klingt nach mäßig.

Mäßig klingt nach mittelmäßig.

Und wenig klingt nach der ständigen Sehnsucht nach mehr.

Damit kann man sicher fünfundneunzig werden, um dann mit mildem Lächeln im Garten unter den gut gepflegten Stockrosen umzufallen.

Die Frage ist: Will man das?

Das richtige Maß ist für mich nicht das Richtige. Mein Glück liegt nicht in der Mitte, sondern darüber und darunter. Das habe ich herausgefunden bei meiner glücklosen Suche nach dem gemäßigten Glück.

Ich mag Ausnahmezustände, kleine und seltener auch große. Fasten oder Fressen. Wein oder Tee. Niemals Schorle. Ein schneller Wechsel von Extremen, maßlos sein in beiden Richtungen: So halte ich mich selbst einigermaßen in Schach.

Ich nehme zum Beispiel die Institution des All-you-can-eat-Buffets sehr ernst. Warum an den Body-Mass-Index denken, wenn man vor einem Schokoladenspringbrunnen mit Früchten steht?

Auch hier ziehe ich mein Konzept des «Wenn schon, dann richtig» konsequent durch – sodass es mir meistens gelingt, auf die Früchte zu verzichten.

Den nächsten Abend verbringe ich dann ebenfalls in einer Ausnahmesituation, bei Tee und Tomaten oder beim *Super Sweat*-Kurs. Ich habe Arbeitsphasen und Ruhephasen, Ausgeh- und Couchphasen, sündhafte und tugendhafte Phasen. Und letzlich ist die Tugend dabei genauso radikal wie die Sünde.

Dieses Jahr soll ein besonders extremes Jahr werden, voller Abschiede und Neuanfänge, voller Wagnisse und angebrachter Zweifel.

Eine Abenteuerreise in ein heiß umkämpftes und riskant zu bereisendes Krisengebiet voller Tellerminen und Stolperfallen: eine Reise in das eigene Ich.

Und das sind die überarbeiteten Regeln dafür, Stand am Abend des ersten Januar:

MEIN GUTES JAHR (Praxis)

1. *Kein Alkohol!* (Das heißt: KEIN ALKOHOL. Auch nicht zum Anstoßen, am Geburtstag oder weil noch ein Rest in der Flasche ist.)
2. *Kein weißer Zucker!* (Das heißt: KEIN ZUCKER. Auch nicht als «Nervennahrung» oder als Brotaufstrich getarnt. Nein, auch nicht die Gummibärchen aus der Apotheke.)
3. *Keine Kohlehydrate nach achtzehn Uhr!*
4. *Keine neuen Anziehsachen kaufen!* (O doch, Schuhe sind auch Anziehsachen.)
5. *Keine Einkäufe im Internet bei Großhändlern.*
6. *Erreichbarkeit einschränken, feste Off- und Online-Zeiten, digitale Diät.*
7. *Einen Sommer lang so dünn, so blond und so schön wie möglich sein und dann mal sehen, ob sich das lohnt.*
8. *Sport machen, vier- bis sechsmal die Woche.*
9. *Mehr Ruhe und Konzentration finden durch Yoga, Meditation, Pilates, was auch immer die geeignete Technik für mich ist.*

2. Januar

GEWICHT: WLAN-Waage funktioniert jetzt. Ich möchte sagen: leider.

WAS TUE ICH DENN HEUTE MAL UNGEWÖHNLICHES? Einmal abgesehen davon, dass ich heute ganz ungewöhnlich viel wiege, in etwa so viel wie kurz vor der Geburt meines ersten Kindes, werde ich den Tag mit einer Achtsamkeitsmeditation beginnen.

BEFINDEN: Gut, aber wachsam. Ich denke, mein Körper und mein Hirn haben noch nicht gemerkt, dass etwas nicht stimmt. Die Zucker- und Alkoholvorräte in meinem Organismus werden womöglich erst in einigen Tagen, Wochen oder Jahren abgebaut sein. Eine dicke Schicht aus Weihnachtsputen, im Ofen bei Niedrigtemperatur kross gebacken, und den ersten gelungenen Vanillekipferln meines Lebens hat sich schützend wie ein Neopren-Anzug um meinen ganzen Körper gelegt. Davon kann ich sicherlich noch eine Weile zehren. Es geht doch nichts über eine gute Vorratshaltung und Resteverwertung.

Es ist neun Uhr morgens, und jetzt wird es ernst.

Die Meditation in meinem überquellenden Kopf sieht so aus: Ich denke an meine wunderbaren Kipferl und an den herrlichen Duft, der das ganze Haus erfüllte, in dem es nunmehr nur noch nach Blattsalaten und gedünstetem Huhn riechen wird.

Dann frage ich mich, warum ich mir das alles antue und ob das Glück wirklich im Verzicht zu finden ist oder nicht doch in einer Schachtel Krokant-Konfekt, die man mit niemandem teilen muss.

Dann überlege ich, ob meine Söhne ihr Zimmer aufgeräumt haben, wie viele Jahre Richard von Weizsäcker Bundespräsident war und wie lange eine durchschnittliche Wimper lebt.

Dann versuche ich, an nichts zu denken und reglos wie ein Berg zu sein, frage mich aber im selben Moment, ob Julia Roberts wohl glücklich verheiratet ist und ob man keine Angst vor den Bösen hat, wen man selbst ein Böser ist.

Eine sanfte Stimme sagt, ich soll meine Gedanken vorbeiziehen lassen und mich auf meine Atmung konzentrieren: auf das Einatmen, auf das Ausatmen und auf die Pause dazwischen.

Gerade denke ich, dass ich gerade nichts denke, als ein gellender Schrei die meditative Stille im Badezimmer zerreißt.

Ich schrecke hoch, reiße die Augen auf. Puls bei zweihundertzwanzig.

Mist. Ich habe vergessen, die Tür abzuschließen.

Mir fällt jetzt selber auf, dass mein Anblick für jemanden, der völlig unvorbereitet den Raum betritt, beunruhigend wirken kann.

Ich liege, regungslos ausgestreckt, mit geschlossenen Augen und im Schlafanzug auf dem Badvorleger. Ganz so, als wäre ich während des Zähneputzens überraschend verstorben.

Ich springe auf.

Schnappatmung, Schwindel.

Maria ist einer Ohnmacht nahe, und mir wird auch beinahe schwarz vor Augen. Zu viel Kreislauf für die Uhrzeit. Wir setzen uns, vom frühmorgendlichen Schock traumatisiert, nebeneinander auf den Badewannenrand.

Ich hatte mir das mit dem Meditieren einfacher vorgestellt. Aber wie so oft erweist sich die praktische Ausführung als ein Bereich voller Tücken und Stolperfallen.

Vor zwanzig Jahren, als ich nicht viel Geld, aber noch weniger Lust hatte, mich weiterhin mit meiner katastrophalen Talentfreiheit in Sachen Haushaltsführung sowie der Flecken- und Schmutzentfernung jedweder Art zu arrangieren, trat Maria in mein Leben.

Sie ist meine erste und hoffentlich letzte Haushaltshilfe. Lebenshilfe sollte ich wohl eher sagen, denn ihre stetige, beruhigende Anwesenheit, gepaart mit ihrer praktischen Weisheit, hat mich durch einige Krisen, zwei Schwangerschaften und zwei Umzüge begleitet, und sobald Maria einmal in der Woche morgens die Tür aufschließt, habe ich das Gefühl, dass alles gut wird.

Bloß heute hatte ich sie leider überhört.

Nein, ein Notarzt sei nicht nötig, versichere ich ihr noch mal.

Als Maria und ich uns einigermaßen beruhigt haben, fährt uns ein lauter Gongschlag durch Mark und Bein. Maria greift erschrocken nach meiner Hand und murmelt einige beschwörende Worte in ihrer Muttersprache.

Puls wieder bei maximaler Frequenz.

Zu blöd. Ich habe vergessen, meine Meditations-CD auszuschalten. Der Gong hat das Ende der Sitzung verkündet.

Das ist keine Meditation, sondern ein Cardio-Intervalltraining im überwiegend anaeroben Bereich.

Susanne Kersigs Stimme sagt, ich solle mich für diese gelungene Auszeit loben und mir auch im Alltag immer wieder kurze Momente der Achtsamkeit und Räume der Ruhe verschaffen.

Maria, offensichtlich bestrebt, das Badezimmer des Grauens so schnell wie möglich zu verlassen, fragt, ob sie die Schmutzwäsche mit in den Keller nehmen soll. Mein kleiner Sohn kommt rein und tut kund, dass er heute Hühnerbeinchen mit Grießbrei und Leberwurst zum Frühstück serviert bekommen möchte, und nein, da gäbe es keinerlei Verhandlungsspielraum. Es klingelt an der Tür, zeitgleich fragt meine Freundin Sabine per WhatsApp, ob ich schon wach sei, sie wolle sich jetzt endgültig aufgrund von mangelnder emotionaler Großzügigkeit von ihrem Freund trennen, den genauen Sachverhalt aber zunächst mit mir durchgehen. Mein großer Sohn ruft, ich soll an die Tür kommen, ein Mann, der aussähe wie Darth Vader, wolle uns was verkaufen.

Es ist Freitag, zehn nach neun.

Ruheräume im Alltag.

Dass ich nicht lache.

Zwanzig Minuten später habe ich ein Abonnement der Zeitschrift *Bild der Wissenschaft* und das Gefühl, in Sachen Meditation noch ganz am Anfang zu stehen.

3. Januar

> ORT: Geburtstagsparty von Vera.
> ZUSTAND: Verdammt nüchtern.
> STIMMUNG: Leute wie mich konnte ich früher nicht leiden.

20 Uhr 17

«Nein danke, ich trinke nichts.»
   «Gar nichts?»
   «Ja, ein Jahr lang.»
   «O Gott, wie traurig!»

21 Uhr 30

«Nein danke, ich trinke nichts.»
   «Gar nichts?»
   «Ja, ein Jahr lang.»
   «Das ist ja schrecklich!»

1 Uhr 30

«Tschüs, war schön, dich mal wieder zu sehen.»
   (Völlig dicht, mit schwerer Zunge gelallt) «Weißt du was? Besoffen hast du mir besser gefallen.»

1 Uhr 37

«Tschüs, und vielen Dank für den tollen Abend.»

(Nach drei Flaschen Wein, nahezu unverständlich genuschelt) «Trink bloß wieder, dann bist du lustiger. Ansonsten: Bis nächstes Jahr!»

Das sind nur vier der vielen unerfreulichen Kurzgespräche zum Thema Alkohol, die ich an diesem Abend geführt habe. Und die haben meine Stimmung nicht gerade verbessert.

Bin ich langweilig, wenn ich nüchtern bin?

Oder sind die anderen gar nicht so lustig, wie sie denken, wenn sie betrunken sind?

Diesen Fragen wird noch nachzugehen sein. Eins ist jedenfalls klar: auf Alkohol zu verzichten, ist keinesfalls so schick wie vegan zu essen, mit Pilates anzufangen oder Gluten wegzulassen. Ganz im Gegenteil: Jemand, der die Hand über sein Glas hält, wenn nachgeschenkt wird, ruft Verwunderung, Misstrauen, Mitleid und oft genug sogar Aggression hervor.

Alkoholiker oder schwanger? Ein harmloser Grund scheidet jedenfalls aus. Wer nicht trinkt, hat vermutlich ein Problem.

Und das stimmt auch.

Mir fehlte an diesem Abend nicht nur der Alkohol, der die Sinne entschärft, die Zunge löst und sich wie ein sepiafarbener Weichzeichner gütlich über die Welt und ihre Gäste legt.

Mir fehlte auch das Gefühl, zur Gesellschaft derer zu gehören, die sich treiben- und mich dabei links liegenlassen. Sie haben sich erst wieder an mich erinnert, als es darum ging, wer noch fahren kann.

Mental gesehen war das Fest für mich ein voller Erfolg, denn ich habe durchgehalten und nur Wasser getrunken.

Anders als Sabine.

Ich hatte sie lange nicht gesehen. Als ich ihr von meinen kühnen Neujahrsplänen und waghalsigen Verzichtsabsichten berichtete, raunte sie mir vertraulich zu:

«Als ich kurz vor Weihnachten mit dem Bus in die Stadt fuhr, forderte der Fahrer einen Jugendlichen auf, doch bitte für die Schwangere aufzustehen. Ich hab's zunächst gar nicht kapiert, aber der meinte mich! Danach habe ich sofort mit einer proteinorientierten Diät begonnen und mir geschworen, keinen Alkohol mehr zu trinken.»

Ich nickte mitfühlend. Sabine ist Ende vierzig und lesbisch, und ihr Kinderwunsch ist etwa so groß wie mein Bedürfnis, in die Ukraine auszuwandern.

Ich persönlich bin dazu übergegangen, grundsätzlich keine Frau mehr zu fragen, ob sie ein Kind erwarte. Da kann eine in den Presswehen liegen oder schwallartig ihr Fruchtwasser verlieren, ich sag nichts. Das Risiko, in ein Fettnäpfchen zu treten, aus dem es kein Entrinnen mehr gibt, ist mir einfach zu hoch.

Zu bitter waren die mannigfaltigen Traumatisierungen, die ich selbst in dieser Hinsicht erleben musste.

Lange bevor ich endlich schwanger war, wurde mir ab und zu ein Hocker hingeschoben, damit ich in meinem Zustand die Beine hochlegen könne. Und nicht selten reichten mir übereifrige Verkäuferinnen Kleidungsstücke mit hohem Stretchanteil in die Kabine mit den Worten: «Da kann das Bäuchlein noch reinwachsen.»

Ein ganz klarer Vorteil des voranschreitenden Alters ist, dass man als Frau nicht mehr für schwanger gehalten wird, sondern nur noch für dick.

«Seit wann machst du denn deine Diät?», fragte ich Sabine anteilnehmend. Sie wirkte, das sagte ich ihr nicht, keinen Deut schlanker als sonst auch.

«Seit gestern. Zehn Kilo müssen runter.» Der Blick, mit dem sie dem Kellner mit den Sektgläsern nachschaute, ließ mich Schlimmstes befürchten.

«Ich turne jetzt immer morgens zwanzig Minuten mit einem Hula-Hoop-Reifen», mischte sich Jana in unser Gespräch ein. «Das ist der neuste Trend, sehr effektiv und gelenkschonend. Viel besser als Joggen.»

«Was ist denn gegen Joggen zu sagen?», fragte Sabine, die sich, wie ich weiß, dreimal die Woche von ihrem Golden Retriever durch den Stadtpark zerren lässt.

«Alles, was bei Frauen in unserem Alter eh schon runterhängt, wird beim Joggen unnötig in Wallung versetzt: Brüste, Hamsterbäckchen, schwabbelige Oberarme und schlappe Pobacken. Joggen ist der Horror fürs Bindegewebe. Glaub mir, Sabine, damit tust du deinem Körper keinen Gefallen.»

«Ich habe mir ein Trampolin gekauft», sagte Katharina, die sich mit einem Teller sehr gut aussehender Schnittchen zu uns gestellt hatte. «Trampolinspringen ist die gesündeste Form der Fettverbrennung und außerdem total gut für den Beckenboden. Nach zwei Geburten ist meiner komplett ausgeleiert. Ihr seid doch bestimmt auch alle undicht, oder?»

«Ich hatte zwei Kaiserschnitte», sagte ich kopfschüttelnd.

«Ich bin lesbisch», sagte Sabine kopfschüttelnd.

«Wenn ich mit voller Blase lachen oder niesen muss, ist das eine Vollkatastrophe», sagte Jana.

«Ich habe angefangen, mit meinem Beckenboden zu sprechen», erzählte Katharina munter. «Das tut mir und ihm unheimlich gut.»

«Wie heißt er denn?», fragte Jana interessiert.

«Bodo», sagte Katharina, und das war der Moment, als Sabine ihre Vorsätze in den Wind schlug, nach einem Glas Sekt griff und es zügig leerte.

«Manche Leute kann ich nur betrunken ertragen», raunte sie mir zu.

Und schon hatte ich wieder allein auf der Seite der Nüchternen gestanden.

Und da hat man nicht viele Freunde.

Du bist der distanzierte Beobachter eines immer würdeloser werdenden Schauspiels. Der gnadenlose Zuhörer von versemmelten Pointen und Gesprächen, die bei klarem Verstand keinen Sinn ergeben. Du bist der nüchterne Beisitzer, der den Trinkenden zuschaut, wie die Konturen ihrer Gesichter ab dem vierten Glas nachgeben und langsam, Promill pro Promill, nach unten wegsacken.

Ich kann verstehen, dass die anderen mich nicht mögen. Früher fand ich Leute wie mich auch schrecklich: stumme, vorwurfsvolle Zeugen meines Rausches. Beherrschte Langeweiler, denen jegliche Enthemmung fremd ist. Die sich nie danebenbenehmen und immer nach Hause gehen, bevor es am schönsten wird.

Mitleid hatte ich für sie übrig und Spott und oft genug auch uneingestandene Bewunderung – aber wohl habe ich mich an ihrer Seite nie gefühlt.

Jetzt bin ich also einer von denen.

Die Tatsache, dass ich als Einzige heute keine Kopfschmerzen haben würde und mir die Taxikosten gespart hatte, hellt meine Stimmung auf dem Nachhauseweg auch nicht auf.

«Hat ein Rausch stattgefunden, wird ein Nachteil folgen», murmele ich mantramäßig den etwas knöchernen Satz vor mich hin, den ich mal in einem Interview mit einem Suchttherapeuten gelesen hatte.

«Hat ein Rausch stattgefunden, wird ein Nachteil folgen.»

Ich werde morgen frisch und beschwerdefrei erwachen und energiegeladen in den Tag starten.

«Hat ein Rausch stattgefunden, wird ein Nachteil folgen.»

Ich werde heute kein Aspirin brauchen, keinen widerlichen Nachdurst haben und nicht die Tristesse verspüren, die der Alkohol hinterlässt, wenn er sich nur noch Restalkohol nennt.

«Hat ein Rausch stattgefunden, wird ein Nachteil folgen.»

Was soll ich dazu sagen?

Stimmt. Ohne Rausch kein Kater.

Aber eben auch kein Rausch.

5. Januar

ZEIT: 8 Uhr 30.
ORT: Fitness-Zentrum.
IN ANWESENHEIT VON: Marco Santoro, Personal Trainer.
Ab heute *mein* Personal Trainer!
INNERE BEFINDLICHKEIT: Jedem Anfang wohnt ein Zaudern inne.
ÄUSSERER EINDRUCK: Das eng anliegende, atmungsaktive Sport-Top sah heute Morgen noch sehr flott aus. Bevor ich es anzog. Mein immer noch weihnachtlich geformter Körper fühlt sich derzeit in großzügig bemessenen Stoffmengen deutlich wohler.
ZIEL: Die Menschenwürde wird überschätzt. In solchen Momenten zählt einfach nur das Überleben.

Ich messe meinen Umfang, und der Fensterputzer schaut von draußen zu. Er gibt sich keine Mühe, nicht zu grinsen. Wenigstens kann er mich nicht hören. Ich lege das Maßband nach und nach um diverse problematische Körperbereiche – unter anderem um so unerfreuliche Regionen wie Oberschenkel, Bauch und Po – und wispere Marco, dem Mann mit den perfekten Umfängen, meine Messergebnisse zu.

Auf der Matte neben uns grunzt ein Mensch guttural, während er einen munteren Mix aus Liegestützen, Strecksprüngen, tiefen Kniebeugen sowie noch tieferen Ausfallschritten absolviert.

«Da kommen wir auch hin», sagt Marco.

Ich sage nichts.

Er notiert sich mit unbewegter Miene meine Werte, und ich kann nur hoffen, dass der Mann schon Schlimmeres gesehen hat. Die berühmten modelhaften neunzig Zentimeter habe ich jedenfalls auch zu bieten – leider nur nicht da, wo sie sein sollten. Meine

Sed-Karte würde eher dem Protokoll eines Unfallherganges gleichen.

«Mach das weg!», sage ich vorwurfsvoll zu Marco und deute auf meinen Bauch, der mich an üppige Zeiten erinnert, als noch vollwertige Mahlzeiten mit Nachschlag, Nachspeise und alkoholischer Getränkebegleitung auf meinem Speiseplan standen.

«Mach Liegestützen!», entgegnet Marco und deutet auf die Matte zu meinen Füßen, und was nun folgt, ist eine unelegante Mischung aus weinerlicher Pressatmung und würdefreiem Gejammer und einigen fragwürdigen Körperübungen, die nur sehr entfernt an das erinnern, was gemeinhin als Liegestütze bekannt ist.

Nach der zwölften lasse ich mich unelegant und absolut frei von jeder Körperspannung einfach platt hinfallen. Gesicht nach unten. Ich will nicht mehr leben.

«Noch zwanzig Sekunden halten», höre ich Marco von irgendwoher rufen. «Komm schon, das schaffst du.»

Ich stemme mich noch mal hoch. Zitternde Arme. Bauchmuskeln wie Wattebäusche und ein Kreuz wie kurz vorm Durchbrechen. Ich könnte heulen. Ganz ehrlich.

«Noch zehn!»

Und wieder ein Countdown, der eine neue Zeit einläutet.

Denn bei null ist nicht etwa alles vorbei.

Nein, bei null fängt es an. Und zwar immer und immer wieder.

Das wirklich Störende, Frustrierende, Gnadenlose und Ärgerliche an Sport, Bildung, gesunder Ernährung und einem wohltuenden, ausgewogenen Lebenswandel ist: Es gibt kein Happy End. Du kannst nicht runterzählen, du hast es nicht irgendwann hinter dir. Du hast es nie hinter dir, sondern immer vor dir. Denn es ist: FÜR IMMER!

«Noch acht Sekunden!»

«Du ruinierst mein Leben!», stoße ich böse hervor.

«Sport ist deine Rentenvorsorge. Vom Saufen und Fressen hast du später nichts. Noch sieben!»

«Ich lebe aber jetzt, nicht später!»
«Noch sechs!»
Welcher Teufel hat mich geritten, als ich dieses Jahr begann? Dieses Jahr, das womöglich niemals enden wird? Wenn ich genug Muskeln und mein Idealgewicht habe, wenn ich meditieren kann wie Buddha persönlich und einen Salat ohne Croutons für eine zufriedenstellende Mahlzeit halte – was dann?

Muskeln, Hirnzellen und achtsame Gedanken verkümmern, wenn man sie nicht benutzt, strapaziert, fördert und fordert. Und nein, es wird in deinem Leben niemals der Tag kommen, an dem du genug Gemüse gegessen hast. Es sei denn, es ist dein letzter.

Diäten funktionieren nicht, das weiß jeder. Diäten funktionieren nicht, weil sie irgendwann vorbei sind. Nach drei Tagen oder drei Monaten. Es gibt immer ein Danach, auf das wir hinfiebern, das uns motiviert, durchzuhalten, auszuhalten, die Zähne zusammenzubeißen bis zur nächsten Tafel Ritter Sport Knusperkeks.

Das Licht am Ende des Tunnels ist der Teller mit Spaghetti Carbonara, die nach der Diät auf dich warten und sich mit voller Begeisterung und frisch entfesselter Wucht auf deine entleerten Fettzellen stürzen werden.

Ich weiß das. Aber ich wünsche mir so bitterlich, dass es anders wäre, dass ich, dank beeindruckender Autosuggestion, immer wieder glaube, dass es anders sein könnte.

Und dann kaufe ich nach Weihnachten wieder schändliche Magazine und Bücher, die mir genau die Lügen erzählen, die ich hören und entgegen jeder Vernunft glauben will. Nämlich, dass ich im Schlaf schlank werden kann oder an einem Wochenende, an dem ich konsequent Quark mit Schnittlauch und Cayennepfeffer esse und viermal am Tag siebzig Sit-ups mache, meine Figurprobleme ein für alle Mal besiegen werde.

Zeitschriften haben jedes Jahr im Januar die gleichen Schlagzeilen: «Forever fit in drei Wochen» – «Denk dich dünn» – «Neustart in ein schlankes Leben» – «Easy zum Idealgewicht mit Mango».

Auf den Titelseiten erstrahlen junge Frauen mit perlweißen Zähnchen, seidigem Haar und einem perfekt bildbearbeiteten Körper, dem per Photoshop mindestens eine Rippe entnommen wurde. Sie lächeln mich an, als sei ich ihre Freundin und als bedeute es keine Mühe, forever jung, forever schön und forever dünn und fit zu sein.

«Noch fünf!»

Aber natürlich bedeutet es Mühe, Schmerz, regelmäßiges Versagen und noch regelmäßigeres Zweifeln und Verzweifeln.

Und wozu das alles?

Um ein paar dürre Jahre länger zu leben?

Mein gutes Jahr ist noch keine Woche alt, aber ich überlege schon, alles hinzuschmeißen, mich in der nächstbesten McDonald's-Filiale zu verbarrikadieren und die nächsten Monate ausschließlich Hamburger Royal TS mit Fritten und Chicken McNuggets zu mir zu nehmen.

Der Weg vor mir ist nicht weit.

Er hat gar kein Ende!

Und natürlich zahlt man einen Preis, wenn man sich auf diesen Weg macht. In der Zeit, die ich auf Crosstrainern und beim Joggen verbracht habe, hätte ich womöglich ein komplettes Studium der Elementarteilchenphysik absolvieren können, inklusive Habilitation.

Aber der Weg, der auf körperliche Erschlaffung folgt, führt reflexhaft ins Fitnessstudio und nicht an die Uni. Den Satz «Hups, ich habe zugenommen und muss mich zum Ausgleich dringend etwas bilden» habe ich selten gehört.

«Noch vier!»

Aus mir kommen Geräusche heraus, die ich aus Kreißsälen und amerikanischen Filmen mit einer Altersfreigabe ab achtzehn kenne, in denen feindliche Agenten mit Zahnarzt-Instrumenten gefoltert werden.

«Du musst über deine Grenzen gehen!», ruft Marco.

«Dafür bin ich aber nicht der Typ!», presse ich hervor, und gefühlt sind das meine letzten Worte, denn mein Ende scheint jetzt sehr nahe.

«Dann wirst du der Typ. Noch zwei! Wenn du dich verändern willst, musst du dich anstrengen. Sonst kannst du es gleich bleibenlassen. Eins! Und absenken. Durchatmen, Arme ausschütteln.»

Zum Schütteln reicht meine Kraft nicht. Meine Arme liegen wie leblose Materie neben mir auf dem Boden und rühren sich nicht mehr.

«In zehn Sekunden starten wir die zweite Runde», höre ich Marco sagen und denke erst noch, er würde einen Witz machen. Bis er anfängt zu zählen.

«Neun, acht, sieben, sechs...»

Mein neues Leben scheint nur noch aus Countdowns zu bestehen.

Sag ich doch: Es gibt kein Happy End.

7. Januar

Der Verzicht zermürbt meine Laune wie ein bösartiger Holzkäfer den gesamten Baumbestand eines Kontinents.
    Ich tue das Richtige. Und es fühlt sich falsch an. Mein Magen ist die gesunde Kost nicht gewohnt und zickt rum. Meiner Psyche fehlt abends der Alkohol und tagsüber die Vorfreude auf den Alkohol am Abend. Meine Nerven liegen blank, seit sie nicht mehr wohlig verpackt sind in Zucker, dieses wunderbare, schnell verwertbare Kohlehydrat. Ambulanz für die Seele.
    Ich habe einen Heißhunger auf Süß, der kaum auszuhalten ist und mich aggressiv macht. Vor lauter Unterzuckerung bin ich heute mit meinem älteren Sohn beim Schiffe-versenken-Spielen derart aneinandergeraten, dass wir nach ein paar Minuten beide heulten.
    Gestern war ich kurz davor, über Kuvertüre aus dem Jahr 2007 herzufallen. Und der kniehohe Schokoladen-Nikolaus, den meine Kinder von ihren Patenonkeln zu Weihnachten bekommen haben, löst in mir irrationale Mordgelüste aus.
    Mein Mann erscheint mir übrigens in den letzten Tagen auch nicht mehr die beste Wahl zu sein.

8. Januar

Party mit Flying Buffet.
    Köstliche Häppchen umschwirren mich wie feindliche Kampfgeschwader. Vera sagt, die Currywurst-Scheibchen auf Streichholz-Pommes seien vorzüglich und es sei wirklich bewundernswert, wie ich die Sache durchziehen würde. Bei Currywurst hätte ich ja sonst nie nein gesagt. Beachtlich, diese Disziplin. Ein Traum sei im Übrigen auch der Kaiserschmarren.

Vera greift noch mal zu. Unsere Freundschaft scheint mir in Gefahr. Ich gehe weit vor Mitternacht nach Hause.
Entgiftung macht giftig.

9. Januar

Habe den Schokoladen-Nikolaus entsorgt.
Musste ihm den Kopf abschlagen, damit er noch in die volle Mülltonne passte.
Fühle mich nach diesem Ritualmord zwar schuldig, aber auch wie befreit.

10. Januar

Mein ältester Sohn hat den toten Nikolaus in der Tonne entdeckt. Habe damit vermutlich ein frühkindliches Trauma verursacht. Egal. Es war Notwehr. Der böse Schokoladenmann hat meinen Seelenfrieden bedroht.

11. Januar

Heute bin ich den dritten Tag hintereinander freiwillig um Viertel nach sechs aufgestanden, um eine halbe Stunde ungestört zu meditieren.
Die Zeit, bevor mein Mann und meine Söhne um sieben Uhr aufstehen, ist dafür perfekt geeignet.
Die Stille des Hauses, kurz bevor der Tag anbricht, ist ansteckend.

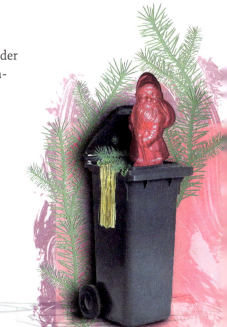

Das Chaos in meinem Kopf ist zwar nicht kleiner geworden, aber ich nehme mir die Unordnung nicht mehr so übel. Das hilft.

Ich versuche, mich gegen die Gedankensprünge nicht zu wehren, sondern sie wahrzunehmen und gutzuheißen. Annehmen, was ist.

Zur Ruhe kann man sich nicht zwingen.

Diese Erkenntnis beruhigt ungemein.

Die Meditation ist wie ein friedlicher Ort, an den man sich im Laufe des Tages immer mal wieder gedanklich zurückziehen kann.

Ein stilles Plätzchen. A silent cookie. (Verzeihung, der musste sein. Ich habe Jahre gewartet, um diesen Scherz einigermaßen elegant platzieren zu können.)

13. Januar

Ich erfahre ganz neue Dimensionen des Muskelkaters.

Ich habe Schmerzen in Körperregionen, in denen ich gar keine Muskeln vermutet hatte.

Nach dem Boxtraining mit Marco war ich heute weder in der Lage, eine Geburtstagskarte an mein Patenkind zu schreiben, noch die Arme zu heben, um mir die Haare zu waschen.

Ich liebe meinen Muskelkater. Belohnung für eine Leistung, die man hinter sich hat.

19. Januar

ORT: Offline im Kloster. Schweigen und beten im *Stillen Bereich*.

GEWICHT: Heute habe ich wirklich andere Probleme!

STIMMUNG: Fühle mich, als stünde ich kurz davor, mich für sechs Wochen ins ewige Eis zu verabschieden. Handy,

Computer, Schminke, Kosmetik, hohe Schuhe, Haarspray und Kontaktlinsen bleiben zu Hause. Bin lange nicht mehr mit so leichtem Gepäck gereist: Duschgel, Brille, Kuschelkissen, Unterwäsche und zwei Bücher. Ach ja, und Gummistiefel, die quasi unbenutzt sind, denn ich verlasse das Haus üblicherweise nicht zu Fuß, wenn es regnet. Jedoch haben mir klostererfahrene Bekannte geraten, mich auf das unmittelbare Naturerleben voll einzulassen. Man würde durchdrehen, wenn man die Klostermauern nicht hin und wieder hinter sich lassen würde.

LETZTE WORTE: Frage an Ehemann (kurz vor der Abfahrt, weinerlich vorgetragen in der Hoffnung auf Trost und liebevolles Verständnis, eventuell sogar die Aufforderung erwartend, doch lieber zu Hause zu bleiben): «Und wie willst du mich erreichen, wenn was ist?» Antwort (vorhersehbar, dennoch irgendwie ernüchternd): «Was soll denn sein?»

ZIELSETZUNG: Hauptsache durchhalten und Finger weg vom Klosterwein!

Es ist acht Uhr dreißig, und ich nehme Abschied, als sei es mehr als fraglich, ob ich jemals zurückkehren werde.

Mein Mann sieht, wie so oft, die Angelegenheit pragmatischer, und ich merke, dass er es übertrieben findet, dass meine Augen in Tränen schwimmen, während ich ihn mit Küssen bedecke und mit einer Umarmung belästige, die eher einer Umklammerung gleicht.

Am liebsten würde ich mich mit einem Fahrradschloss an seinem Oberschenkel festketten.

Er sagt: «Tschüs», und entfernt meine Arme von seinen Schultern, als seien es lästige Schlingpflanzen.

Es ist wirklich nicht so, dass mein Mann keine Gefühle hat, er kann sie bloß nicht zeigen. Das darf man ihm nicht übelnehmen. Und deshalb bin ich schon vor Jahren dazu übergegangen, seine Gefühle immer gleich mit zu zeigen. Einer muss es ja machen.

Ich steige ins Auto, fahre langsam los und winke meinem Mann zu, bis ich um die Straßenecke gebogen bin. Dass er, noch bevor ich den Wagen gestartet hatte, ins Haus zurückgegangen, ach, was sage ich: geflüchtet war, stört mich eigentlich nicht.

Wer einen Hanseaten heiratet, muss damit klarkommen, regelmäßig ins Leere zu winken.

An der ersten roten Ampel hole ich mein Handy aus der Handtasche, um es auszuschalten. Ich verpasse zwei Grün-Phasen, bis mir endlich wieder eingefallen ist, wie das geht.

Wann habe ich zum letzten Mal mein Handy ausgeschaltet?

Wann war ich zuletzt offline?

Stille ist in meinem Leben immer nur Zufall.

Eine halbe Stunde später parke ich vor dem Kloster Nütschau, und die Sendepause beginnt.

Es ist immer noch Montag. Aber es fühlt sich an wie gar kein Tag.

Es ist kurz nach neun abends. Aber irgendwie haben auch die Uhrzeiten Respekt vor den Klostermauern.

Hier ist keine Zeit.

Und es ist ja auch gar nicht wichtig, wie spät es ist. Die Glocken rufen viermal am Tag zum Gebet. Mehr muss man nicht wissen.

Mein Funkwecker bekommt sein Signal nur ganz dicht am Fenster.

Ich bin seit zehn Stunden hier und war noch nie so lange und so weit weg von zu Hause.

Es gibt, das habe ich herausgefunden, unterschiedliche Formen des Schweigens. Genauso wie beim Reden kann man sich auch schweigend missverstehen oder aneinander vorbeischweigen.

Mein erstes Mittagessen in absoluter Stille begann ich alleine in einem kleinen Raum mit nur einem gedeckten Tisch. Ich war erleichtert. Nicht zu reden ist ja keine Kunst, wenn niemand da ist, mit dem man sich normalerweise unterhalten würde.

Dann ging die Tür auf, eine Frau kam rein, nickte mir kurz zu und setzte sich – ich war äußerst befremdet – direkt neben mich. Die Dame, das wurde mir schließlich klar, musste ein Schweige-Profi sein, denn wenn man nebeneinandersitzt, entsteht kein Blickkontakt, was sehr angenehm ist, wenn man nicht kommunizieren möchte.

Trotzdem geriet ich zunächst in Panik und war der festen Überzeugung, mein Herzschlag müsse in den Klostermauern widerhallen wie Kanoneneinschläge. Ich rechnete jeden Moment damit, dass ein befremdeter Pater die Tür aufreißen und sich nach dem Grund für diese Lärmbelästigung erkundigen würde.

Jedes Schlucken in den Tiefen meiner Kehle kam mir vor wie unziemliches Getöse, und das Klirren meines Besteckes auf dem Teller sprengte mir fast die Trommelfelle.

Keine Spur von Selbstbesinnung und Konzentration auf den Moment und den Geschmack des Essens. Meine Schultern waren nach zwei Minuten so angespannt, dass sie schmerzten.

Aber es wurde mit jedem Bissen besser. Der Druck wich ganz langsam einem schweigenden, freundlichen Einvernehmen mit der stillen Frau neben mir.

In Gedanken kommunizierte ich wohlwollend mit den Kroketten, die ich selbstverständlich wegen feindlicher Kohlehydrate nicht anrührte, und als meine Mitesserin und ich gleichzeitig das Besteck niederlegten, noch ein paar Momente warteten, uns wieder zunickten und unserer Wege gingen, hatte ich das Gefühl, dass wir uns astrein verstanden hatten.

Das Abendessen war weit weniger harmonisch verlaufen.

Mir gegenüber saß ein Mann, dessen Kiefer in der Stille knackte, als würde er bei jedem Bissen bersten.

Ich war kurz davor, in hysterisches Kichern auszubrechen, und versuchte, mich Halt suchend auf meinen Hagebuttentee zu konzentrieren und auf die Erinnerungen, die er in mir wachrief.

Hagebuttentee und Graubrot mit gekochtem Schinken zum Abendessen. Weihnachtsferien im Sauerland. Mit meinen Eltern verbrachte ich sie Jahr um Jahr in einem Kriegsblindenkurheim in Bad Berleburg.

Lustig war, wenn wir Kinder uns auf den Herrentoiletten versteckten und den Männern beim Pinkeln zuschauten. Sehen konnten die uns ja nicht, das war in diesem Fall von Vorteil.

Darüber lacht eigentlich immer keiner, dem ich das erzähle. Wahrscheinlich aus Pietät den armen Behinderten gegenüber. Bis heute schauen Leute betreten auf den Boden, wenn ich sage, dass mein Vater als junger Mann im Gefängnis in Ungarn als unschuldiger politischer Häftling erblindete und er meine Mutter und mich nie gesehen hat.

Das klingt nach schwerem Schicksal. Und das ist es auch gewesen, aber nicht für mich. Sondern für ihn.

Kinder leben selbstverständlich mit den Eltern, die sie bei ihrer Geburt vorfinden. Ob die sehen können oder nicht, ist egal.

Mein Vater war für mich nicht behindert, sondern normal. Ich hatte ja keinen anderen. Sobald ich laufen konnte, führte ich ihn, und sobald ich sprechen konnte, beschrieb ich ihm die Welt. Nicht, weil ich so ein entzückendes, selbstloses Kind gewesen wäre, sondern weil ich keine Wahl hatte.

Ich wurde für meinen Vater durch Sprache lebendig. Worte waren unsere Welt, meine Stimme war meine Verbindung zu ihm. Meine Stimme und meine Hand in seiner.

Also fing ich an zu reden – und habe damit bis heute eigentlich nicht aufgehört. Womöglich fühle ich mich auch deshalb in einem Schweigekloster einen Hauch deplatziert.

Schweigen war für mich nie eine Option.

Kinder fügen sich in Gegebenheiten. Die Blindheit meines Vaters verursachte mir kein Kopfzerbrechen. Manchmal hörte ich, wie er nachts im Zimmer neben mir schreiend und nach Luft ringend aus seinen Albträumen schreckte. Als würde er in einem Meer von Dunkelheit ertrinken. Ich verstand nicht, warum. Und es scherte mich auch nicht. Kinder sind wunderbare Egoisten, und womöglich nahm ich damals gehörigen Schaden, ohne es zu bemerken.

Manchmal träumte mein Vater, er könne wieder sehen. Meistens korrigierte er sich noch im Traum und erblindete erneut in seinem Kerker, rechtzeitig vor dem Erwachen. Aber ab und zu schlug er als der Sehende, den er sich erträumt hatte, die Augen auf.

Und die Finsternis, die ihn dann umgab, und der Schrecken, der sich ihm schwer auf die Brust gelegt haben muss, bleiben mir bis heute nahezu unvorstellbar.

Mein Vater war schon lange tot, als ich endlich groß genug war für sein Schicksal. Als Kind erträgst du die Qualen deiner Eltern nicht – und sie interessieren dich auch nicht. Kinder kennen kein Mitleid und keine Pietät. Das macht sie so bezaubernd und so grausam.

Ich glaube, man muss ein gewisses Alter erreichen, um die Verzweiflungen und Schwächen von Vater und Mutter begreifen und annehmen zu können. Manche sagen, man würde erwachsen, wenn die Eltern sterben. Aber das stimmt nur, wenn man zum Zeitpunkt ihres Todes alt genug ist, um erwachsen zu werden.

Ich war Mitte zwanzig und bin nicht erwachsen geworden, sondern viel zu lange Kind geblieben, auf der Suche nach Antworten, die mir niemand mehr geben konnte.

Hagebuttentee.

Was bleibt, sind schöne Erinnerungen.

Und bis heute viele offene Fragen.

Wenn man schweigt, wird es plötzlich laut.

Nicht nur die Geräusche von draußen fallen einem viel mehr auf – das Hundegebell, die Kirchenglocken, die Tür, die irgendwo zufällt –, sondern es wird von innen laut, und zwar in ganz beunruhigendem Maße.

Es ist kurz nach zehn, und ich sitze jetzt seit einer Stunde auf meiner Bettkante und tue nichts. Ich habe noch nicht einmal die Nachttischlampe eingeschaltet. Erschien mir irgendwie unnötig.

Mein kleines Zimmer ist karg, aber nicht unfreundlich. Der Teppich riecht nach Aufenthaltsräumen im Landschulheim, und das Pressholz des Kleiderschrankes sieht aus wie das Holz der Möbel in meinem Kinderzimmer.

Ständig flattern Erinnerungen auf wie Tauben, unkoordiniert und unerwartet, als sei auf dem Markusplatz in Venedig ein Schuss gefallen.

Mein achtjähriger Sohn fährt dieses Jahr zum ersten Mal auf Klassenfahrt. Ich denke an den Moment, als sich vor fast vierzig Jahren der Bus zu meiner ersten Klassenreise in Bewegung setzte und meine Mutter in einer türkisfarbenen Bluse auf dem Schulhof stand und winkte.

Mir zerriss es das Herz. Und ich tat so, als hätte ich mir den Ellenbogen an der Lehne meines Sitzes gestoßen, um den anderen und mir selbst gegenüber einen akzeptablen Grund zu haben, warum ich weinte.

Ich wollte schon immer lieber zu Hause bleiben.

Bis heute mag ich den letzten Urlaubstag deutlich mehr als den ersten. Bis heute ist mein Heimweh stärker als mein Fernweh, und der Moment, die Tür aufzuschließen und wieder daheim zu sein, ist, neben frischer Bettwäsche, dem Geruch von Pfannekuchen und dem Geräusch des Atems meiner schlafenden Kinder, immer wieder einer der allerschönsten.

Ich gehe noch mal raus.

Es ist nebelig, der Boden ist gefroren, und das Gelände des Klosters ist so dunkel und menschenleer, dass mich die Einsamkeit anfällt wie ein Rudel Bluthunde.

Ist ja sonst keiner da, nach dem sie schnappen könnten.

Ich haste über den verlassenen Innenhof zu einem kleinen, etwas abseits gelegenen Häuschen, aus dessen Fenstern Licht dringt. Mir kommt es vor wie ein Leuchtturm für Schiffbrüchige.

Mein Leuchtturm ist das Haus der Jugend, wo eine Abiturientenklasse eine Jugendfreizeit mit Klosteranschluss verbringt, das hatte mir einer der freundlichen Benediktiner bei meiner Ankunft erklärt.

Er war der Letzte, mit dem ich heute gesprochen hatte. Auf dem Weg in den Wald war mir am Nachmittag noch ein zweiter Mönch begegnet, aber der hatte mir nur einen guten Tag gewünscht. Zu diesem Zeitpunkt war ich bereits derart kommunikationsbedürftig und tendenziell vereinsamt gewesen, dass ich den Gottesmann am liebsten in mein Zimmer verschleppt, eingesperrt und gezwungen hätte, sich die ganze Nacht mit mir zu unterhalten.

Jetzt stehe ich seit zwanzig Minuten vor einem der erleuchteten Fenster des Jugendhauses. Ich heule natürlich, was das Zeug hält, und bin sehr in Sorge, ein nächtlicher Spaziergänger könne mich dabei erwischen, wie ich heimlich anderen beim Nichteinsamsein zuschaue. Das hat irgendwie was Unanständiges und gleichzeitig grauenvoll Mitleiderregendes.

Drinnen sitzen ein paar Jungs im Kreis, reden, lachen und reichen Salzstangen rum. In ihrer Mitte sitzt der unfassbar gut aussehende Pater, der mir während der Abendandacht bereits aufgefallen war und bei dessen Anblick ich sofort das Zölibat als Ganzes in Frage gestellt und mich geärgert hatte, dass ich ohne Haarwaschmittel, Kontaktlinsen und Wimperntusche angereist war.

Die Tür wird geöffnet, und drei Mädchen kommen kichernd heraus, stecken sich Zigaretten an und holen ihre Handys hervor.

Ich ziehe mich schnell in die Büsche zurück, was den Hund auf dem Nachbargrundstück alarmiert. Er bellt mich wütend an, und ich mache mich beschämt davon wie ein Dieb in der Nacht.

Es wäre so lächerlich, wenn es nicht so schrecklich wäre.

Wie kann man so einsam sein, keine vierzig Kilometer von zu Hause entfernt?

Ich schlendere wie absichtslos in Richtung Parkplatz, aber ich kann mir nichts vormachen. Ich weiß genau, was ich da will. Von wegen: nur mal kurz gucken, ob mit dem Auto alles in Ordnung ist.

Ich drücke auf den Schlüssel, und das Aufblinken der Scheinwerfer ist auf eine derart absurde Weise tröstlich, dass ich lachen würde, wenn ich nicht gerade schon wieder weinen müsste.

Ich setze mich ins Auto. Ist ja fast wie zu Hause.

Es ist halb elf. Wenn ich jetzt losfahren würde, wäre mein Mann bei meiner Ankunft noch wach, und wir könnten ein Glas Wein trinken und das Neujahrsexperiment für gescheitert erklären.

Die Einsicht in das eigene Unvermögen ist doch irgendwie auch ein nicht zu verachtender Sieg.

Ich könnte mir aber vorstellen, dass mein Mann das eventuell

anders sehen und mir nicht den emotionalen Beistand und verständnisvollen Empfang bereiten würde, der mir in diesem Augenblick vorschwebt.

Ich denke an meinen Trainer Marco, der neulich den Kindern beim Boxtraining sagte: «Haltet durch. Wenn ihr euer Leben lang immer aufhört, wenn es anstrengend wird, werdet ihr nichts richtig lernen und selten stolz auf euch sein können.»

Ich gehe zurück in mein Zimmer, die Bluthunde sind mir noch dicht auf den Fersen.

Ich hatte immer schon Angst im Dunkeln.

Aufwachen und nicht mehr sehen können.

Ob man Albträume erben kann?

20. Januar

Der Wecker reißt mich aus einem beschämend profanen Traum. Also wirklich.

Nach all den Furien der Finsternis, denen ich gestern nur knapp entronnen bin, hatte ich auf voluminöse, bedeutungsschwangere Träume gehofft, die sich als richtungsweisend für mein zukünftiges Leben erweisen würden.

Stattdessen suchte mich hinter den Klostermauern ein klägliches Albträumchen heim, in dem meine langen, blonden Haarverlängerungen beim Föhnen zu einer widerwärtigen Mischung aus Putzwolle und Kaugummi zerschmolzen, um mir dann in klumpigen Büscheln vom Kopf direkt vor die Füße zu plumpsen wie tote Ratten.

Der Traum mochte in unmittelbarem Zusammenhang mit dem Gespräch stehen, das ich letzte Woche mit Vera geführt hatte.

«Blond steht dir nicht», hatte sie gesagt.

«Woher willst du das wissen? Ich habe seit meiner Kindheit ein und dieselbe Haarfarbe, ein schäbiges Mittelbraun. Abgesehen von der kurzen Aubergine-Episode.»

«Das war, als du mit Thomas zusammen warst und aussehen wolltest wie seine dominante Mutter, weil du hofftest, das sei der direkte Weg in sein Herz. Damals trugst du auch marineblaue Blusen mit goldenen Knöpfchen und Faltenröcke. Du sahst wirklich aus wie seine Mutter – bloß älter.»

«Ich war siebzehn und unzurechnungsfähig verliebt und hatte gedacht, der neue Look würde mir in seinen gehobenen Kreisen Anerkennung verschaffen. Hat aber nichts genutzt. Seiner Mutter war die Ähnlichkeit zwischen mir und ihr offenbar nicht aufgefallen, denn sie konnte mich nicht leiden.»

«Und Thomas war nach dir sehr lange mit Brigitte zusammen, der die marineblauen Blusen viel besser standen als dir.»

«Das stimmt. Und außerdem war sie blond. Genauso wie Anja, wegen der mich Daniel sitzenließ, und genauso wie dieses großmäulige dänische Model namens Bente, die mir den Typen weggeschnappt hat, mit dem ich damals Daniel betrogen hatte. Eine Frechheit war das. Beide Männer, die ich eigentlich für mich haben wollte, waren auf einen Schlag von Blondinen besetzt.»

«Du willst also blond werden, um dieses frühe Trauma zu verarbeiten?»

«Nein. Ich will eine radikale Typveränderung. Ich will einmal dünn sein und lange, blonde Haare haben und am eigenen Leib erfahren, wie es ist, einem Klischee zu entsprechen. Wer schaut mich dann an und wie und warum? Welche Männer reagieren auf mich? Und welche Frauen? Werde ich womöglich zum ersten Mal in meinem Leben angesprochen? Unsittliche Angebote bekommen? Mit welchen ungerechten Vorurteilen werde ich zu kämpfen haben, und welche ungerechten Vorteile werden mir zuteilwerden? Das ist doch hochinteressant.»

«Du bist schon mal angesprochen worden, erinnere dich bitte. Das war, als du Brüste hattest.»

«Richtig. Während der Stillzeit, ein großartiges Erlebnis. Mein ehemaliger Chef hatte mich nicht wiedererkannt, weil er sich nach einem Blick in mein Dekolleté gar nicht mehr die Mühe gemacht hatte, mir noch ins Gesicht zu schauen. Und zwei Männer hatten mir ganz eindeutig zweideutige Angebote gemacht.»

«Beide waren dick, hässlich und alt.»

«Aber wohlhabend.»

«Ja und? Was hast du von dicken Titten, wenn du damit die falschen Männer anlockst und Signale aussendest, mit deren Wirkung du gar nicht umgehen kannst? Je kürzer und dunkler deine Haare, desto klüger die Männer, die auf dich abfahren. Du wirst als dünne Blondine ein Rudel Männer um dich herum haben, aber nicht einer wird an einem zusammenhängenden Gespräch interessiert sein. Warum ziehst du dir nicht einfach die Perücke auf, die du neulich als Helene-Fischer-Double an Weiberfastnacht getragen hast?»

«Das ist doch nicht dasselbe! Ich will blond sein, nicht so tun, als wäre ich blond. Ich will blond einschlafen und blond aufwachen. Ich habe genug kluge Männer in meinem Leben. Ich bin absolut bereit für Idioten. Außerdem sah ich schrecklich aus mit der Perücke.»

«Sag ich doch, Blond steht dir nicht. Deine jetzige Frisur übrigens auch nicht, wenn ich mal so offen sein darf. Hast du dich mit deinem Frisör verkracht? Und du musst unbedingt nachfärben, du

siehst ja aus, als würdest du vom Kopf her bei lebendigem Leib verschimmeln.«

Leider hatte Vera nicht ganz unrecht, auch wenn ich mir eine etwas diplomatischere Formulierung für die dramatischen Vorgänge gewünscht hätte, die sich derzeit auf meinem Kopf abspielen.

Meine Recherchen bezüglich meiner für den Frühsommer geplanten Typveränderung hatten ergeben, dass man für Haarverlängerungen bereits möglichst langes Haar braucht und dass man den brachialen, chemischen Bleichungsprozess, den man durchlaufen muss, wenn man von Brünett auf Blond umfärben will, am besten mit ungefärbtem Haar vollzieht.

Das heißt im Klartext, dass ich seit ein paar Monaten zunehmend so aussehe, wie ich von der Natur gemeint bin.

Wirres, von grauen Strähnen durchzogenes Haar umwuchert meinen Kopf. Dazu muss man wissen, dass meine Haare nicht einfach nur rauswachsen, sie wachsen weg.

Einige radikalisierte Gruppierungen orientieren sich nach rechts, andere nach links außen, was mir im Ganzen betrachtet das Aussehen eines afrikanischen Wasserbüffels verleiht – jenen bemitleidenswerten Tieren, deren lächerliches Gehörn am Kopf platt aufliegt, um sich dann unvermittelt an den Seiten hochzuzwirbeln.

Seit ich denken kann, habe ich Personen beneidet, die mit feinem, glattem Haar gesegnet sind, bei dem man sich nicht ständig fragen muss, was für Dummheiten es wohl als Nächstes anstellt.

Im Grunde kann ich mir nie sicher sein, wie ich gerade aussehe.

Mal schiebt sich, von mir gänzlich unbemerkt, eine Locke wie ein Angelhaken über meine Stirn, oder es erheben sich ohne Vorwarnung zwei Strähnen auf meinem Hinterkopf, die mich aussehen lassen, als sei ich von zwei Fonduegabeln aufgespießt worden oder als würden sich meine eigenen Haare gerade ganz vorzüglich auf meine Kosten lustig machen.

Frisöre haben in meinem Leben frühzeitig eine tragende, oft

genug auch eine tragische Rolle gespielt. Frisuren sehen bei mir nie so aus wie in den hochglänzenden Zeitschriften, zumindest nicht, wenn man meine Haare mit mir alleine lässt. Was im Frisörsalon noch durch professionelles Styling und ausgeklügelte Föhntechniken nach einem ernstgemeinten und guten Schnitt aussah, wurde oft genug nach der ersten Wäsche zu einem struppigen und unbezähmbaren Gebilde, das an einen sehr mitgenommenen Flokati erinnerte.

Und jetzt würde ich also mein Haar ein halbes Jahr sich selbst überlassen müssen. Am liebsten würde ich mir ein Schild umhängen, das mein absonderliches Aussehen erklärt: «Ich weiß, ich müsste dringend zum Frisör. Dient alles der Recherche.»

Ich sehe mich selbst ergrauen und wie im Zeitraffer altern und begrüße mein Spiegelbild mit noch gemischteren Gefühlen als sonst.

Alle anderen begrüßen mich auch mit gemischten Gefühlen. «Warum tust du dir das an? Du bist doch erst Mitte vierzig!», rufen einige erschrocken. Neulich forderte mich der Kellner im Sportclub meines Sohnes auf, doch bitte wieder zu färben, man könne mich sonst für die Oma des armen Kindes halten. Nachher behauptete er, das sei ein Scherz gewesen, aber das glaube ich nicht, denn der Mann hat eine Neigung zum offenen Wort.

Manche sagen: «Du bist aber mutig», und sehen in meiner fortschreitenden Ergrauung ein cooles Statement, eine provokante Abgrenzung, derer ich mir bisher noch gar nicht bewusst war.

Aber es stimmt, und ich bemerke es zunehmend: Grau zu werden ist nicht nur eine Frage der Farbe. Es ist eine Frage der Haltung, der Persönlichkeit, und es ist ein ziemlich schwerer Abschied davon, jünger auszusehen, als man ist, so als gäbe es eine unausgesprochene Verpflichtung, jünger auszusehen, als man ist.

Nicht färben ist ein bisschen wie nicht trinken, wie nicht abnehmen wollen oder nicht bei Facebook zu sein. Die einen reagieren mit Mitleid, die anderen mit Bewunderung – irritiert sind alle.

Denn wer aus der Reihe tanzt, führt allen anderen allzu deutlich vor Augen, dass sie in der Reihe tanzen. Und das mögen Leute nicht, die sich als Individuen sehen und auf keinen Fall normal sein wollen.

Ist blond werden auch eine Frage von Haltung und Charakter? Aus welcher Reihe tanze ich dann heraus? Und in welche hinein?

Welche Motive wird man mir in fünf Monaten unterstellen, wenn ich meine lange, blonde Mähne über die Schulter eines Körpers werfe, in dem dann nur noch wenig Fett und knapp hundert Stunden Personal Training stecken werden?

Angst vor dem Altwerden? Jugendlichkeitswahn? Ein erbärmliches Aufbegehren gegen den Lauf der Zeit? Werde ich zu meiner neuen Haarfarbe passen? Oder mache ich mich zu einer lächerlichen Senioren-Barbie?

Es ist halb sieben, und ich gehe zum Morgengottesdienst.

Der Innenhof, über den mich gestern Nacht die Bluthunde gejagt haben, liegt jetzt still im Morgennebel. Im Haus der Jugend rührt sich noch nichts.

Ich betrete die Kapelle. Der schöne Mönch schaut durch mich hindurch. Warte nur, bis ich blond bin, denke ich. Dann falte ich schicksalsergeben meine Hände zum Matutin, dem Morgengebet.

In irgendeiner Reihe tanzt man immer.

Und aus irgendeiner tanzt man immer heraus.

Ein neuer Tag der Stille liegt vor mir.

Heute ist mein Geburtstag.

«Wollen Sie nach Hause?»

Ich fahre erschrocken zusammen, und fast rutscht mir meine hastig gepackte Reisetasche aus der Hand. Ich nicke.

«Gute Reise», sagt der sehr gemütlich aussehende Mönch freundlich und schließt die Tür zum Schlaftrakt hinter sich.

Es ist kurz nach halb zehn, das Abendgebet ist vorbei, die Nacht kriecht wieder durch die leeren Flure, und ich habe gerade entschlossen aufgegeben.

Nach zweiunddreißig Stunden.

Womöglich keine Glanzleistung, aber ich bin ja auch nicht bei den Olympischen Spielen in der Disziplin Schweigen angetreten, um einen neuen Rekord zu brechen.

Trotzdem war die kurze Zeit im Kloster sehr lang und sehr lehrreich.

«Damit wir lernen, worauf es ankommt» hatten wir am Morgen in der Klosterkirche gemeinsam gebetet, und ein Sonnenstrahl hatte sich kurz zu uns durchgeschlagen und die mit Heiligen bemalten Bleiglasfenster aufleuchten lassen.

Das war mir selbstverständlich wie ein Zeichen von allerhöchster Stelle vorgekommen.

Lernen, worauf es ankommt.

Ich finde, wenn man siebenundvierzig wird, ist es an der Zeit zu lernen, worauf es ankommt. Bis dahin darf man ausprobieren, schlechte Filme bis zum Schluss ansehen, doofe Bücher bis zur letzten Seite lesen und borniertern Langweilern stundenlang zuhören, weil man denkt, wenn man jemanden nicht versteht, sei das ein Zeichen für dessen überragende Klugheit und für die eigene Blödheit. Meist ist es genau andersherum.

Im ersten Teil des Lebens darf man Angst haben, was zu verpassen, wenn man vor zwölf nach Hause geht oder in den Ferien nicht verreist. Man darf Klamotten kaufen, die einem nicht stehen, und sich von Typen beeindrucken lassen, die hinter einer schweigsamen, schroffen Fassade lediglich einen beeindruckenden Hohlraum verbergen.

Aber in der zweiten Halbzeit sollte man sich unnötige Umwege sparen, Ballast abwerfen, das Leben, den Körper und die Schränke ausmisten. Bücher verschenken, die bis Seite zehn noch nichts in dir entzündet haben, lieber schlafen gehen, als einen Film mit

Jean-Claude Van Damme bis zum bitteren Ende anschauen, Urlaube abbrechen, wenn das Heimweh zu groß und das Zimmer zu klein ist und einen Blick auf die Müllcontainer im Hinterhof hat.
Und man muss sich langsam mal eingestehen, dass die eigenen Interessen womöglich nicht genau da liegen, wo man sie gerne liegen sähe.
Man kann sich zwar aussuchen, was man tut. Aber man kann sich nicht aussuchen, was man gern tut.
Zeitlebens waren mir die Freizeitbeschäftigungen der anderen immer hochwertiger, edler, kultivierter und abenteuerlicher erschienen als meine eigenen.
«Was sind denn deine Hobbys?»
Wie gerne hätte ich auf diese Frage, auf die ich stets mit hilflosem Gebrabbel reagiert habe, geantwortet: «Weltpolitik, Schach und Paragliding. Ich liebe außerdem Gartenarbeit, mache mindestens zweimal im Jahr eine Bildungsreise in europäische Kulturmetropolen und entspanne mich bei deutscher Naturlyrik des späten achtzehnten Jahrhunderts.»
Aber mich hat das Schicksal mit schlichten Neigungen ausgestattet: Kuchenessen, Sonnenbaden, Serien gucken und Romane im Bett lesen mit zwei dicken Kissen im Rücken.
Zu allem anderen muss ich mich im Grunde genommen überwinden.

Was mich aber am meisten stresst, sind die Hobbys der Leute um mich herum. Die machen immer was. Und das macht mich nervös. Besonders im Sommer herrscht eine Diktatur der Aktivität, der man sich kaum entziehen kann.
Meiner persönlichen Statistik zufolge hatten wir im Norden Deutschlands letztes Jahr zwölf freibadtaugliche Tage, wobei es aber an dreien davon abends ab neun bereits zu frisch wurde, um ohne Pullover draußen sitzen zu können. Das macht also neun Tage Hochsommer. Neun Tage, in denen all das stattfinden muss,

wofür man in klimatisch bevorzugteren Gegenden ein halbes Jahr Zeit hat: Grillen, braun werden, Radtour machen, Kanu fahren, Fußnägel lackieren, Freibad, Baggersee, Sonntage am Meer, Schnupperkurs im Kitesurfen, Open-Air-Kino und professionelles Waxing-Studio besuchen.

Was für ein Stress. Ganz ehrlich, ich war froh, als wieder vorweihnachtliche Temperaturen von dreizehn Grad einkehrten und ich abends fernsehen oder einen ausflugfreien Sonntag verbringen durfte.

Wenn in Deutschland Temperaturen über zwanzig Grad herrschen, gibt es keine gesellschaftlich geduldete Alternative zum Draußensitzen oder zum Verbringen des Wochenendes an einem natürlichen Salz- oder Süßgewässer.

Wir müssen die Sonnenstunden nutzen. Und nicht nur die. Wir müssen sowieso jede Stunde nutzen. Wenn es regnet, kann man ja sehr schön aufräumen, was in den Sonnenstunden alles liegen geblieben ist, oder ein Museum besuchen, eine Fremdsprache lernen oder eine effektive Meditationstechnik.

Wehe, wir vergeuden oder verschwenden oder vertrödeln unsere kostbare Lebenszeit!

Mir wird ganz schwindelig, wenn ich überlege, was heutzutage so alles reinmuss in einen erfüllten Sommer, in ein erfülltes Jahr, in eine erfüllte Kindheit, in ein erfülltes Leben.

Und mittlerweile ist auch die Entspannung zu einem Programmpunkt auf unseren übervollen To-do-Listen verkommen. «Keine Zeit! Ich muss noch schnell zum autogenen Training und dann zum Shivamukti-Yoga!»

Aber, auch das ist eine Erkenntnis für die zweite Lebenshälfte: Ein erfülltes Leben muss nicht voll sein!

Und die langen, leeren Stunden im Kloster waren angefüllt mit einmaligen Eindrücken: Wandern im Wald ohne Uhr und ohne Ziel. Auf einem bemoosten Baumstumpf sitzen in einem ungeeigneten und viel zu teuren Mantel und dem Wind beim Wehen zuhören.

Lieder singen oder summen, je nach Textkenntnis, solche wie «Nehmt Abschied, Brüder, ungewiss ist alle Wiederkehr» oder «When I was young, it seemed that life was so wonderful».

Zwei Stunden auf dem Bett liegen mit offenen Augen, bis es langsam dunkel wird und Zeit, die Vorhänge zuzuziehen. Sich selbst eine fast vergessene Frage stellen: «Was könnte ich denn jetzt mal machen?»

Und schließlich, weil nichts passiert, was einen noch davon abhalten könnte, nach einem Buch greifen, das schon lange und erstaunlich geduldig darauf wartet, gelesen zu werden.

Lernen, worauf es ankommt.

Ich weiß nicht, warum ich fast zwanzig Jahre gebraucht habe, um das Buch zu lesen, das auf dem Nachttisch meiner Mutter lag, als sie ins Krankenhaus ging und nicht wieder zurückkam.

Wie erlangt man die Erkenntnisse höherer Welten? von Rudolf Steiner.

Und ich weiß auch nicht, warum ich es eingepackt habe, als ich ins Kloster fuhr.

Aber letztlich war es zur richtigen Zeit am richtigen Ort. Und ich auch.

Ich habe mir ein paar Sätze rausgeschrieben:

«Schaffe dir Augenblicke innerer Ruhe und lerne, das Wesentliche vom Unwesentlichen zu unterscheiden ... Was man in den ausgesonderten Augenblicken anzustreben hat, ist nun, die eigenen Erlebnisse und Taten so anzuschauen, so zu beurteilen, als ob man sie nicht selbst, sondern also ob sie ein anderer gelebt und getan hätte ... Ein solcher Mensch wird bald bemerken, was für eine Kraftquelle solche ausgesonderten Zeitabschnitte für ihn sind. Er wird anfangen, sich über Dinge nicht mehr zu ärgern, über die er sich vorher geärgert hat; unzählige Dinge, die er vorher gefürchtet hat, hören auf, ihm Befürchtungen zu machen.»

Meine Mutter war, auf den ersten Blick betrachtet, kein mutiger Mensch.

Sie fuhr ungern und unsicher Auto, sie war schreckhaft, schlief oft schlecht und legte keinerlei Wert darauf, Abenteuer zu erleben. Beim Chinesen bestellte sie immer Rindfleisch mit Zwiebeln oder Hähnchen süß-sauer, sie ging ungern einkaufen, weil sie am liebsten ihre alten Sachen trug, und vor jedem Urlaub bekam sie Migräne.

Aber ihre letzte Reise hatte sie tapfer und ohne Zögern angetreten.

Ihr «Restleben» hatte sie das Jahr genannt, das ihr die Ärzte noch gaben. Ich hatte versucht, ihr die letzte Zeit so schön wie möglich zu machen, aber ich erfuhr, dass sie es nicht so schön wie möglich haben wollte, sondern so normal wie möglich.

Sie wollte nicht noch mal das Meer sehen oder die Mona Lisa. Sie wollte mit meinen guten Freunden Kalle und Dagmar, Fred, Johannes und Tomas und ihrer Lieblingsnachbarin Frau Haupt am Küchentisch sitzen und zuhören, so wie sie es ein Leben lang getan hatte.

Sie löste das Kreuzworträtsel im *Zeit-Magazin*, sie las Rudolf Steiner und kochte mir an den Tagen, an denen sie noch die Kraft dazu hatte, ungarische Kartoffelsuppe. So wie schon immer.

Sie wollte kein letztes Festmahl und keinen letzten Ausflug, und fast war ich ein wenig enttäuscht, dass sie augenscheinlich diese Welt ohne Pomp und Orchester verlassen und ihrem eigenen Tod nicht die Bedeutung verleihen wollte, die ihm meiner Ansicht nach zustand.

Aber letztlich musste ich wohl oder übel akzeptieren, dass meine Mutter für sich einen Tod vorgesehen hatte, der zu ihrem Leben passte: ungeschminkt, unprätentiös, unauffällig.

Weise und leise.

Meine Mutter ging langsam und ohne Aufhebens. Genauso wie in dem Gedicht von Hans Sahl, das ihr sehr am Herzen lag:

> *Ich gehe langsam aus der Welt heraus*
> *in eine Landschaft jenseits aller Ferne,*
> *und was ich war und bin und was ich bleibe,*
> *geht mit mir ohne Ungeduld und Eile*
> *in ein bisher noch nicht betretenes Land.*
> *Ich gehe langsam aus der Zeit heraus*
> *in eine Zukunft jenseits aller Sterne,*
> *und was ich war und bin und immer bleiben werde,*
> *geht mit mir ohne Ungeduld und Eile,*
> *als wär ich nie gewesen oder kaum.*

Sie zog sich still und konzentriert und voller Würde in sich selbst zurück.

Manchmal lächelte sie noch, aber ich glaube, nur mir zuliebe.

Und als sie in ihren letzten Stunden nach ihrer Mutter rief, war keine Angst in ihrer Stimme, sondern lediglich Hoffnung und die kindliche Bitte um mütterlichen Beistand bei diesen letzten Schritten, genauso liebevoll und geduldig wie bei den ersten.

Für meinen Vater war, das konnte ich auf seinem Gesicht lesen, sein eigener Tod eine große und eine gute Überraschung gewesen. Was immer sich ihm auch offenbart hatte, hatte der ewige Zweifler, der ständig um seinen Glauben rang, nicht erwartet.

Meine Mutter war nicht im mindesten erstaunt über das, was sie sah, als sie tot war.

Als ich ihr Zimmer betrat, fünf Minuten nachdem sie aufgehört hatte zu atmen, sah ich sie noch lächeln wie jemand, der sich im Stillen denkt: «Da bist du ja. Genauso hatte ich mir dich vorgestellt.»

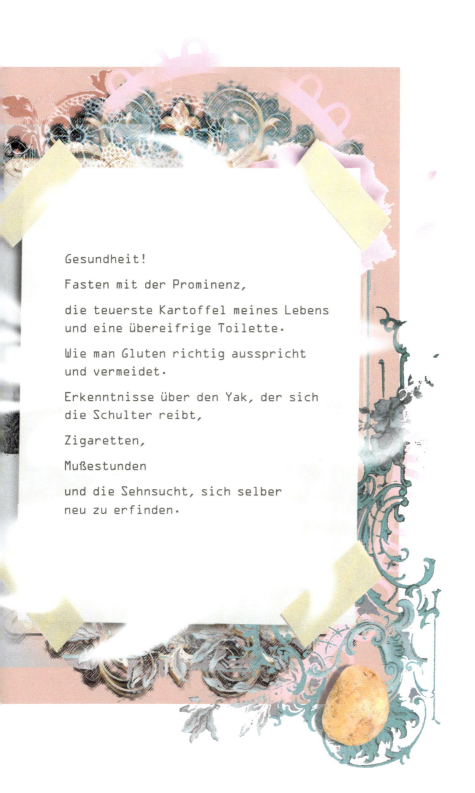

Gesundheit!

Fasten mit der Prominenz,

die teuerste Kartoffel meines Lebens und eine übereifrige Toilette.

Wie man Gluten richtig ausspricht und vermeidet.

Erkenntnisse über den Yak, der sich die Schulter reibt,

Zigaretten,

Mußestunden

und die Sehnsucht, sich selber neu zu erfinden.

5. Februar

«Da kommt ein typischer Kotbauch.»

Die Dame neben mir hält es nicht mal für nötig, ihre Stimme zu senken, und deutet auf einen Mann im Bademantel, der gerade den Speisesaal betreten hat.

Ich betrachte das schmächtige Männlein mit den dünnen Beinchen und dem dicken Bauch, das sich allen mir bekannten Gesetzen der Schwerkraft zum Trotz aufrecht fortbewegt, ohne ständig das Gleichgewicht zu verlieren und vornüberzuplumpsen.

«Ich tippe auf einen entzündlichen Gas-Kot-Bauch», spezifiziert meine Tischnachbarin ihre Diagnose. Der Mann sieht tatsächlich aus, als würde er in absehbarer Zeit platzen oder wegfliegen.

Ich nicke. Auch ich habe als Willkommensgeschenk des Hauses auf meinem Zimmer das Buch *Die Darmreinigung nach Dr. med. F. X. Mayr* vorgefunden.

Darin werden die verschiedenen Bauchtypen in Wort und Bild vorgestellt. Vom schlaffen Kotbauch – «ein schlotterig herabhängendes, oft wabbelndes, angeschopptes, sackartiges Gebilde» – bis zum entzündlichen Gasbauch. Eine beeindruckende Galerie kranker Leiber.

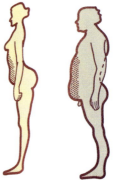

«Der ist heute angekommen», fährt meine Tischnachbarin fort und deutet noch mal in Richtung des explosiven Gas-Kot-Gemisches. «In vier Tagen sieht der ganz anders aus, das können Sie mir glauben. Hatten Sie schon einen maschinellen Einlauf? Unangenehme Prozedur. Aber anschließend fühlen Sie sich, als hätten Sie Zwillinge entbunden. Kot und Luft, alles weg! Ich war danach eineinhalb Kilo leichter. Ich heiße übrigens Martina.»

Seit sich gestern Mittag die großen Tore des Lanserhofs hinter mir geschlossen haben, befinde ich mich in einer Welt der Gedärme und Abführmittel, des gründlichen Einspeichelns, der Bauchmassagen, der Leberwickel und der weißen, weichen Frotteehandtücher, die so unendlich groß sind, dass man sie nicht klauen kann, weil sie in keinen Koffer passen. Habe ich schon ausprobiert.

Der Lanserhof am Tegernsee ist das Entschlackungs-Paradies der reichen und teilweise auch berühmten Menschen, die Wert auf eine gesunde Darmflora, einen Kamin im Spa-Bereich und die Gewissheit legen, auf dem Weg in die Detox-Wanne, in der man liegt wie ein sehr großes Stück Kabeljaufilet mit Haut im Dampfgarer, keinem Autogrammjäger zu begegnen.

Martina, die leicht schwerhörige Witwe eines sauerländischen Bauunternehmers, ist auch zum ersten Mal hier und hat ausgerechnet, dass sie für die anderthalb Kartoffeln, die ihr laut ihres individuellen Diätplans mittags zustehen, täglich 771,42 Euro bezahlt.

«Aber das Geld ist ja gut angelegt, Gesundheit ist doch unbezahlbar», sagt sie mit vollem Mund. Da man hier jeden Bissen dreißigmal kauen muss – «Verdauung beginnt beim gründlichen Einspeicheln!» –, gewöhnt man sich sehr schnell an, auch mit gefülltem Mund zu sprechen, da es sonst bei Tisch zu keiner Unterhaltung käme. Irgendwer kaut immer auf irgendwas herum, meist auf einer Kursemmel oder einer Kartoffel.

Ich betrachte mein Frühstück, das aus etlichen Tabletten, einem Maisbrei, einigen Scheiben Buchweizentoast und einem Kännchen Sojamilch besteht.

«Kein Gluten, kein Milcheiweiß» steht auf dem Diätplan, der neben meinem Teller liegt und mich daran erinnert, dass ich jetzt auch zu denen gehöre. Zu denen mit einer *Nahrungsmittelunverträglichkeit*. Schon das Wort macht mich unverträglich.

Ich habe sie belächelt, mit mildem Mitleid bedacht und oft hinter ihrem Rücken die Augen verdreht, weil ich diese Leute für neurotisch, unentspannt und, besonders wenn sie bei Abendveranstaltungen mit fixem Menü neben mir zu sitzen kommen, für ganz besonders lästig halte.

Nun, die Tage des Spotts sind vorbei. Denn seit gestern bin ich selber so ein Mensch. Ich werde anderen, insbesondere Kellnern, auf die Nerven gehen, mich penetrant nach Inhaltsstoffen erkundigen und ständig Sonderwünsche haben wie: «Kann ich bitte das

Schnitzel ohne Panade, das Sandwich ohne Brot und den Kuchen ohne Mehl, Eier und nur mit Sojamilch bekommen?»
Nahrungsmittelunverträglichkeit?

Und selbstverständlich – warum sollte ich mich hierin von der breiten Masse unterscheiden, wenn ich das sonst auch nie tue? – reagiert mein Durchschnittskörper hauptsächlich unverträglich auf Durchschnittsstoffe wie Gluten und Milchzucker.

Ich hatte diesen Quatsch für eine Modeerscheinung gehalten, ein affektiertes *Must have* in einer Gesellschaft, in der man sich mittlerweile vorkommt wie ein robuster Mops mit Stahlmagen unter Windhunden mit sensitivem Gedärm, wenn man bedenkenlos alles essen kann.

Und ab jetzt? Koffeinfreier Soja-Latte, glutenfreies Bier, Maismehl-Brötchen, eifreie Nudeln aus roten Linsen, Keks-Simulationen aus Hirse.

Muss das wirklich sein?

Der Anruf mit der Diagnose hatte mich auf der Autobahn in Richtung München ereilt, als ich gerade in ein leckeres Butterbrötchen mit Ei, Schinken, Käse und Mayonnaise biss.

Ich finde, unterwegs darf man sich nicht gesund ernähren.

Wer an Raststätten Salat und hinterm Steuer klein geschnittenes Obst isst, ruft in mir tiefes Misstrauen hervor. Ferien und Reisen sind Ausnahmezustände, die nach erhöhter Kalorienzufuhr und Nervennahrung und gezieltem Genuss verlangen. Wer selbst an einem Sommerabend in einem lauschigen Restaurant am Meer mit den Füßen im Sand stilles Wasser trinkt und die Croutons aus dem Salat sortiert, mit dem möchte ich keinen Urlaub machen und kein Leben verbringen.

Ich befand mich kurz vor Nürnberg und hatte den Mund voller fragwürdigster Kohlehydrate, in dem Wissen, dass dies mein letztes Käse-Schinken-Ei-Brötchen für mindestens eine Woche sein würde. Eine Sieben-Tage-Kur im Lanserhof stand mir bevor, und ich wusste nur, dass ich sehr wenig zu essen bekommen würde für einen Preis, den wir sonst mit der ganzen Familie für zwei Wochen Urlaub inklusive Frühstücksbuffet, Sonnenschutzcremes und zwei Kugeln Eis pro Person und pro Tag bezahlen.

«Kürthy», sprotzte ich schwer verständlich in die Freisprechanlage, als ich den Anruf einer mir unbekannten Nummer annahm.

Ich habe mir schon lange vor der Mayrkur angewöhnt, auch mit vollem Mund zu sprechen. Da ich, meiner Ansicht nach, sehr viel und sehr Interessantes zu sagen habe, mich aber essenstechnisch nicht einschränken möchte, blieb mir keine andere Wahl.

«Hier ist Dr. Werkmeister.»

Ich erinnerte mich gut an die freundliche Leiterin des Athleticums an der Hamburger Uniklinik, wo ich vor vier Wochen meinen körperlichen Ist-Zustand habe untersuchen lassen.

Als ich ohne Frühstück und in Unterwäsche vor ihr stand – ich muss dazu sagen, dass ich nicht damit gerechnet hatte, mich ausziehen zu müssen –, sagte sie: «Ich habe lange als Unfallchirurgin gearbeitet. Glauben Sie mir, ich habe schon alles gesehen.»

Und ich hatte mich gefragt, ob sie mir damit einen charmanten Hinweis geben wollte, dass sie von der Unterhose, die ich mal in einem spanischen Supermarkt gekauft hatte, als mein Koffer verlorengegangen war, keine Albträume bekommen würde.

Ich hatte drei Stunden in dem Institut verbracht, etliche Milliliter Blut dagelassen, voll verkabelt und mit Atemmaske einen Funktionstest auf dem Ergometer gemacht sowie ein Ruhe-EKG, eine Körperfettbestimmung und eine Laktatmessung.

Einige der Ergebnisse meiner aktuellen Körperzusammensetzung möchte ich lieber für mich behalten. Sagen wir es mal so: Mein Lebenswandel der letzten sechs Wochen schlägt sich in manchen meiner Werte recht deutlich nieder. Mein BMI befindet sich an der alleräußersten Grenze des Normalbereichs, und meine Fettmasse möchte ich mir auf gar keinen Fall auch nur ansatzweise in Butterpäckchen vorstellen.

Immerhin habe ich einen niedrigen Ruhepuls, einen ordentlichen Grundumsatz, ein gesundes Herz und eine recht gute Kondition.

Für irgendwas müssen die Tage, die ich auf Laufbändern ins Nichts gerannt bin, ja gut gewesen sein.

Ich habe eine Studie gelesen, die besagt, dass man durch Sport sein Leben genau um die Zeit verlängert, die man Sport macht. Das heißt, für jede Stunde auf dem Crosstrainer bekomme ich eine Stunde mehr Leben. Nämlich die Stunde, die ich auf dem Crosstrainer verplempert habe. Das ist ein Nullsummenspiel! Da hätte ich in der Zeit auch gleich was Nettes anderes machen können, Enten füttern zum Beispiel oder das Gesicht in die Sonne halten.

Und die Botschaft ist eindeutig: Sport, der keinen Spaß macht, bringt nichts! Außer dass man im Alter dann mehr Zeit hat für das, was man früher nicht gemacht hat, weil man damit beschäftigt war, sein Leben zu verlängern.

«Ich habe jetzt die Auswertungen aus dem Labor», sagte Dr. Werkmeister. Es handelte sich um Ergebnisse eines Bluttests, mit dem man Unverträglichkeiten auf bestimmte Nahrungsmittel nachweisen kann.

«Da bin ich aber mal gespannt», rief ich ins Auto hinein, wobei ich leider ein kleines, durchgekautes Stück Brötchen auf die Armaturen spuckte.

Ich stellte mir das Gesicht meines Mannes vor und bekam ein schlechtes Gewissen. Er hat es ganz gern ordentlich und einigermaßen sauber in seinem Auto, das ich mir für die lange Fahrt ausgeliehen habe.

Ich hingegen empfinde das Innere von Autos als eine Mischung aus Abstellraum und Mülltonne. Es gab schon Beifahrer, die sich mit dramatischer Geste die Hosenbeine hochgekrempelt haben, bevor sie bei mir einstiegen. Falls sie überhaupt Platz fanden.

Meist stapeln sich Pfandflaschen und Schmutzwäsche für die Reinigung auf dem Sitz, während der Fußraum belegt ist von Postpaketen, Brotdosen, Kinderzeichnungen und leeren Tüten.

«Sie haben auf Gluten und Milcheiweiß reagiert», sagte Dr. Werkmeister. «Das sollten Sie mal ein Jahr lang weglassen, damit sich Ihr Immunsystem erholen kann.»

«Ein Jahr?!» Mir fällt beinahe mein Gluten-Brötchen hinters Gaspedal. «Sind Sie ganz sicher, dass die Ergebnisse aussagekräftig sind? Soweit ich weiß, sind diese Tests sehr umstritten.»

«Sie haben recht stark reagiert. Die Tendenzen sind eindeutig.»

«Aber was darf ich denn dann noch essen? Da bleibt ja fast nichts mehr übrig!»

«Das Labor schickt Ihnen mit den Ergebnissen auch einen individuellen Ernährungsplan mit Rezepten zu. Buchweizen schmeckt gar nicht so schlecht, und Quinoa habe ich mir persönlich auch schlimmer vorgestellt...»

«Hallo? Frau Dr. Werkmeister?» Die Verbindung wurde unterbrochen, und mein Brötchen und ich starrten uns an. Wir waren beide verzweifelt.

Was für eine Hiobsbotschaft!

Ich dachte an die mit mir seit vielen Jahren eng befreundeten Lebensmittel wie Spaghetti, Pfannekuchen, Parmesankäse und Kürbiskernbrot.

In Kombination mit dem mir selbst auferlegten Verzicht auf Alkohol, Süßigkeiten, Kohlehydrate am Abend und den Erwerb neuer Kleidungsstücke erschien mir das vor mir liegende Jahr trostlos und auf eine Art frei von Lastern, die selbst fast schon eine Sünde ist.

Zweieinhalb Stunden später war ich – immer noch tief verstört – den verschneiten Berg zum Lanserhof hinaufgefahren und in der beeindruckenden Empfangshalle als Erstes einem sehr berühmten Pianisten und Dirigenten in Bademantel und Schlappen begegnet.

Der ältere Herr hatte mir freundlich zugenickt, und ich hatte gleich gespürt, dass es Menschen auf ganz besondere Weise zusammenschweißt, wenn sie alle dasselbe Abführmittel nehmen.

6. Februar

GEWICHT: **Keine Ahnung.** Obschon sich hier alles ums Abnehmen und um die Form und den Inhalt unserer Bäuche dreht, gibt es angenehmerweise keine Waagen auf den Zimmern. Der neue Tischnachbar von Martina und mir ist zum zweiten Mal hier und hat deshalb seine eigene Waage mitgebracht, auf der er sein Gewicht mehrmals täglich kontrolliert. Bedenklich, wenn man mich fragt. Würde ich allerdings bei einem erneuten Besuch ebenfalls in Betracht ziehen.

STIMMUNG: **Kur-Krise! Und das schon am dritten Tag.** Ich fühle mich unfassbar schlapp, habe ständig kalte Füße, und meine Wärmflasche ist zu meiner engsten Freundin geworden.

AUSSICHT AUS MEINEM ZIMMER: **Auf schneebedeckte Wiesen und Wälder, auf einen dampfenden, gut geheizten Außenpool unter bayrisch-blauem Himmel.** Als in Hamburg lebende Rheinländerin sind mir solche zutiefst winterlichen Eindrücke fremd, und ich mache täglich mindestens zwanzig Fotos von meinem Balkon aus, um die Postkartenhaftigkeit für meine Familie im Norden zu dokumentieren. Klima aktuell daheim wie immer: dreizehn Grad und Nieselregen bei stabiler Großwetterlage.

Ich komme mir vor wie in einem Leichenschauhaus für Milliardäre. Auf weißem Boden stehen sechs weiße Liegen, bodentiefe Fenster geben den Blick frei in die weiße Landschaft, und ich liege unter einem weißen Laken an einem Tropf, der eine vitaminhaltige, stärkende Infusion in mich entlässt.

Mir gegenüber tropft es in den berühmten Pianisten hinein, der offensichtlich keine Lust hat, die hier geltenden ungeschriebenen Ruheregeln einzuhalten.

Mit dem freien Arm hält er sein Handy hoch und spielt mir und der Dame neben mir ein Debussy-Konzert der Dresdner Symphoniker vor, das er dirigiert hat. Das gefällt mir, und ich entspanne mich auf meiner Bahre.

Ich finde, klassische Musik ist wie Rohkost. Immer wieder nimmt man sich vor, mehr davon zu konsumieren, weil es wohltut und einem das angenehme Gefühl verleiht, etwas vollkommen Richtiges zu tun.

Genauso verhält es sich mit flotten Spaziergängen und Anrufen bei der Verwandtschaft. Nichts spricht dagegen, es zu tun. Und man tut es trotzdem nicht.

Ich bin voller kluger Einsichten und voller guter Absichten und weiß meist total genau, was ich eigentlich tun sollte. Wobei in diesem Satz das Wort *eigentlich* sowie die Benutzung des Konjunktivs tragende Rollen spielen.

Oft löst bei mir allein die Entscheidung, ein Laster aufzugeben, einen derartigen Stolz aus, dass ich die Umsetzung für nebensächlich erachte. So habe ich jahrelang nicht aufgehört zu rauchen, weil ich es mir immer wieder vorgenommen und mich bereits dabei herrlich heroisch und auch gleich viel gesünder gefühlt hatte.

Ähnlich ergeht es mir mit Fastentagen, die ich rein theoretisch immer mal wieder einschiebe, um meinen Organismus zu entlasten. Der Beschluss, auf Nahrungsaufnahme zu verzichten, löst in mir a) bestialischen Hunger aus und b) den Wunsch, mich für diese tapfere Entscheidung postwendend mit einer Portion Tiramisu zu belohnen.

Ich bin eine elende Theoretikerin, eine jämmerliche Praxis-Null.

Und während der Debussy mit einem melancholischen Schlussakkord verklingt, beschließe ich, am Nachmittag meine Tante sowie meine gute alte Freundin Gerda anzurufen.

Ich bin stolz auf mich selbst und betrachte zufrieden den Pianisten.

«Sie dürfen sich was wünschen», sagt der aufmunternd zu mir und schwenkt fröhlich sein Telefon, sodass sein Tropf bedrohlich ins Wanken gerät. «Ich habe in meinem Leben schon fast alles dirigiert.»

Ich bitte ihn spontan um *Solveigs Lied* von Edvard Grieg. Das habe ich zuletzt bei der Beerdigung meiner Mutter gehört, keine Ahnung, wie ich jetzt darauf komme, muss wohl an der leicht morbiden Pathologie-Atmosphäre hier liegen.

Der Dirigent streckt das Handy in die Luft. Der Sound ist etwas blechern, aber ich bin selbstverständlich dennoch sehr bewegt und singe sogar leise mit:

Der Winter mag scheiden, der Frühling vergehn.
Der Sommer mag verwelken, das Jahr verwehn.
Ich will deiner harren, bis du mir nah.
Und harrest du dort oben, so treffen wir uns da,
so treffen wir uns da!

Ich habe gerade mal nachgerechnet: Ich war bisher in meinem Leben auf dreizehn Beerdigungen eingeladen. Sagt man eingeladen? Wahrscheinlich nicht.

Manchmal frage ich mich, wen es als Nächstes treffen wird?

In diesem Jahr ist eine Freundin schwer erkrankt und kämpft nun um ihr Leben. Ich erfuhr vom frühen Tod eines Mannes, in den ich mit fünfzehn im Ungarnurlaub unsterblich verliebt gewesen bin. Und immer noch höre ich ab und zu dieses ganz besonders lustige Lachen meines Freundes Michael, der sich bereits vor fast zehn Jahren das Leben nahm.

Wie so oft, wenn ich zu Beginn eines Jahres die Termine, die bereits feststehen, in meinen Kalender eintrage, war mir auch dieses Mal mulmig geworden.

Dreihundertfünfundsechzig weiße Seiten.

Was wird die Zukunft bringen?

Und was wird sie nehmen?

Ob einer dieser unbeschriebenen Tage ein schwarzer werden wird? Wird die ganze Welt untergehen?

Oder nur meine?

Lauert mein Todesdatum auf einer dieser Seiten? Oder der Tag, an dem mich der Lebensmut für immer verlassen wird? Werden meine Kinder dieses Jahr überleben? Werden sie ihre Geburtstage, die hier schon eingetragen sind, feiern können?
Silvester fällt auf einen Donnerstag. Werden wir dann noch alle zusammen sein und auf ein gutes Jahr zurückblicken?
Ich denke an die Menschen, die im vergangenen Jahr vom Schicksal heimgesucht wurden.
Vertrauen die noch den weißen Seiten in ihrem Kalender?
Die Mutter, die ihren vierjährigen Sohn am siebenundzwanzigsten August unter den Rädern eines Busses sterben sah. Die beiden kleinen Mädchen aus unserem Kindergarten, deren Vater am elften Juli um Viertel nach fünf sein Leben unter einer Lawine verlor. Der alte Freund aus Kindertagen, in dessen Armen am Abend des zweiten August seine Frau den Kampf gegen den Krebs verlor.
Schwarze Seiten.
Zufall? Schicksal?
Lähmende, peinigende, sinnlose Gedankenspiele, die ich einfach besser seinlassen sollte?
Man muss ja nicht alles denken, bloß weil es einem in den Kopf kommt. Das habe ich doch gelernt bei meinem Meditations-Seminar.
Ich bin eigentlich ganz froh, dass ich nicht weiß, was die Zukunft bringt. Aber nur weil man die Zukunft nicht kennt, bedeutet das noch lange nicht, dass man sich nicht ab und zu ganz abscheulich vor ihr fürchten kann.
Früher, und mit früher meine ich wirklich sehr viel früher, nämlich vor vierzig Jahren, feierten wir St. Martin an unserer Grundschule auf dem Schulhof und versammelten uns zum Schluss um ein großes Feuer, um zu singen:

> *Nehmt Abschied, Brüder,*
> *ungewiss ist alle Wiederkehr,*
> *die Zukunft liegt in Finsternis*
> *und macht das Herz uns schwer.*

Draußen ist es dunkel geworden, und *Solveigs Lied* ist verklungen. Der Infusionsbeutel des Dirigenten ist leer, und er wird zur nächsten Anwendung abgeholt.

«Wir sehen uns beim Abendessen», sagt er gut gelaunt, als hätten wir ein mehrgängiges Menü vor uns und nicht ein Kännchen Jasmintee mit einem Löffelchen Honig.

Die Dame auf der Liege neben mir seufzt erleichtert auf und sagt:

«Ich hasse klassische Musik.»

7. Februar

«Ich bin erst gestern angekommen und habe schon über zwei Kilo abgenommen.» Unser neuer Tischnachbar speichelt selbstzufrieden seine Kursemmel ein.

«Alles bloß Wasser und Darminhalt», sagt Martina unbeeindruckt. Der Mann guckt beleidigt.

«Ist doch egal, weg ist weg», sagt er und winkt eine Kellnerin heran. «Ich hätte noch gerne etwas mehr von der Semmel.»

Die Frau schaut ihn an, als sei er ein sprechender Leberwickel.

«Nachschlag ist bei einer Mayrkur nicht vorgesehen, Herr Huber», sagt sie vorsichtig.

«Ich habe aber noch Hunger!»

«Die Kursemmel ist nicht dazu da, Ihren Hunger zu stillen. Sie dient lediglich der Kauschulung, damit Sie wieder lernen, ausreichend und bewusst zu kauen. Der Hunger sollte vergehen, wenn Sie eine halbe Stunde nach den Mahlzeiten ausreichend Tee und Wasser trinken. Haben Sie heute Morgen Ihr Abführsalz genommen?»

«Natürlich.»

«Und hat es bereits gewirkt?»

Ich versuche, mich ganz auf meinen Quinoa-Brei zu konzentrieren. Ich bin an detaillierten Informationen aus Herrn Hubers Darm eigentlich nicht interessiert.

«Nein. Aber es grummelt schon ziemlich.»

«Danach wird es bestimmt besser mit dem Hunger.»

«Aber das ist doch ungerecht. Diese Dame da», der Herr Huber schaut vorwurfsvoll zu mir rüber, «hat genauso viel zum Essen bekommen wie ich. Dabei bin ich viel größer und kräftiger. Ich brauche doch schon allein rein biologisch betrachtet deutlich mehr.»

«Hatten Sie schon Ihr Einführungsgespräch mit dem Arzt?»

Herr Huber schüttelt den Kopf.

«Er wird Ihnen die Prinzipien der Mayrkur sicherlich genau erklären. Laut Diätplan bekommen Sie zum Frühstück einen Brei mit einer Kauschulung Ihrer Wahl.»

«Ja. Und davon hätte ich gerne noch eine Portion!»

«Das tut mir leid, Herr Huber, ich würde Sie bitten, das mit Ihrem Arzt zu besprechen. Ich bin nicht befugt, Ihren Diätplan zu ändern.» Die Kellnerin nimmt den leeren Teller vom Tisch und entfernt sich so eilig, als hätte sie Sorge, der Herr Huber könne sie von hinten anfallen und zur Herausgabe einer weiteren Kursemmel zwingen.

«Ich habe allein fünfzig Kilo reine Muskelmasse», mault Herr Huber mich an. «Ich war mal Sportler. Ich weiß, wie viel Energie Muskeln verbrennen. Die sind wie kleine Kraftwerke. Die müssen gefüttert werden, sonst verkümmern die. So ein winziges Scheibchen Toast reicht da nicht.»

«Und wie hoch, Herr Huber, wenn ich fragen darf, ist Ihr Fettanteil?» Ich bemühe mich, beiläufig zu klingen. Ich habe selten einen so unheimlich dicken Menschen gesehen wie den Herrn Huber.

«Fünfundsiebzig Kilo», murmelt Herr Huber sehr leise.

Ich fühle mich mit einem Mal schlank und grazil wie eine Gazelle nach der *Brigitte*-Diät.

«Vor zehn Jahren habe ich noch vierzig Kilo weniger gewogen.» Herr Huber holt sein Handy aus der Hosentasche und zeigt mir ein Foto. Ich schaue überrascht erst das Bild des früheren und dann den derzeitigen Herrn Huber an. Er sieht aus, als habe man ihn zwischenzeitlich aufgepustet, und erinnert mich an den Heißluftballon, der heute Morgen über den Bergen aufstieg.

«Und wieso sind Sie, äh, so moppelig geworden?»

«Ich habe mich selbständig gemacht. Hatte viel am Hals. Bin an die Börse gegangen, habe ein Haus gebaut. Ich trage eine enorme Verantwortung, und Essen beruhigt mich.» Herr Huber greift entschlossen nach der Reiswaffel, die Martina auf ihrem Teller liegen gelassen hat.

«Ich bin kein guter Futterverwerter, und dazu kommt noch, dass meine Frau sehr gut kocht, vor allem Hausmannskost.»

Herr Huber zeigt mir ein Foto seiner Frau, die dünn ist und offenbar von ihrem guten Essen selber nicht viel abbekommt.

Dann zeigt er mir noch seine unterirdische Garage, in der neun Autos Platz finden, und ein Foto von sich und Lukas Podolski, den er mal im Urlaub auf Teneriffa am Strand getroffen hat.

«Und was versprechen Sie sich von Ihrer Kur?», frage ich.

«Ich will abnehmen und mich vom Stress entspannen.»

Ich nicke und schüttele innerlich den Kopf. Ich habe nicht nur eine Unverträglichkeit gegen Gluten und Milcheiweiß, sondern auch gegen den Begriff Stress. Der stößt mir noch Stunden später immer wieder sauer auf wie zu viel frischer Knoblauch.

Stress, das klingt nach etwas, was jeder haben sollte, der was auf sich hält. Stress ist zu einer schicken, angesagten Marke geworden wie *Better rich* oder *Adidas originals*. Könnte hinten auf einer angesagten Jeans stehen oder als Logo auf einem T-Shirt für modebewusste Szenegänger: *Member of Stress-Team Germany*.

Wer auf die Frage «Was hast du heute noch vor?» mit «Nichts» antwortet, macht sich verdächtig.

Kein Termin? Nicht mal beim Frisör?

Ich habe nie verstanden, was daran vorbildlich sein soll, wenn man stets als Letzter das Büro verlässt oder am Wochenende arbeitet. Heißt das nicht eigentlich, dass man nicht in der Lage ist, seine Arbeit in der dafür vorgesehenen Zeit zu erledigen? Oder dass man einen schlimmen Chef hat, der Raubbau an den Kräften seiner Mitarbeiter betreibt? Oder dass man lieber arbeitet, als sich zu überlegen, was man mit seiner freien Zeit anfangen könnte, und dass einen eine leere Seite im Kalender nervös macht?

Ich bin mittlerweile redlich darum bemüht, meinen Terminkalender überschaubar zu halten, und finde es nicht ehrenrührig, sechs Abende hintereinander nichts vorzuhaben. Im Gegenteil, freiwillig verlasse ich abends mein Zuhause nicht öfter als dreimal die Woche.

Ich brauche Zeit zwischen den Erlebnissen, um sie zu verarbeiten, einzuschätzen und wertzuschätzen. Wenn ich fünfmal in der Woche ins Kino oder ins Theater oder mit Freunden essen gehe, dann verpappen die Ereignisse zu einer zähen Masse.

Wie auf einem Teller, der übervoll ist mit Lieblingsspeisen. Da fehlen die neutralen Beilagen.

Mit mir kann man sich leicht verabreden, und ich tue mich schwer mit Leuten, bei denen man Wochen vorher um einen

Termin bitten muss, wenn man sie mal besuchen möchte. Und manchmal möchte ich Mütter rütteln und fragen, ob sie eigentlich noch ganz dicht sind, wenn sie mir auf die Frage, ob unsere Kinder die Woche mal zusammen spielen können, antworten: «Gern. Der Heinrich hat jeden Mittwoch zwischen der Tubastunde und dem Fechtunterricht sein Verabredungsfenster.»

Eltern vererben ihren Stress an ihre Kinder.

Lest mal die Erklärung der Menschenrechte!

Erholung ist ein Menschenrecht. Faulheit ist kein Luxus und auch kein Laster, sondern ein Bedürfnis. Freizeit ist ein Heilmittel, und das Leben zu genießen, ist lebensrettend.

Herr Huber schaut auf seine Uhr. «Entschuldigung, ich muss los. Ich habe um halb zehn eine Telefonkonferenz.»

«Sie arbeiten von hier aus?»

«Klar. Ich arbeite immer und überall. Wenn ich nicht so viel arbeiten würde, könnte ich mir den Lanserhof gar nicht leisten.»

«Wenn Sie nicht so viel arbeiten würden, bräuchten Sie wahrscheinlich gar nicht hier zu sein.»

Herr Huber, er möge mir verzeihen, und ich wünsche ihm weiterhin viel Glück an der Börse und Freude an seiner Großraumgarage, ist für mich der Prototyp des modernen Idioten.

An ihm sehe ich all das ganz besonders deutlich, was mir an mir selber nicht gefällt. Es ist, als lebe Herr Huber sein Leben unter einem Mikroskop, durch das ich gerade schauen durfte.

Er ist wie ich, bloß noch viel schlimmer. Er ist dicker, ruheloser, undisziplinierter und noch unbelehrbarer als ich. Er ist ein dümmliches Opfer eines gehetzten Systems. Ein schwindeliger, fetter Hamster, der hin und wieder aus seinem Hamsterrad heraustorkelt, sich im Lanserhof ein paar Einläufe verpassen und seinen Darm sanieren lässt, um sich dann gestärkt wieder in ein Leben zu stürzen, das ihn sämtliche Kraft kostet.

Ich habe ein super Buch über Herrn Huber und mich gelesen. Es heißt *Muße – Vom Glück des Nichtstuns* und ist von Ulrich Schnabel.

Das besonders Schöne an meinem Beruf als Autorin und Journalistin ist ja, dass ich Leute interviewen darf, die mich interessieren, und ich dabei immer so tun kann, als sei alles rein beruflich. Das ist es natürlich nie.

Und das ist eigentlich das Allerschönste an meinem Beruf: dass er nicht rein beruflich ist.

Ich beschrieb also Herrn Schnabel mein Gefühl, mit der Überfülle in meinem Magen, meinem Gehirn und meinen Gedanken nicht mehr gut zurechtzukommen. Ich erzählte ihm von meiner großen Sehnsucht nach Ruhe bei gleichzeitigem totalem Unvermögen, Ruhe auszuhalten.

Ich gestand ihm sogar beschämt, dass ich während unseres Telefonats parallel im Internet ein Interview mit ihm las.

Der Mann zeigte Verständnis und sagte: «Wir leben in einem System des ständigen Getriebenseins. Wie Ihnen ergeht es vielen Menschen, aber die wenigsten sprechen offen darüber. Es ist erstaunlich: Mit unserem Körper gehen wir längst pfleglicher um als mit unserem Geist. Unzählige Diätratgeber lehren uns, Maß zu halten. Aber was unser Gehirn angeht, frönen wir einer ungezügelten Völlerei. Wir stopfen es mit unwichtigen Informationen voll und geben ihm selten Möglichkeit zu verdauen und zu regenerieren. Mein Buch ist ein Diätratgeber für den Geist.»

«Und ich habe es tatsächlich geschafft, zweieinhalb Stunden konzentriert und am Stück darin zu lesen!», sagte ich stolz. «Und das war hart. Es kam mir vor, als hätten sich alle technischen Geräte in meinem Haushalt gegen mich verschworen und sich gemeinsam vorgenommen, mich von Ihrem Buch abzuhalten. Kühlschrank, Handy, Computer, Dampfgarer, Mikrowelle, ja, sogar das Bügeleisen. Es ist erschreckend, wie viel Kraft und Disziplin es kostet, den Kopf bei Fuß zu halten.»

«Es klingt paradox, aber der Weg zur Muße ist höchst anstrengend. Es gibt keine Muße-App, mit der Sie sich im Internet Entspannung runterladen können. Das Problem ist Ihr auf permanente Zerstreuung und Beschleunigung programmiertes Betriebssystem. Deshalb spüren Sie in einer Ruhephase zunächst verstärkt Ihre Unruhe, und die ist nicht leicht auszuhalten. Es hilft, sich reizlose Räume zu schaffen, Inseln der Ruhe. Sorgen Sie selbst für eine Reduktion Ihrer Möglichkeiten und denken Sie daran, wie man einen Ballon zum Fliegen bringt: Man wirft Ballast ab.»

Ohne Zweifel ist der Lanserhof für mich ein reizloser Raum im besten Sinne. Weit mehr als für Herrn Huber, der eben im Stechschritt den Speisesaal verlässt, um sich zurück in seine eigene, unendliche Wachstumsspirale zu stürzen. Gestern habe ich den sonnigen Nachmittag im Bett verbracht. Mit einem Roman ohne jeglichen Bildungsanspruch und völlig frei von schlechtem Gewissen. Das schaffe ich zu Hause nur, wenn es draußen in Strömen regnet, die Kinder unterwegs, die Waschmaschine sowie das WLAN kaputt sind und ich hohes Fieber habe.

Wie bedauerlich, dass die Inseln der Ruhe offenbar ebenso exklusiv, abgelegen und schwer zu erreichen sind wie die karibischen Privatatolle, auf denen Menschen wie Tom Cruise, Anastacia und William Windsor Urlaub machen.

Ich kaue versonnen meine Semmel und bin froh und dankbar, dass ich die letzte Nacht überlebt habe. Auf meinem Kurkalender hatte für den Abend «Deep Liver Detox» gestanden, und ich bin, das muss ich sagen, völlig zu Unrecht so unbekümmert in diese Prozedur gegangen.

Ohne dass ich mich in unappetitlichen Details verlieren möchte, beinhaltet die Leberentgiftungs-Zeremonie Folgendes: Man schluckt eine enorme Menge Abführmittel, setzt sich um zehn Uhr abends an den Bettrand, trinkt eine Mischung aus Olivenöl und dem Saft von zwei frischen Grapefruits, legt sich sofort flach hin, klammert sich in den nun folgenden schweren Stunden an seine Wärmflasche und bewegt sich am besten den ganzen Rest der Nacht nicht mehr.

Das klingt harmlos, aber allein der Verzehr von einem Viertelliter Öl ist so unglaublich ekelhaft, dass es mich noch im Nachhinein schaudert. Die Nacht, man kann sich das unschwer vorstellen, ist in der Regel nicht besonders erholsam.

Ich hatte mich im unruhigen Leberwahn hin und her gewälzt und geträumt, ich würde Fritten essen. Diese dicken, knusprigen, perfekten, eine große Portion, eingewickelt in eine herrlich altmodische Tüte, aus deren fettiger Spitze man die letzten Fritten nur rauspulen kann, wenn man sich nicht scheut, sich die ganze Hand mit Mayonnaise zu verschmieren. Ich hatte da nie was dagegen, auch in meinem Traum nicht.

Als ich aufwachte aus meinem Detox-Traum, kam ich mir vor wie ein Auto, das gerade die Waschstraße verlässt. Grundgereinigt und eigentlich viel zu sauber für die Welt.

Ich fühle mich so gesund und schadstofffrei, dass allein die Vorstellung, Make-up oder Lippenstift, Haarspray oder Nagellack zu benutzen, völlig abwegig ist. Das wäre wie ein Neugeborenes zu schminken. Macht man ja in der Regel auch nicht.

Hunger habe ich überhaupt nicht mehr, seit ich kaum noch was esse. Im Gegenteil, sehr zur Freude von Herrn Huber lasse ich beim Mittagessen die Hälfte von meinem Buchweizentoast liegen, weil ich bereits satt bin. Sehr befremdlich. Ich war doch sonst nie satt. Und schon gar nicht nach einer halben Scheibe Toast.

Was mir fehlt, ist das Abendessen, nicht wegen des Essens, sondern wegen des schönen Rituals. Nicht zum Stillen des Hungers, sondern als etwas, worauf ich mich freuen kann, als gewohnheitsmäßiger, quasi feierlicher Abschluss des Tages. Ein Löffel Honig im Tee kann da nur schwer mithalten.

Dennoch sind die Abende an der Bar, wo wir Fastenden uns

einfinden, um den Tee wie Weißbier aus dem Hahn zu zapfen, auf rührende Weise gesellig.

Gemeinsam schwärmen wir von gutem Wein und einem perfekt gebratenen Stück Fleisch, von Wodka-Lemon bei Sonnenuntergang und im Mund schmelzender Schokolade kurz vor dem Schlafengehen.

Und natürlich werden schonungslos Fastenerfahrungen ausgetauscht. Ich berichte von meiner Ayurveda-Kur, die ich nach drei Tagen abbrach, als ich während eines Spaziergangs auf dem Hinweisschild zu meinem Hotel MARKKLÖSSCHEN statt PARKSCHLÖSSCHEN las. Dabei mache ich mir nichts aus Markklößchen.

Herr Huber wirft ein, dass er seit dem Morgen dreihundert Gramm abgenommen und bereits mehrfach abgeführt habe.

Ein Neuankömmling berichtet eingeschüchtert von der Erstuntersuchung mit der gestrengen Chefärztin. Ich erinnere mich, dass sie auch meinen Bauch mit einem Gesichtsausdruck abgetastet hatte, als würde sie auf einer Giftmülldeponie nach Spuren eines Gewaltverbrechens suchen.

«Nehmen Sie das nicht persönlich», sagt ihm Martina. «Die Frau Doktor lächelt nur bei der Abschlussuntersuchung. Aber wirklich aufpassen müssen Sie mit Ihrer Zimmertoilette. Die vielen Tasten, schrecklich! Ich bin zu alt für so was. Ich habe ewig grübeln müssen, wie man abziehen kann. Als ich aufstand, um den Zimmerservice zu rufen, habe ich mich mörderisch erschrocken: Das Klo spülte von alleine ab! Ich hätte einen Infarkt bekommen können.»

Ein Gutsbesitzer aus Niedersachsen nickt bestätigend. Ja, er habe ein ähnlich traumatisches Erlebnis mit der Toilette gehabt. Als er die Tastatur sicherheitshalber vollständig bekleidet und nicht auf dem Klo sitzend habe durcharbeiten wollen, hatte ihn der Wasserstrahl zur Reinigung des Gesäßes mitten ins Gesicht getroffen.

Unsere eingeschworene Magen-Darm-Gruppe erinnert mich wehmütig an die Zeiten, die ich in der Gesellschaft von gleichgesinnten Baby-Müttern verbracht habe.

Auch da wird offen über Dinge gesprochen, über die man eigentlich nicht spricht: Kotze, Nasenrotz, Auswurf, Stuhlgang, Kopfgrind, Brustentzündungen und Blähungen sind nur einige der kunterbunten Themenbereiche, die unter Müttern ohne Scham gerne auch laut in Cafés beim koffeinfreien Latte diskutiert werden.

«Ach, hallo, Monika, wie geht's?»

«Es geht, wir haben seit gestern grünflüssigen Durchfall.»

Solche Wortwechsel sind an der Tagesordnung und rufen keinerlei Naserümpfen hervor.

Die Welt um dich herum versinkt, und alles dreht sich nur noch um dein Baby und das, was es von sich gibt. Eine Auszeit von der Realität, vollkommen monothematisch, vollkommen abgeschottet. Eine Arche voller Mütter und Babys und Spucktücher.

Ach, das waren schöne Zeiten!

So ein Zauberberg der Gleichgesinnten ist auch der Lanserhof, ein Ort hoch über dem Rest der Welt, an dem nichts wichtiger scheint und ist, als jeden Bissen dreißigmal zu kauen, das Basenpulver rechtzeitig einzunehmen und die Darmschleimhaut zu schonen.

Und man findet auch sehr schnell nichts Seltsames mehr daran, im Bademantel zu Mittag zu essen und im Infusionsraum zwischen zwei grimmigen Bodyguards zu liegen, die aufpassen, dass du nicht ihren russischen Oligarchen klaust.

Morgens um sieben Uhr beim *Erwachen im Wald* stapfen die Frühaufsteher unter uns im Dunkeln durch den tiefen Schnee los, um, begleitet von einem ortskundigen Physiotherapeuten, ein paar Gymnastikübungen zu machen.

Und dann wird es langsam Tag über den Bergen, und die Luft fühlt sich so kalt und klar an, dass du meinst, jeder Atemzug verlängere dein Leben um zehn Minuten.

Auf der anderen Seite des Sees, Galaxien entfernt, fahren ein paar Autos auf einer Landstraße, und die Erinnerung daran, dass Leute zur Arbeit gehen und vorher ein Marmeladenbrot zum Frühstück gegessen haben, ist wirklich verdammt weit weg.

Gestern bin ich an der Seepromenade entlangspaziert und auf einer Art verspätetem Weihnachtsmarkt gelandet. Ein Schock: Menschen aßen Bratwürste! Ich sah Kinder mit Krapfen! Jugendliche mit Schmalzgebäck und bunten Tüten voller gebrannter Mandeln! Und nicht einer von ihnen bemühte sich um gründliches Einspeicheln!

Am liebsten hätte ich mich in ihre Mitte gestellt und eine Brandrede gegen gehärtete Fette und Weißmehl gehalten.

«Der Tod sitzt im Darm!», hätte ich mehrfach gerufen und «Verdauung beginnt im Mund!», um dann jedem Einzelnen dieser Unwissenden sein frevelhaftes Mahl aus der Hand zu schlagen und durch eine Dinkelsemmel oder eine salzfreie Maiswaffel zu ersetzen.

Denn auch Obst, ich muss es an dieser Stelle sagen, ist keinesfalls zu jeder Tageszeit zu empfehlen. Isst man die rohe Kost spät am Tag, gärt sie über Nacht im Magen wie in einem gut beheizten Silo. Will man ja auch nicht.

Ich fuhr eilig zurück auf meine Insel der seligen Entschlackung und genehmigte mir auf den Schreck einen Heu-Leberwickel.

7. Februar

Man fragt sich ja, ob man das wirklich alles so genau wissen will.

Je länger ich im Hörsaal des Lanserhofs der Referentin zuhöre, desto weniger werde ich in Zukunft mit ungetrübtem Genuss essen können, und desto mehr komme ich mir vor wie ein Giftmülldepot, randvoll mit den Ablagerungen der Nahrungssünden, die ich in den vergangenen vier Jahrzehnten begangen habe.

Im Grunde genommen grenzt es an ein medizinisches Wunder, dass ich mit den vielen Snickers im Organismus bis jetzt überhaupt überlebt habe.

«Sie sollten viele Bitterstoffe zu sich nehmen», sagt Nicole Heidinger, die Ökotrophologin des Lanserhofs.

«Campari?» Der Zwischenruf kommt von meinem Nachbarn, dem Gutsbesitzer mit dem langen Gesicht, das mich an eine besonders edle Windhund-Züchtung erinnert.

«Ich dachte eher an Chicorée, Radicchio oder einen Leber-Galle-Tee», sagt Frau Heidinger nachsichtig lächelnd. Immerhin sieht sie nicht so aus, wie Menschen sonst gerne aussehen, wenn sie zu viel über Ernährung wissen: übellaunig und derartig unterernährt, dass man sofort einen Teil der Spendengelder von Brot für die Welt auf ihr Konto umleiten möchte.

Frau Heidinger ist nicht vom Verzicht gezeichnet und vermittelt glaubhaft den Eindruck, als gäbe es ein lebenswertes Leben ohne Spaghetti Carbonara.

«Je mehr die Industrie ihre Finger im Spiel hat, desto ungesünder ist ein Nahrungsmittel. Essen Sie naturbelassene Sachen, keine Low-Fat-Produkte. Und verwenden Sie nur hochwertige Öle und Fette, denn Fett gelangt ohne Umweg über die Leber in Richtung Herz. Leinöl zum Beispiel ist perfekt für einen gestressten Darm. Man darf es allerdings wie alle anderen Öle auch niemals hoch erhitzen. Öl, das raucht, ist ungesund. Benutzen Sie zum Braten Kokosfett und essen Sie nicht mehr als dreimal die Woche Fleisch. Auch bei Milchprodukten sollten Sie sich zurückhalten und sich fragen, ob Sie als erwachsener Mensch wirklich Säuglingsnahrung brauchen. Viele empfindliche Därme vertragen keine Milch. Das Gleiche gilt für Weizeneiweiß, auch Gluten genannt.»

Ah, mein Thema! Frau Heidinger spricht Gluten mit langem e aus, wie Arsen. Klingt ja auch viel hochwertiger und intellektueller.

Sie sagt: «In den letzten fünfzig Jahren hat sich Weizen durch Züchtung massiv verändert. Er enthält jetzt viel mehr Gluten, und das bedeutet eine erhöhte Backtriebfähigkeit. Unser Darm kann große Mengen Gluten nicht verdauen. Das führt zusammen mit falschem Essverhalten, Stress und Einnahme von Medikamenten zu einer porösen Darmschleimhaut. Die ist dafür verantwortlich, dass Antikörper im Blut sind. Es bilden sich im Organismus Mini-Kriegsgebiete, die zu Entzündungen und Autoimmunreaktionen führen können, von Rheuma, chronischer Darmentzündung und Hauterkrankungen bis zu Migräne und Depressionen. Unverträglichkeiten bilden sich meist gegen das, was man häufig isst. Neulich hatte ich einen Patienten aus Russland, der auf Kaviar reagierte. Das ist allerdings selten.»

«Und wie werde ich meine Unverträglichkeiten wieder los?»,

frage ich beklommen und komme mir vor wie eine einzige Krisenregion, bis zum Hals voll mit kriegerischen Antikörpern.

«Der Darm regeneriert sich, wenn Sie die unverträglichen Nahrungsmittel sechs bis zwölf Monate meiden. Bei Gluten sind das etliche Getreidesorten, bei Laktose alles, was mit Kuhmilch zu tun hat.»

«Gibt es einen annehmbaren Ersatz für Schokolade?», frage ich, und bange Erwartung breitet sich im Hörsaal aus.

«Nutella», seufzt eine Seelenverwandte hinter mir. «Am liebsten direkt aus dem Glas.»

«Bitterschokolade», sagt Frau Heidinger.

Das ist bitter.

11. Februar

«Und? Wie viel hast du abgenommen?»

«Vera, darum geht es doch gar nicht.»

«Worum geht es denn sonst?»

«Um meine Gesundheit, um Entschlackung und Entgiftung.»

«Du weißt schon, dass das alles sehr umstritten ist, oder? Ich glaube nicht an Detox. Es gibt keine Schlacken im Körper. Höchstens im Gehirn.»

«Ich fühle mich blendend, total gereinigt. Und ja, ich habe abgenommen, drei Kilo.»

«Bravo. Und wie willst du jetzt weitermachen?»

«Ich habe mir im Lanserhof frisches Buchweizenmehl gekauft und hochwertiges Leinöl und das Buch *Die gesunde Ernährung danach: Schlank und vital bleiben nach der Kur*. Das Basenpulver nehme ich natürlich weiter. Ich plane, Keime und Sprossen selber zu ziehen, und vielleicht bestelle ich mir für zweihundertfünfundachtzig Euro eine Getreidemühle, damit ich mir meine Semmeln selber backen kann.»

«Eine Getreidemühle für zweihundertfünfundachtzig Euro!? Das erinnert mich an den sauteuren Zungenschaber, den du von deiner Ayurveda-Kur mitgebracht hast, und das halbe Dutzend ayurvedischer Kochbücher. Wie oft hast du dir die Zunge abgeschabt? Und wie oft hast du ayurvedisch gekocht? Nur mal so interessehalber.»

Ich empfinde die Frage als rhetorisch und unnötig bösartig und ziehe es vor, mit einem distanzierten Schweigen zu reagieren. Die Existenz des Zungenschabers hatte ich bis eben erfolgreich verdrängt.

«Du wirst doch nie in deinem Leben ein Brot backen! Bei allem Verständnis für deine guten Vorsätze, Ildikó, du musst auch realistisch bleiben. Du bist tendenziell faul, kannst nicht backen und hast bestimmt nicht die geringste Lust, Sprossen zu ziehen. Du vergisst doch sogar, den Schnittblumen Wasser zu geben. Du hast viele wunderbare Talente, aber du solltest möglichst wenig selber machen.»

«Menschen können sich ändern», belle ich bockig in die Freisprechanlage.

«Nein, das können sie nicht», sagt Vera.

Ich befinde mich auf der Rückfahrt vom Lanserhof nach Hamburg, und Vera ist der erste normale Mensch, mit dem ich seit sieben Tagen spreche. Ich habe da oben nichts und niemanden vermisst, nicht meinen Mann, nicht meine Kinder, ich habe nicht telefoniert, keine E-Mails beantwortet, kein Fernsehen geschaut und keinen einzigen Giftstoff durch meine angeschlagene Darmschleimhaut gelassen.

Heute morgen war ich zum letzten Mal beim *Erwachen im Wald* gewesen, und die Sonne war, wie mir schien, nur mir zu Ehren überaus prunkvoll über den puderzuckermäßig verschneiten Wäldern aufgegangen.

Ich habe mich von Herrn Huber und dem Dirigenten verabschiedet, und die strenge Chefärztin hat mich tatsächlich angelächelt. Nur sehr kurz, aber immerhin.

Ich habe nicht ganz aus Versehen einen der hübschen weißen Beutel mitgenommen, in denen hier die Wärmflaschen verpackt sind. Meine Wärmflasche zu Hause, dieser kleine und unterschätzte Luxusgegenstand, der meist nur bei Leib- oder Rückenschmerzen zum Einsatz kommt, wird in meinem zukünftigen Leben eine größere Rolle spielen. Ebenso wie dicke Kissen im Rücken, heißes Wasser morgens vor dem Frühstück trinken und selbst gezogene Radieschen- und Kressesprossen essen. Eine terrassenförmige Sprossenzuchtanlage für den Heimbedarf habe ich bereits bestellt.

Ich bin voller Pläne, frei von Ballast und fühle mich wie neu geboren.

«Ich fühle mich wie neugeboren», sage ich, um Vera mit meinem neuen, entgifteten Ich zu beeindrucken.

«Du bist aber nicht neugeboren», antwortet sie nüchtern. «Letztlich musst du dich damit abfinden, dass du so bleibst, wie du von Anfang an gedacht warst. Aus einem Daihatsu wird nie ein Maserati und umgekehrt. Vielleicht kannst du ein paar kleine Korrekturen an dir vornehmen, aber bestimmt keine komplette Wesensveränderung. Weißt du noch, wie ich mir nach meinem Mental-Hygiene-Kurs vorgenommen hatte, positiv und stets sonnig zu sein, Sarkasmus und Ironie wegzulassen und keine vorschnellen negativen Urteile mehr zu fällen? Damals hätte mich mein Mann fast verlassen, weil er es auf einmal so langweilig mit mir fand. Wir sind, wer wir sind, und es ist ein schlimmes Laster unserer Zeit, dass wir glauben, wir dürften nicht so bleiben, wie wir sind. Es gehört zum Altwerden dazu, sich selbst auch mal in Ruhe zu lassen. Ich werde nie so dünn sein wie Kate Moss. Ich werde nie so milde und tolerant sein wie Frau Poestges, unsere bezaubernde Religionslehrerin auf dem Gymnasium. Und ich werde niemals gut rechnen können. Und du, Ildikó, solltest dir definitiv keine Getreidemühle kaufen.»

Fünf Stunden später bin ich wieder zu Hause.

Ich schließe die Tür auf, stelle meinen Koffer ab – und der Alltag begräbt mich unter sich wie eine Lawine.

Kinder, Mann, Mails, Berge von Post, ein Kühlschrank voller Sünde, der Geruch nach Spiegelei, Toastbrot und Milchreis. Draußen dreizehn Grad, kein Schnee. Morgen ist Weiberfastnacht und Klavierunterricht, am Sonntag Kinder-Tennisturnier in Kaltenkirchen. Die Autoversicherung bittet um Angabe des Kilometerstandes. Was kommt heute Abend im Fernsehen? Mama, hast du mir was mitgebracht? Der Trockner ist kaputt.

Plötzlich habe ich zum ersten Mal seit einer Woche Hunger.

Ich packe die Tüte mit Buchweizenmehl aus und den Beutel

für meine Wärmflasche. Ich stelle mein liebgewonnenes Abführmittel ganz hinten in den Badezimmerschrank, damit es nicht zu unschönen Verwechslungen kommt, und ich umklammere das Fläschchen mit hochwertigstem Leinöl wie ein Kruzifix zur Abwehr von Vampiren.

Und dann fange ich zu meiner eigenen Überraschung an zu heulen.

Vor Schreck, vor Überlastung, vor Sehnsucht nach der Tee-Bar und dem Dirigenten und meiner übereifrigen Toilette, und weil ich genau weiß, dass Vera recht hat: Ich werde kein Brot backen.

Ich stehe im Badezimmer und schaue in den Spiegel. Ich bin ganz die Alte. Drei Kilo leichter und voll bester Vorsätze.

Aber ganz eindeutig immer noch ich selbst.

Was hatte ich erwartet?

In der Werbung für den Lanserhof heißt es: «Hier können Sie sich neu erfinden.»

Ein wohlklingender Quatsch, an den ich hatte glauben wollen. Verreisen, entschlacken und dann im Gepäck ein neues Ich mitbringen wie ein hübsches Souvenir?

Man kann sich selbst nicht hinter sich lassen. Dein Ego trottet dir hinterher wie ein getreuer Köter, der sich selbst mit gezielten Tritten und bösen Beschimpfungen nicht abschütteln lässt.

Niemand kann so tun, als hätte es ihn bisher noch nicht gegeben.

Du kannst fasten, meditieren oder einen Ponyhof in Patagonien eröffnen: Von sich selbst kann sich keiner trennen. Selbst deine Fettzellen vergessen nie, wie fett sie einmal waren, und werden ihr und dein Leben lang versuchen, den Maximalwert zu erreichen – egal in welchem Winkel Indiens du mal wieder entschlackst.

Und wenn du leicht einzuschüchtern bist und alles persönlich nimmst und schon heulen musst, wenn dir eine Jüngere den Parkplatz wegnimmt – ich bin immer noch dabei, diese rüde Verletzung von neulich aufzuarbeiten –, dann wird aus dir auch im fernen Texas kein Cowboy mit rauer Schale und hartem Kern.

Ich werde nie ein Mensch sein, der Sprossen züchtet oder Knusperhäuschen aus Lebkuchen herstellt. Zumindest werde ich kein Mensch sein, der das gerne tut. Ich werde auch nie ein Mensch sein, der sich nicht nach Alkohol sehnt und nach Nachtisch und nach Fritten mit Mayonnaise und Ketchup.

Ich werde immer gerne zu viel essen und zu viel trinken, das rechte Maß verfehlen und aufgeben, lange bevor die fünfzigste Liegestütze geschafft, der Topflappen gehäkelt oder das Idealgewicht erreicht ist.

Ich kann vieles nicht. Rechnen zum Beispiel oder Nähen. In Physik war ich eine Niete, in Chemie selbstverständlich auch. Zeichnen, Geige spielen, Hochseilartistik, Bomben entschärfen oder eine Horde Kleinkinder betreuen: alles keine Tätigkeiten, bei denen man mir ein außergewöhnliches oder auch nur durchschnittliches Talent unterstellen könnte.

Neulich beim Zumba-Kurs, den ich statt der üblichen Problemzonengymnastik besucht hatte, weil ich wild und heroisch aus meinem Gewohnheitsmuster ausbrechen wollte, fragte ich mich, ob man wohl alles lernen kann, wenn man sich bloß genug Mühe gibt. Meine kümmerlichen Versuche in Sachen lateinamerikanischer Tanzkultur deuteten nämlich überhaupt nicht darauf hin.

Ich schaute in den Spiegel und hoffte, ich hätte mich bloß verguckt und sei vielleicht die Frau neben mir. Das war aber leider nicht so.

Ich war ich, auch wenn ich mir mich anders vorgestellt hatte. Irgendwie geschmeidiger, biegsamer, energiegeladener und von heißblütiger Ausstrahlung. Ich fühlte mich doch gerade so bauchfrei.

Was ich jedoch sah bei meinem kurzen Spiegelblick zwischen zwei holprigen Drehungen, war eine verschwitzte, westeuropäische Frau im Oversized-T-Shirt. In meinen Augen funkelte keine selbstbewusste Latina-Glut, sondern ich sah den gehetzten Ausdruck eines Kaninchens kurz vor der Überquerung einer sechsspurigen Autobahn.

Dabei hatte die Beschreibung des Zumba-Kurses so vielversprechend geklungen: «Die rhythmischen Bewegungen zu Salsa, Merengue und Calypso sind einfach zu erlernen, bringen die Stimmung zum Kochen und dienen der Fitness und der Gewichtsreduktion. Wecke das brasilianische Feuer in dir!»

Mein Feuer schlief tief. Aber ich gab mir redlich Mühe, es zu entfachen, und versuchte, die Bewegungen der Trainerin einigermaßen naturgetreu zu kopieren.

Als sie begann, sich im Salsa-Rhythmus selbst auf den Po zu hauen, fing ich an, mir bescheuert vorzukommen, und dachte an das Buch von Sascha Lobo und Kathrin Passig *Dinge geregelt kriegen ohne einen Funken Selbstdisziplin*, in dem ich über die «Eskalation des Engagements» gelesen hatte.

Konnte hier womöglich so ein Fall von Übereifer in der falschen Angelegenheit meinerseits vorliegen?

Ich warf mir erneut einen skeptischen Blick im Spiegel zu, und ja, hier schien ein krasses Beispiel eskalierenden Engagements vorzuliegen.

In dem Kapitel mit dem Spitzentitel «Jedem Ende wohnt ein Zauber inne: Aufgeben – der schnelle Weg zum Sieg» heißt es: «Woher aber kommt diese Unfähigkeit, aufzugeben? Durchhaltevermögen wird in der Schule als wichtiges Erfolgskriterium gepriesen. Dabei kommt die Entwicklung der Fähigkeit, rechtzeitig aufzuhören, viel zu kurz … Leider hilft Selbstdisziplin, total bescheuerte Aufgaben durchzuhalten. Sie ist nämlich ein Mittel der Überwindung der eigenen Gefühle, der eigenen Intelligenz und damit der Freiheit der Entscheidung. Die Notwendigkeit von Selbstdisziplin ist ein klares Zeichen dafür, dass etwas falsch läuft. Selbstdisziplin ist keine Tugend, sondern zunächst die Negation der eigenen Bedürfnisse. Konzentriert man sich dagegen auf seine Stärken, kommt man ohne Selbstdisziplin aus und erreicht mehr.»

Also besann ich mich auf mein Bedürfnis und gab das Hüftschwingen auf, bei dem ich aussah wie eine Litfaßsäule mit Hula-Hoop-Reifen. Ich tat so, als hätte ich einen dringenden Anruf bekommen, und hastete Richtung Ausgang.

Ich komme nicht aus Brasilien, sondern aus Nordrhein-Westfalen.

Von jeher waren meine Begabungen deutlich und einseitig: Deutsch gut, Mathematik ungenügend. Reden bestens, Schweigen schlecht. Emotion groß, Ratio verkümmert, Salsa mangelhaft, Kraulschwimmen befriedigend.

Und meine Lebensdevise war, entsprechend meinem gemütlich strukturierten Gemüt, stets das zu tun, was mir am leichtesten fällt, und alles andere möglichst bleibenzulassen.

Ich habe noch nie gern etwas durch- oder ausgehalten, und ich finde, auch wenn ich das gegenüber meinen Söhnen immer abstreiten würde, dass der Weg des geringsten Widerstandes mich bisher nicht fehlgeleitet hat.

Vor dreißig Jahren habe ich die Tagebücher von Max Frisch gelesen und neben einen Satz ein rosafarbenes Fragezeichen gemalt:

«Wir sind das Damals, auch wenn wir es verwerfen, nicht minder als das Heute – Die Zeit verwandelt uns nicht. Sie entfaltet uns nur.»

Das hatte mir nicht gefallen. Ich las in diesem Satz die Resignation eines Alten, der nicht mehr daran glaubt, dass man sich verändern kann, dass alles möglich ist und dass man sein kann, was man will und wer man will. Dieser Mann hatte offensichtlich keine Ahnung vom Leben.

Als ordentlicher Teenager muss man fest daran glauben, dass man irgendwann ein ganz anderer Mensch sein wird. Dass man ein paar Würfe frei hat und dass morgen alles, was vergangen ist, nicht zählt.

Mit siebzehn denkst du noch, dass die Vergangenheit irgendwann vergangen ist.

Ich stelle das Leinöl und das Buchweizenmehl in den Küchenschrank und zeige meinen Kindern die Fotos von heute Morgen: Tiefschnee, Wald, die aufgehende Sonne.

«Die Zeit verwandelt uns nicht. Sie entfaltet uns nur.»

Was würde ich heute, wenn ich noch so jugendlich unbekümmert in Büchern rumkritzeln würde, neben den Satz malen?

Ein Ausrufezeichen.

Aber rosa wäre es nicht.

14. Februar

TRAUM, AUS DEM ICH UM 3 UHR 45 HOCHGESCHRECKT BIN: Ich werde durch die Bodyguards des Oligarchen, begleitet von den Buh-Rufen der anderen Gäste, aus dem Sterne-Restaurant *Le Canard* rausgeschmissen. Der Koch erteilt mir unbefristetes Hausverbot. Grund: Ich habe lediglich eine Kartoffel mit Leinöl bestellt und eine Tasse Fenchel-Anis-Kümmel-Tee.
STIMMUNG: Heute ist Rosenmontag! Zum Kostümfest in der Grundschule meines Sohnes kommen einige Kinder unverkleidet. Unverzeihlich aus meiner rheinländischen Sicht. Ich habe mich für das Party-Komitee gemeldet. Als ich das Lehrerzimmer mit einem donnernden «Alaaaaf» betrete, schlägt mir eisige Stille entgegen. Alles keine Karnevalisten hier. Gut, dass ich meine eigene Musik mitgebracht habe. Die Polonaise durch den Klassenraum zu «M'r losse d'r Dom in Kölle» besteht lediglich aus zwei Personen: meiner Freundin Nicola, faschingserprobte Stuttgarterin, und mir. Die Kinder wirken befremdet und scheinen froh zu sein, dass ihre eigenen Mütter zu Hause geblieben sind oder einer geregelten Tätigkeit nachgehen. Wie jedes Jahr nehme ich mir vor, im nächsten Jahr an Karneval nach Aachen zu fahren.
GEWICHT: Passe wieder in fast alle Hosen und Kleider. Nur die kleine, exklusive Kollektion *Abenteuerlust für Fortgeschrittene* ist mir noch zu eng.

Sie stammt aus der Zeit vor drei Jahren, als ich in einem Anfall von überschäumender Lebensgier und dem Gefühl, als trutschiges Mutterschaf in flachen Schuhen ein lähmendes Dasein zu fristen, beschlossen hatte, meinen Mann und meine Kinder zu verlassen.

Ich wollte ein Loft in einer angesagten Szenegegend mieten, mir mehrere Liebhaber halten oder lesbisch werden und schon morgens rauchen.

Diesen Traum habe ich mir verwirklicht und die Sache knallhart durchgezogen. Zumindest in weiten Teilen.

Ich fing an zu rauchen.

Das führte dazu, dass ich innerhalb von drei Monaten zweimal Bronchitis und einmal eine Lungenentzündung hatte, fünf Kilo abnahm und mir zwei Jeanshosen in Größe achtundzwanzig und ein Kleid in sechsunddreißig kaufte.

Ich fühlte mich schrecklich und ungesund, schmutzig und willensschwach und fragte mich, während ich den Rauch so tief inhalierte, wie es mir trotz Bronchitis möglich war, wie man so unfassbar dämlich und hammerblöde sein kann, nach dreizehn Jahren wieder mit dem Rauchen anzufangen.

Ich habe diese armseligen Idioten nie verstanden. Gewöhnen es sich mühsam ab, lassen es zwei, zwölf oder zwanzig Jahre lang sein und fangen dann wieder an. Bloß die eine, denken sie in einem unbedachten, rührseligen Moment, in dem sie sich für eine Zigarettenlänge fühlen wollen wie mit vierzehn auf der Schultoilette: flüsternd und kichernd zu dritt in der Kabine eine dilettantisch nass genuckelte Zigarette der Marke Ernte 23 teilen, geklaut aus Mamas Handtasche, sich verrucht vorkommen und unsterblich, und nachher ein paar Tic Tac einwerfen, damit der Mathelehrer nichts riecht.

Und dreißig Jahre später sind sie bloß älter geworden, aber nicht klüger. Bilden sich ein paar Tage lang ein, sie gehörten jetzt zur Gattung der Genussraucher und dass sie es jederzeit wieder lassen könnten, und quarzen zwei Wochen später trotz Neigung zu Asthma vor dem Frühstück und rauchen die Stummel aus den Aschenbechern, wenn die Zigaretten alle sind.

Wie blöd muss man eigentlich sein?

Ungefähr so blöd wie ich.

Ich hatte in all den Jahren keinen einzigen Rückfall, und wenn ich ehrlich bin, wusste ich genau, dass ich nach der ersten Zigarette sofort wieder anfangen würde.

Ganz oder gar nicht.

Und so war es auch.

Ich nahm aus Ausgelassenheit und Dummheit auf irgendeiner Party einen Zug, und eine Woche später kaufte ich mir mein erstes Päckchen. Beziehungsweise: Ich versuchte, mir eines zu kaufen, verzweifelte jedoch vor einem neumodischen Zigarettenautomaten, dem man zwischenzeitlich beigebracht hatte, von seinen Kunden den Nachweis ihrer Volljährigkeit zu verlangen.

Das war früher aber ganz anders!

Als ich aufhörte, kosteten Zigaretten fünf Mark, man durfte noch in Flugzeugen rauchen und in Restaurants, und es gab keinen Privathaushalt, der was auf sich hielt, ohne Aschenbecher.

Jetzt stand ich wie eine seltsame, aussterbende Gattung in kleinen Grüppchen bei jeder Witterung auf dem Bürgersteig vor überquellenden, stinkenden Aschenbechern.

Ich wusste genau, was ich tat.

Der Suchttherapeut Manfred Selzer hatte es mir in einem Interview schonungslos gesagt: «Für die Sucht gibt es keine Zeit und kein Vergessen. Drogen wirken hauptsächlich im Gehirn, und zwar in den dummen Hirnstrukturen ohne Intelligenz. Dort, wo auch das Gefühl angesiedelt ist, frisch verliebt zu sein. Es ist eine Welt der inneren Illusionen, der Schönfärberei, der Fehlinterpretationen und der dümmlichen Ausreden. Für einen Ex-Raucher wie Sie gibt es kein Zurück ins normale Leben. Wenn Sie einmal ziehen, sind Sie sofort wieder dabei. Das Suchtgedächtnis vergisst nie.»

«Ich höre aber bald wieder auf, spätestens an Silvester», hatte ich eingewendet und wusste selbst, wie naiv ich dabei klang. Die Antwort des Experten war entsprechend drastisch ausgefallen:

«Klar, das sagen alle. Es ist der Klassiker unter den erlaubniserteilenden Sätzen der Raucher. Dicht gefolgt von ‹Ab und zu mal eine Zigarette nach dem Essen ist doch okay› und ‹Helmut Schmidt wird bald hundert Jahre alt und raucht seit Ewigkeit Kette›. Solche Märchen dienen dazu, die Angst vor dem Rauchen zu reduzieren. Dabei sollten Sie große Angst haben! Sie sind süchtig, Sie bleiben es, Sie sind krank. Sie behaupten, Rauchen würde gut schmecken? Genauso gut könnten Sie sagen, es sei lecker, Vogelkacke zu lutschen. Achtzig Krebserreger gammeln gerade in Ihrer Blase vor sich hin. Jeder zweite Mensch stirbt an den Folgen des Rauchens. Sie sind verliebt in ein Monster, in einen Suchtteufel, in einen Mörder! Man kann Rauchen nicht genießen, es gibt keinen Gewinn. Die körperliche Entgiftung dauert beim Raucher drei Wochen, aber Ihre Psyche bleibt für immer vergiftet. Deshalb ist eine Abstinenzentscheidung eine Entscheidung fürs Leben. Sie sind eine Suchtpersönlichkeit mit exzessiven Tendenzen. Jemand wie Sie muss noch mehr aufpassen. Wenn Sie weiterrauchen, werden Sie höchstwahrscheinlich daran sterben.»

Zwei Monate später hörte ich auf zu rauchen. Von einem Tag auf den anderen. Ohne Nikotinpflaster oder E-Zigaretten. Auch hier: ganz oder gar nicht.

14. Februar

«Wer Yoga bloß mal ausprobiert wie eine angesagte neue Bar, wird es schwer haben, auf Dauer dabeizubleiben. Die Motivation ist wichtig zum Durchhalten. Yoga, das muss euch klar sein, ist ein täglicher Weg. Also macht morgen weiter!»

Was soll ich eigentlich noch alles jeden Tag machen, frage ich mich, denke an meine Badezimmer-Meditation, den täglichen

Tropfen Leinöl im Frühstücksbrei, den Zungenschaber, die Sprossenzuchtanlage und schaue forschend auf meine fadenscheinigen Socken, die sich von der lilafarbenen Yogamatte leider nur allzu deutlich abheben.

Ich muss dringend an meinem Erscheinungsbild arbeiten, denke ich, während die Dame auf der Matte neben mir Dehnübungen im Leoparden-Einteiler macht.

Fünfzehn Frauen, zwei Männer und ich stehen erwartungsvoll vor Ralf Bauer, dem schönen Schauspieler und Fachmann für tibetanisches Yoga, und der sieht irgendwie gar nicht besonders glücklich aus.

Wäre ich an seiner Stelle wahrscheinlich auch nicht. Schon beim gemeinsamen Essen am Abend vorher wirkte er recht verhalten. Das mag natürlich daran liegen, dass man als Yogi stets durch und durch erleuchtet und innerlich mit Wesentlicherem beschäftigt ist, als mit den fünfzehn nicht gerade blutjungen Frauen, die von rechts und links auf einen einreden und von denen drei auch noch aus dem Rheinland kommen, was den Geräuschpegel natürlich dramatisch nach oben schnellen lässt.

Vermutlich war der Kontrast zwischen dem Speisesaal des Hotels Arosa und einem tibetanischen Kloster einfach zu groß, als dass sich, selbst bei einem trainierten Geist, nicht ein gewisser Missmut einstellen würde.

Selbst ich, als Rheinländerin eine geborene Plaudertasche, war zwischendurch ganz froh, die lange Tafel in Richtung Buffet verlassen zu können.

Dort jedoch traf ich auf einen mir bisher unbekannten Mangel.

Normalerweise lasse ich bei Buffets keinen Gang aus und arbeite mich gewissenhaft durch sämtliche Angebote, durchaus auch mehrmals, bis sich in meinen Studien gewisse Favoriten herauskristallisiert haben. Aber das war, bevor ich leichtfertig mein Blut für den Nahrungsmittel-Unverträglichkeitstest hergab.

Gestern Abend stand ich trübselig vor köstlichen Aufläufen,

sämigen Saucen, frischen Teigwaren und cremigen Schokoladendesserts und musste es mir ganz klar eingestehen: Das Buffet und ich, wir vertrugen uns nicht.

Ich kehrte mit einem Teller, auf dem sich ein trauriges Stück Putenfilet und etwas Kohlrabi befanden, an die Tafel zurück, gerade rechtzeitig, um dem Kellner mitzuteilen, dass ich keinen Wein, sondern nur Wasser tränke.

Ich setzte mich still hin und meinte, die vorwurfsvollen Blicke der anderen auf mir und meinem blutarmen Teller zu spüren.

Ich musste mich zusammennehmen, um nicht aufzuspringen und laut zu rufen: «Ich bin so nicht! Ehrlich! Eigentlich bin ich ganz anders! Ich saufe und fresse für mein Leben gern! Ich liebe Nudeln und Weißburgunder! Auf Partys bin ich immer die Letzte und kann mich oft an die letzte Stunde nur verschwommen erinnern! Ich weiß sehr wohl, was es heißt, eine Tüte Maoam Mao Mix in fünfundzwanzig Minuten aufzuessen! So glaubt mir doch! Von innen bin ich dick und betrunken! Ich bin eine von euch!»

Aber als ich bedrückt anfing zu essen, sah ich schockiert, dass sich auf den Tellern rund um mich herum ebenfalls kein einziges Kohlehydrat befand und dass keiner Wein trank.

Lediglich eine der Rheinländerinnen gönnte sich ein kleines Glas Sauvignon Blanc, eine winzige Menge, von der ich gar nicht wusste, dass solche homöopathischen Dosen überhaupt ausgeschenkt werden.

Um halb elf wurden alle müde, um elf knipste ich das Licht aus und fragte mich, ob die Welt schon immer so langweilig und vernünftig gewesen war und ich es bloß nach dem dritten Glas Wein nicht mehr bemerkt hatte? Und ich fragte mich, ob ich wirklich Teil dieser nüchternen Welt sein wollte?

Immerhin wusste ich, ich würde frisch und ausgeruht erwachen.

Frisch und ausgeruht.

Wenn ich das schon höre!

Das klingt nach Luftbefeuchter und Zahnzwischenraumbürstchen, nach Rücklagenbildung und Vorsorgeuntersuchungen, nach grünen Smoothies und Dinkelspaghetti.

Erwachsen werden und vernünftig. Ich pinkle ja auch nicht mehr ins Badewasser. Zumindest nicht offiziell.

Ich fühlte mich so elend tugendhaft, ich ödete mich selber so dermaßen an, ich sehnte mich nach dem super Gefühl, etwas Falsches zu tun, dass ich mich nur mit Mühe beherrschen konnte, nicht in wilder Auflehnung gegen meine selbstgewählte Askese die Minibar zu überfallen.

Aber vorher bin ich wohl doch eingeschlafen.

Sodass ich jetzt frisch und ausgeruht an meiner ersten Stunde *Tibetisches Yoga* teilnehmen kann.

Ich weiß, dass man Yoga gut finden muss. Alle finden Yoga gut. Allen tut es unheimlich gut. Yoga abzulehnen, ist, wie sich öffentlich gegen Vitamine auszusprechen oder den Müll nicht zu trennen.

Mittlerweile habe ich kaum noch eine Freundin, die keinen Kopfstand oder minutenlang in Körperhaltungen verharren kann, die von unserem Schöpfer so nicht einmal ansatzweise für uns vorgesehen waren.

Meine erste Yogastunde hatte ich vor ein paar Jahren besucht, weil ich mich dem Gruppendruck nicht länger entziehen konnte.

Die Stunde fing schon doof an, weil ich überhaupt nicht in der Lage war, so lange, wie es die Lehrerin für uns vorgesehen hatte, im Lotussitz zu verharren.

Es war eine Mischung aus steifen Knien und innerem Widerwillen, die mir diese Sitzposition verleidete.

Warum soll ich auf dem Boden sitzen, wo es doch sehr bequeme Stühle gibt?

Als wir uns endlich erheben durften, wurde es nicht besser: Kobra, Kranich, herabschauender Hund, Krieger, Bogen, Baum, Kamel.

Das sind größtenteils Übungen, die ich rein biologisch bis dahin gar nicht für machbar gehalten habe. In schneller, fließender Abfolge geturnt mögen sie einen gewissen Reiz entfalten. Aber ich fiel dabei häufig einfach um, kam dann nicht rechtzeitig wieder hoch, verpasste den Einsatz der nächsten Übung und entwickelte mich so zusehends zu einem ernstzunehmenden Störfaktor in der Gruppe.

Allein die Totenstellung *(Savasana)* gegen Ende der Stunde gelang mir auf Anhieb.

Ich hatte das Projekt Yoga nach dieser desillusionierenden Erfahrung nicht weiter verfolgt.

Ich rechne also auch diesmal mit totaler Überforderung.

Aber ich werde enttäuscht.

Entweder ist das tibetische Yoga was für Weicheier und ungelenkige Westeuropäerinnen oder Herr Bauer hat vorausschauend das Programm den Anforderungen dieser Gruppe angepasst.

Das Ganze kommt mir vor wie Krankengymnastik für Angestellte mit überwiegend sitzenden Berufen.

Daran ändern auch die exotischen Namen der Übungen nichts: «Wie der Geier greift» oder «Wie die Wildgans Wasser trinkt» oder meine persönlichen Favoriten, die an Uneleganz nicht zu überbieten sind: «Wie das Yak sich die Schulter reibt» und «Wie sich das Wildpferd zum Schlafen hinlegt».

Es wird schon seinen Grund haben, warum Pferde so gerne im Stehen schlafen, denn selbst Ralf Bauer wird durch diese Übung seiner natürlichen Anmut komplett beraubt.

Zum Schluss erlaube ich mir einen Witz und sage: «Und jetzt kommt: ‹Wie eine Herde alter Lamas versucht, sich die Socken wieder anzuziehen.›» Aber das kommt gar nicht so gut an.

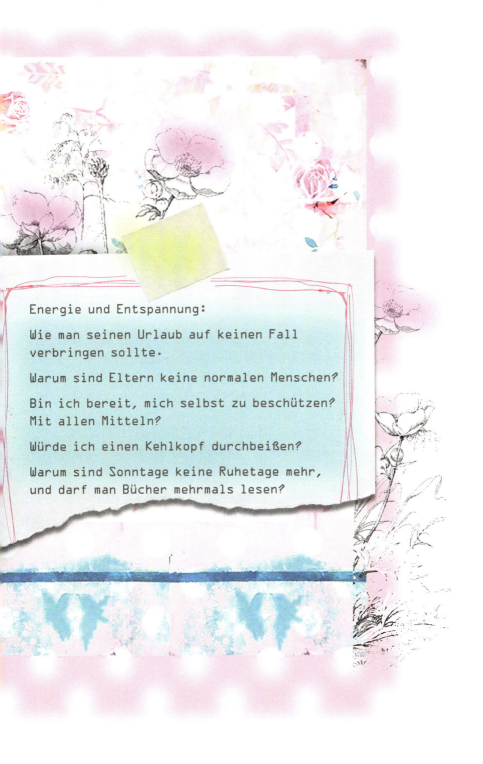

Energie und Entspannung:

Wie man seinen Urlaub auf keinen Fall verbringen sollte.

Warum sind Eltern keine normalen Menschen?

Bin ich bereit, mich selbst zu beschützen? Mit allen Mitteln?

Würde ich einen Kehlkopf durchbeißen?

Warum sind Sonntage keine Ruhetage mehr, und darf man Bücher mehrmals lesen?

3. März

Ich kann nicht mehr.
Ich bin schließlich auch nur ein Mensch.
Zumindest war ich mal einer. Bis zu dem Tag, an dem ich mir vornahm, mich auf die Suche nach dem besseren Leben zu machen.

Seit dem ersten Januar habe ich Partys ohne Alkohol gefeiert, ich habe äußerlich unbewegt abgewinkt, als mir Mousse au Chocolat angeboten wurde. Ich habe Wasser getrunken, als alle anderen auf Wodka Tonic umstiegen, und ich habe in den letzten Wochen Chipstüten weitergereicht, ohne ein einziges Mal hineinzugreifen.

Statt duftender Croissants habe ich zum Frühstück staubige Maismehl-Toasts gegessen, und neulich im Restaurant habe ich Maultaschen-Brühe bestellt. Ohne Maultaschen.

Aber jetzt ist es um mich geschehen.

Meine Disziplin bricht in sich zusammen wie ein Hochhaus nach einer Sprengung.

Es liegt sicherlich auch an meinen blankliegenden Nerven.

In den letzten Tagen kamen einfach einige Faktoren zusammen, die sich wie emsige, fiese Nagetierchen an meiner Willenskraft zu schaffen machten, sie von innen heraus aushöhlten wie einen alten, morschen Baum.

Es begann schon unschön, nämlich wie Flugreisen immer beginnen: mit dem Flug.

Zunächst einmal bin ich es überhaupt nicht gewohnt, in nüchternem Zustand zu fliegen. Ich habe keinerlei Verständnis für Menschen, die sich, eingesperrt in eine fliegende Röhre Tausende Meter über der Erdoberfläche, pudelwohl fühlen, sich zwanglos unterhalten, in Illustrierten blättern oder gar ein Nickerchen machen.

Ganz ehrlich, ich bin der Ansicht, Leute ohne Flugangst müssten eigentlich in therapeutische Behandlung, weil sie es verlernt haben, auf existenzielle Bedrohungen angemessen zu reagieren. Degeneriertes Pack alle miteinander.

Im Flugzeug liegen Kilometer zwischen deinem Hintern und dem Erdboden. Das ist kein Ort, an dem sich ein menschliches Wesen befinden sollte. Ich bewege mich lieber so fort, wie es der Schöpfer für uns Zweibeiner vorgesehen hat: mit dem Auto. Ich entwickle eine gesunde Panik, sobald ein Flugzeug, in dem ich mich bedauerlicherweise befinde, in Richtung Startbahn rollt.

Deswegen fliege ich selten, und wenn, dann nur betrunken.

Ich brauche exakt einen Piccolosekt, ich bin da nicht wählerisch, nehme auch den billigsten Fusel, möglichst auf nüchternen Magen unmittelbar vor der Sicherheitskontrolle getrunken, damit sich die Wirkung bis zum Start der Maschine voll entfalten kann.

Ein weiteres Fläschchen verteile ich wohldosiert auf die anschließende Flugstrecke, sodass ich stets diesen angenehmen, leichten Dusel verspüre, der es mir ermöglicht, den Tatsachen nicht ins Auge zu sehen und mir einzubilden, Fliegen sei eine total natürliche Art und Weise, sich fortzubewegen.

Diesmal flog ich jedoch ohne Promille in den Familienurlaub nach Fuerteventura und kam entsprechend angespannt an.

Beunruhigt hatte mich auf diesem Flug nicht nur der Flug an sich, sondern auch meine Nachbarin, die ausgerechnet mich irgendwann gefragt hatte, wir flogen am späten Abend, und draußen herrschte böse Finsternis: «Finden Sie nicht auch, dass die Lichter des anderen Flugzeugs sehr dicht neben unserem sind?»

Ja, da hatte die Frau wirklich recht!

Wir erkundigten uns alarmiert, dennoch so leise wie möglich, um die anderen Fluggäste nicht in Panik zu versetzen, bei der Stewardess. Die Dame versicherte uns mit einer gutmütigen Stimmlage, wie man sie gemeinhin Kleinkindern, behinderten Mitmenschen und sehr alten Haustieren gegenüber an den Tag legt, es handele sich bei diesen Lichtern um die unserer eigenen Tragfläche.

Als wir vier Stunden später endlich landeten, war ich total urlaubsreif.

Am nächsten Tag hoffte ich auf Regeneration am Pool.

Ich hatte einen der letzten, leidlich windgeschützten Plätze in unmittelbarer Beckennähe ergattert. Hoch über dem Meer, unterhalb des Hauptrestaurants und zwischen dem Genießer- und dem Spezialitätenrestaurant, nicht weit entfernt vom Langschläferbuffet, hatte ich eine der blauen Liegen belegt, packte mein Handtuch, meine Sonnenmilch und mein Buch aus und machte mich auf ein Höchstmaß an Muße und Kontemplation gefasst.

Mein Mann hatte sich zu einem Strandspaziergang verabschiedet, und unsere Kinder befanden sich in der Betreuung eines Menschen, der als riesiger Stoff-Biber verkleidet war und einigen der kleineren Mädchen höllisch Angst eingejagt hatte, als er unvermittelt zu singen begann: «Der Robby mit der Sonnenbrille! Ulala!»

Gemäß der Einsicht, dass Entspannung und Erholung mit Kindern eigentlich nicht möglich sind, hatten wir uns für einen All-inclusive-Aufenthalt in einem Robinson-Club entschieden, der sich laut Prospekt durch ein ganz besonders umfangreiches Kinder- und Jugendprogramm auszeichnet.

Ich atmete tief ein und freute mich über die Abwesenheit meiner Söhne und über meine gelungene Urlaubsbräune.

Nachdem ich mich jedes Jahr erneut vom Sommer auf dem falschen Fuß erwischt fühle, bin ich letztes Jahr dazu übergegangen, nicht mehr auf natürliche Bräune zu vertrauen.

Der Grundton meiner Haut, so wie sie mir vom Schicksal zugedacht worden ist, entspricht einem fleckigen Weiß, das sich bei starker Sonneneinstrahlung rötlich verfärbt, dann kurz mäßig braun wird, um sich wenige Tage später in der Regel zügig wieder abzupellen.

Nein, ich bin von Natur aus mit Pigmenten nicht gerade gesegnet. Und egal, ob ich auf Teneriffa, in Ungarn oder Italien versucht hatte, braun zu werden, das Ergebnis war immer dasselbe gewesen: Zum Ende der Ferien war ich wieder genauso weiß wie vorher gewesen und wurde gefragt, in welchem Regenloch ich denn meinen Urlaub verbracht hätte.

Es gibt drei Sätze, die zu hören ich mein ganzes Leben vergebens gehofft habe:
1. «Bist du aber braun geworden!»
2. «Weniger darf es jetzt aber nicht mehr werden!»
3. «Du hast wirklich einen tollen Geschmack!»

An Nummer zwei arbeite ich ja gerade mit Hilfe meines Personal Trainers, meines strengen Ernährungsplanes und meiner unbestechlichen WLAN-Digitalwaage, die mir jeden Morgen ausrechnet, wie viele Kilos mich noch vom Wunschgewicht trennen.

Und in Sachen Urlaubsbräune überlasse ich auch nichts mehr dem Zufall und der Natur.

Ich mag nicht mehr madenweiß am Strand liegen und mich fragen, wie ich, von all den knusprig braunen Touristen möglichst unbemerkt, am schnellsten ins Wasser und wieder raus komme.

Neben meinem Mann, der nach sechs Minuten an der Sonne so braun ist wie ein kretischer Fischer gegen Ende der Saison, sehe ich aus, als sei ich schon vor längerer Zeit verstorben.

Um dem ein Ende zu setzen, besuche ich vor Urlauben, die mich in die Sonne, in die Nähe von Schwimmbecken oder an Strände führen, eine Einrichtung namens *Sonnendusche*.

Darin wird während einer entwürdigenden Prozedur, die ich hier nicht näher beschreiben möchte, die aber deutlich Ähnlichkeit mit dem Lackieren eines Unfallwagens hat, der gesamte Körper mit einem hübschen Braunton besprüht.

Das ist, wie Unox Heiße Tasse oder Aspirin Effect, eine sehr schnelle und effektive Methode, um einen ungeliebten Zustand, nämlich Hunger, Kopfschmerzen oder eben blöde Blässe, zu beenden.

Nach zehn Minuten bin ich brutzelbraun und bereit für den Urlaub. Wobei ich sagen muss, dass mich der Hauch eines schlechten Gewissens sowie der des sehr schlecht riechenden Selbstbräuners begleitet, wenn ich meine Teint-Tankstelle verlasse.

Braun zu sein, ohne sich vorher gesonnt zu haben, das ist wie schlank zu werden, ohne vorher abzunehmen und wie reich zu sein, ohne eigenes Geld zu verdienen.

Irgendwie kein komplett gutes Gefühl. Die Entstehungsgeschichte fehlt.

Fett wird abgesaugt, Braun wird aufgesprüht, Geld wird vom Konto des Mannes abgehoben oder dem umfangreichen Erbe entnommen.

Du hast nichts dafür getan, hast keinen Weg zurückgelegt, keine Mühe auf dich genommen, sondern bist ohne Anstrengung und ohne Selbsterfahrung und ohne die Möglichkeit, stolz auf dich zu sein, direkt durchs Ziel gegangen.

Andererseits, denke ich, während ich meine dunkelhäutigen Füße betrachte, werde ich mich in diesem Jahr mehr als sonst anstrengen und so viele völlig selbstgemachte Selbsterfahrungen machen, dass ich mir die nicht eigenhändig verdiente Bräune durchaus gönnen darf.

Ich beschloss, Nachsicht mit mir zu haben, und griff nach meiner Urlaubslektüre: *In der Mitte liegt die Kraft* vom deutschen Zen-Meister Hinnerk Polenski:

«In seiner Mitte sein, heißt furchtlos sein, heißt verantwortungsbewusst, klar und kraftvoll sein. Aus dieser Mitte wächst die Freude am Leben.»

Ich lächelte beseelt.

Dann fiel klatschend etwas Kaltes und Nasses auf meine Füße.

Ein kleines Mädchen hatte beschlossen, seinen Badeanzug auf meiner Liege zu trocknen. Die Mutter der etwa Zweijährigen hatte anscheinend nichts dagegen.

«Möchtest du ein Stückchen geschälten Apfel, Emmi-Maus?»,

fragte sie mit spitzer Pädagoginnenstimme von der Nachbarliege aus und holte eine Tupperdose aus ihrer Strandtasche.

Ich legte mein Buch einen Moment beiseite und beobachtete Mutter, Kind und Dose gebannt. Der Anblick löste in mir altbekannte Gefühle von Aggression, Minderwertigkeit, Scham und Zweifel an meiner Qualifikation als Mutter aus.

Das Innere der Tupperdose war in verschiedene Fächer unterteilt. Winzige Trennwände verhinderten, dass sich die Apfelstückchen mit den Schokokeksen, dem Salamibrot und der Joghurt-Reiswaffel zu einer unappetitlichen, breiigen Masse vermengten.

Emmi-Maus kümmerte sich nicht um das ihr angebotene Apfelscheibchen, sondern grabschte gleich, ohne Umwege über Vitamine, nach den Schokokeksen. Ein mir sympathischer Zug. Die Emmi-Mutter griff erneut in die Strandtasche und förderte eine Packung Feuchttücher, zwei Bilderbücher und eine Thermoskanne zutage. Ich fühlte mich an Mary Poppins erinnert, die einen ganzen Hausstand inklusive Stehlampe in ihrem Zauberkoffer transportiert, und ich erwartete, dass aus der Emmi-Mutter-Tasche jeden Moment ein Kinderbettchen, ein Kinderkarussell und ein Kinderarzt hervorgeholt werden würden.

«Schau mal, Emmi, ich habe hier noch warmen Kakao. Wenn du magst, lesen wir gleich ein bisschen in *Tiefseedoktor Theodor*, und dann kannst du im Kinder-Atelier an deinem Glitzerbild weiterarbeiten. Und nicht vergessen: Heute Abend ist Mini-Disco!»

Emmi beachtete ihre Mutter überhaupt nicht. Sie schlug mit einem Stein auf die Thermoskanne, und es überraschte mich erneut, dass Mütter-Ohren offenbar partiell taub sind und auf die nervenzerfetzenden Geräusche, die ihre Kinder fabrizieren, gar nicht mehr reagieren.

Als ich arglos mein erstes Baby in die Welt setzte, war ich auf durchwachte Nächte, Mittelohrentzündungen und flüssigen Stuhlgang vorbereitet, aber eine potenzielle Gefahrenquelle hatte ich total unterschätzt: die anderen Mütter.

Ich möchte fast sagen, dass ich wegen deren Rumgezicke mindestens ebenso viele schlaflose Nächte hatte wie wegen der Koliken meines Sohnes.

Ich habe in meinem Leben noch keinen Apfel geschält, und meine Söhne haben auf Spielplätzen frühzeitig gelernt, sich bei Fremdmüttern durchzuschnorren und um eine Dinkelbrezel, ein Feuchttuch, ein Pflaster oder ein paar Sandförmchen zu bitten.

Bis heute versuche ich mich, mal mehr und mal weniger erfolgreich, dem kollektiven Druck zu entziehen, der fast automatisch entsteht, wenn man versucht, ein Kind großzuziehen und sich dabei nicht auf einer unbewohnten Insel befindet.

Plötzlich gehört man zu Mikrokosmen, die einem eben noch völlig fremd und ohne Bedeutung für das eigene Leben erschienen: Ballschule, Musikgarten, Kita, Fußballverein, Festkomitee der Schule, Schwimmbegleitung, Aufsicht beim Keksebacken.

Du sitzt auf winzigen Stühlchen bei Elternabenden, du hoffst beim Krippenspiel, dass dein Sohn seinen Text nicht vergessen hat, du meldest ihn beim Tennis an, und wenn er in die erste Klasse kommt, dann ist das auch deine Klasse, mit der du die nächsten vier Jahre zu tun haben wirst, und dann ist es auf einmal wichtig, was andere Eltern tun oder lassen, weil dein Sohn vielleicht der Einzige ist, der noch kein Mobiltelefon hat oder nie im Skiurlaub war oder nicht angeblich hochbegabt ist.

Als Mutter und als Vater ist man ungeahnten Zwängen und Dynamiken ausgesetzt. Man muss ihnen nicht nachgeben, aber man muss sich mit ihnen auseinandersetzen.

Als ich meinen Sohn vom Hockeytraining abmeldete, weil es ihm, und mir ehrlich gesagt auch, zu viel wurde, bin ich mehrfach von Müttern wegen dieses «mutigen und ungewöhnlichen Schrittes» angesprochen worden.

Ich verstand erst gar nicht, worum es ging. Bis mir klarwurde, dass Hockey mehr ist als Sport und der Spaß dabei im besten Falle zweitrangig. Hockey zu spielen heißt, Kontakt zu den richtigen

Leuten aufzubauen und später in der Bank des Vaters vom Torwart ein Praktikum machen zu können oder in das Unternehmen einzusteigen, das der Mittelstürmer mal erben wird.

Die Frage zwischen den Zeilen lautete, ob ich mir das auch wirklich gut überlegt hätte, denn schließlich ginge es um die Zukunft meines Kindes.

Leute, es ist nur Hockey und kein Nato-Gipfel!

Trotzdem frage ich mich in schwachen Stunden, ob ich meinem Sohn den Einstieg in eine glorreiche Karriere verbaut habe.

Jetzt macht mein Junge Kinder-Boxen, und ich glaube, er hat dabei mal den Sohn des Vorstandsvorsitzenden eines Fernwärmekonzerns umgebrezelt. Und in seine Klasse geht die Tochter eines HSV-Spielers. Das muss erst mal reichen für eine goldene Zukunft.

Mein Sohn hat jetzt immerhin mehr Zeit, seine Nachmittage zu vertrödeln und sich zu verabreden. Falls er jemanden findet, der Zeit hat.

Mütter machen sich gegenseitig das Leben schwer.

Ich habe in einer tiefenpsychologischen Studie des Rheingold-Instituts gelesen, dass es vor allem Mütter sind, die andere Mütter verurteilen. Der eigene Lebens- und Erziehungsstil wird mit einer Unnachgiebigkeit gepriesen und verteidigt, wie man sie sonst nur bei totalitären Regimen vermutet.

Da werden regelrecht Feindbilder aufgebaut. Denn jede Mutter möchte ja, manchmal mit geradezu brutaler Hingabe, dem eigenen Kind nur das Bestmögliche angedeihen lassen. Und jede Mutter, die es anders macht als man selbst, glaubt doch im Grunde, dass du es falsch machst und froh sein kannst, wenn aus deinem Sohn kein Kettensägenmörder wird, weil du per Kaiserschnitt entbunden, Gläschenkost gefüttert oder ihn nicht rechtzeitig zum Embryonen-Tennis angemeldet hast.

Die meisten Mütter sind doch, jetzt mal ganz ehrlich, nicht mehr ganz dicht. Sie sind gepeinigt von dem Anspruch, eine per-

fekte Mutter sein zu wollen. Aber Perfektion ist eine gefährliche und ermüdende Illusion. Und bei dem Versuch, eine gute Mutter zu sein, immer beherrscht, immer pädagogisch wertvoll, immer pünktlich und selbstverständlich selbstlos, kann man nur kläglich scheitern.
Und zwar jeden Tag aufs Neue. Und das verdirbt, früher oder später, allen Beteiligten die Laune.
Man muss es einmal ganz klar so sagen: Es gibt keine guten Mütter!
Ich bin jedenfalls keine.
Und ich kenne auch keine.
Damit ist eigentlich schon alles gesagt, und diese Feststellung könnte und sollte zur allgemeinen Entspannung beitragen. Tut es aber natürlich nicht. Denn auf der Welt gibt es keine Geschöpfe – außer vielleicht Hühner während eines schweren Unwetters –, die hysterischer, verunsicherter und kopfloser sind als Mütter.

Es ist tragisch, mit anzusehen, wie sie sich verrenken, zerreißen, bis zur völligen Erschöpfung unter Druck setzen und unter Druck setzen lassen, um Ansprüchen gerecht zu werden, die nicht erfüllbar sind.

Ich spreche von Spanischkursen für Neugeborene. Ich spreche von Sandkastenschlachten zwischen Vollzeitmüttern und berufstätigen Müttern, die sich gegenseitig für das Schlimmste halten, was einem Kind passieren kann. Ich spreche von neurotischen Glucken, überengagierten Stillkühen, radikalen Rohkostschnipplerinnen und hochnäsigen Führungsetagen-Mamas, die sich zwar darüber beklagen, es aber auch irgendwie saucool finden, dass sie es in sieben Jahren noch nicht einmal zum Fußballtraining ihres Sohnes geschafft haben.

Und ja, ich spreche von dem bedrohlichen Wettrüsten auf Kindergeburtstagen, wo die Gegner mit bezahlten Artisten, personalisierten Muffins und monatelang geplanten Schnitzeljagden eingeschüchtert werden sollen.

Erst neulich hatte ich versucht, den vierten Geburtstag meines jüngeren Sohnes zu Hause mit Topfschlagen, fröhlichem Liedgut und selbstgekauftem Kuchen zu feiern.

Das scheiterte nicht nur an meinem pädagogischen Unvermögen, sondern auch daran, dass die meisten der eingeladenen Kinder ein professionelleres Programm gewohnt waren und schon bei der Ankunft fragten, wann sie die Abschiedstüten bekommen würden und was sich darin befände, ob es nur Süßigkeiten seien oder auch Spielzeug, und wenn ja, welches.

Ich wundere mich sehr.

Denn immer wieder höre ich Mütter klagen, wie schön es doch früher war. Sie schwärmen von ihrer eigenen unverplanten Kindheit, als man gleich nach den Hausaufgaben loszog, Nachbarskinder besuchte, Völkerball und Indianer spielte und sich mit Einbruch der Dunkelheit sehr schmutzig und sehr müde und sehr glücklich auf den Heimweg machte.

Nachmittage waren frei, Geburtstage fielen noch nicht in die Kategorie *Veranstaltungen*, und in Urlauben taten Kinder bevorzugt eines: ihre Eltern in Ruhe lassen und stundenlang am Strand spielen.

«Früher hatten Kinder noch Zeit, Kinder zu sein», seufzen Mütter wehmütig und sagen dann, dass sie jetzt aber schnell losmüssen, um die Marie zur Ballschule und die Gwendolyn zum Kinder-Yoga zu bringen.

«Emmi-Maus! Iss bitte etwas Rohkost!»

Ein Geschoss streifte mich am Kopf, und neben mir im Becken brach schlimmes Gebrüll los.

Ich blickte mich um und musste feststellen, dass ich bei der Wahl meiner Liege strategisch gesehen kein glückliches Händchen bewiesen hatte. Ich lag unmittelbar neben dem flacheren Teil des Pools, in dem die Kinder jetzt begonnen hatten, Wasserball zu spielen.

Was habe ich davon, wenn ich meine eigenen Söhne in die Betreuung abgeschoben habe, jetzt aber den Söhnen anderer Leute zuhören muss, wie sie rufen: «Ey, Dicker, mach die Pille rein!»

Noch überlegte ich, ob sich die Worte des Zen-Meisters mit dem nun anschwellenden Geschrei der halbstarken Wasserballer vertragen würden, als ein Junge gleich vor meiner Liege einen anderen ins Wasser schubste und ich vollkommen nass gespritzt wurde.

Emmi-Maus hatte es auch erwischt. Sie schrie wie am Spieß. Nur gut, dass ihre Mutter ein zweites Ensemble eingepackt hatte.

Sekunden später traf mich ein Ball an der rechten Schulter, ein weiterer verfehlte nur knapp meinen Kopf.

Ich hatte mich versehentlich mitten ins Schussfeld gelegt.

Ich machte mich eilig und schon leicht unentspannt auf die Suche nach einer Alternativliege, mein Meister-Buch wie einen Schutzschild vor mich haltend.

Aber die Sonnenplätze waren alle belegt oder mit Handtüchern reserviert, was mich zusätzlich verstimmte.

Diese Liegenreservier-Mentalität ist mir fremd und unheimlich, und ich fühle mich nicht wohl, wenn ich mich von Leuten umgeben weiß, von denen ich vermuten muss, dass sie morgens eine halbe Stunde früher aufstehen, damit sie um halb sieben ihr Badetuch auf eine Liege legen können, die sie erst gegen halb elf beziehen werden.

Manchmal überlege ich, sämtliche dieser Besetzt-Tücher einzusammeln und in einer revolutionären Befreiungsgeste in den Pool zu schmeißen. Getan habe ich das natürlich noch nie. Mein Leben ist nicht gerade durchsetzt von revolutionären Handlungen, ich habe noch nie laut «Buh!» gerufen oder «Bravo!», habe noch nie auf zwei Fingern gepfiffen oder in der Schlange vor der Supermarktkasse einen Flashmob organisiert.

Ich umkreiste also lediglich innerlich revoltierend die reservierten Liegen und kam mir vor, als sei ich unschuldig auf einen riesigen Kindergeburtstag geraten.

Ständig musste ich aufpassen, nicht auf irgendein Kind oder in eine unachtsam fallen gelassene Schwimm-Windel zu treten. Mehrfach wich ich im letzten Moment herumhastenden Elternteilen aus, die versuchten, ihre Krabbelbabys, die mit rasantem Tempo in Richtung Pool unterwegs waren, wieder einzufangen.

Drei pubertierende Monster rempelten mich an, als sei ich ein im Weg stehender unbelebter Gegenstand, und eine Mutter brachte fast mein Trommelfell zum Platzen, als sie neben meinem Kopf gellend schrie: «Lucy! Nein!! Keine Pommes in den Pool werfen!!!»

Mit einem unschönen Summen im Ohr, ich hatte mir vermutlich ein Knalltrauma zugezogen, lehnte ich mich an eine Mauer.

Ich weiß auch nicht, warum ich so überrascht war von der Anwesenheit dieser unzähligen Kinder. Man hätte damit rechnen können in einem Kinderclub. Was ich aber auch völlig verdrängt hatte, war die Tatsache, dass das Schlimmste an Kindern nahezu immer die sie begleitenden Eltern sind.

Der englische Schriftsteller D. H. Lawrence formulierte es knackig: «Man sollte den modernen Müttern ihre Babys ausnahmslos wegnehmen und nicht etwa unerfüllten, mütterlichen alten Mägden, sondern dummen, fetten Weibern übergeben, die keine Lust haben, sich um sie zu kümmern. Es sollte eine Liga gegen die Mutterliebe geben, wie es auch eine Gesellschaft gegen Tierquälerei gibt... Lasst die Kinder in Ruhe. Schickt sie hinaus auf die Straße oder den Spielplatz und beachtet sie nicht weiter.»

Ein Mann kam auf mich zu, blieb vor mir stehen und fragte: «Wo kann man denn hier Pipi machen?»

Ich zuckte die Schultern und suchte das Weite.

Und jetzt stehe ich hier mit vibrierenden Nerven in diesem Kinderparadies vor dem All-inclusive-Buffet und denke an meine Nachbarin Frauke zu Hause, die neulich sagte: «Man muss seine Prinzipien so hoch hängen, dass man ab und zu erhobenen Hauptes unter ihnen hindurchspazieren kann.»

Ich straffe die Schultern und greife zu.

Ich denke, es gibt auf der ganzen Welt kein Nahrungsmittel, das ich mehr meiden sollte als die gemeine Mutzenmandel.

Es handelt sich hierbei um eine rheinländische Karnevals-Delikatesse.

Ein in rauchendem Öl frittierter, vor Gluten, Eiklar und Laktose strotzender Brandteig, so üppig mit Puderzucker überstreut, dass mich die Ansammlung von Mutzenmandeln auf meinem Teller einen kleinen Moment lang an die verschneiten Berge am Tegernsee erinnert.

In den Katakomben meines Hirns regen sich vage Erinnerungen an Buchweizentoast und Basenpulver. Gut einspeicheln!, höre ich mich noch mahnend denken, aber ich bin nicht mehr zu stoppen.

Live-Cooking. Live-Eating.

Ich esse gleich im Stehen drei umfangreiche Portionen Mutzenmandeln direkt aus der Pfanne.

Alaaaf.

Frittierte Kindheitserinnerungen. In Fett ausgebackenes Glück.

Aus ernährungswissenschaftlicher Sicht ein Haufen Giftmüll.

Als mein Mann mit unseren Söhnen um die Ecke des Buffets biegt, mache ich hastig ein paar Schritte zur Seite und komme unverfänglich vor der Wellfit-Station mit dem kalorienreduzierten Tagesgericht zu stehen: gedünsteter Zackenbarsch mit Chicorée und Auberginenpüree.

Ich wische mir verstohlen die fettigen Puderzuckerreste aus den Mundwinkeln und herrsche meine Söhne an, sie mögen sich bitte nicht nur Mist auf ihre Teller häufen, sondern sich vorwiegend an Gemüse und mageres Fleisch halten.

Es war schon immer so, dass Buffets intensive Emotionen in mir ausgelöst haben. Das Buffet scheint unmittelbar mit meinem inneren Kind zu kommunizieren und ihm eine ganz klare und unmissverständliche Botschaft zu übermitteln: «Bloß weil du satt bist, ist das noch lange kein Grund, mit dem Essen aufzuhören!»

Als meine Familie außer Sichtweite ist, schaue ich noch mal bei den Mutzenmandeln vorbei. Wenig Zucker ist wie wenig Wein: uninteressant. Wenn schon, denn schon. Meine Devise.

Man muss seine Sünden genießen. Ansonsten ist man nicht nur ein Sünder, sondern auch noch ein Vollidiot.

Am nächsten Morgen erwache ich mit einem mordsmäßig schlechten Gewissen und übler Laune. Ich kämpfe mich über den Buggy-Parkplatz zum Restaurant, würdige die warmen Croissants und die Schalen mit Eiern und Speck keines Blickes und halte mich verspannt und ausschließlich an den Obstsalat. Tunnelblick.

Dieses Überangebot an Speisen und an Programm strengt mich an. Ständig muss ich widerstehen und entscheiden, was ich nicht esse und was ich nicht tue.

Wenn es immer was zu essen gibt, habe ich auch Hunger. Und wenn es immer was zu tun gibt – Bogenschießen, Radwanderungen, Katamaran-Touren, Beachvolleyball-Turniere, Zumba –, dann fällt das herrliche Nichtstun ungeheuerlich schwer.

Und auch unsere Kinder sind längst nicht so entspannt, wie ich mir das zu Hause in der Theorie so schön ausgemalt hatte.

Ihre Augen zucken nervös zwischen der Pfannekuchen-Station, dem Milchshake-Macher und den verkleideten Animateuren hin und her, die in Piratenkostümen durch das Restaurant ziehen, um auf die große Seeräuber-Show am Abend aufmerksam zu machen.

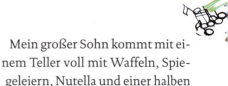

Mein großer Sohn kommt mit einem Teller voll mit Waffeln, Spiegeleiern, Nutella und einer halben Tomate vom Buffet zurück. Mein kleiner Junge will nicht mit Glasperlen basteln, sondern mit seinem Bruder die Schatzsuche mitmachen. Die wird aber nur für die größeren Kinder angeboten. Er sagt sauer: «Dann mach ich eben gar nichts!»

Mein Großer hat mittlerweile Bauchweh. Der doofe Riesen-Biber kommt an unserem Tisch vorbei und ruft meinem Mann ins Ohr: «Der Robby mit der Sonnenbrille, uh-la-la!!!»

Gut, dass mein Mann vergleichende Literaturwissenschaften studiert hat und keine asiatischen Kampfkünste. Sonst gäbe es im Hier und Jetzt einen Biber weniger.

Glück sieht anders aus.

9. März

Alles ist gut!

Wir sind umgezogen. In einen Club für Erwachsene, in dem Kinder allenfalls geduldet sind und wo es dementsprechend auch kein Programm für sie gibt. Genau die richtige Umgebung für einen Urlaub mit Kindern!

Sie buddeln sich stundenlang gegenseitig am Strand ein, bauen Burgen, spielen gegen ihren Vater Tennis und Fußball und werden am Buffet weder von verkleideten Stofftieren angefallen noch von Piraten belästigt.

Beim Essen müssen sie sich benehmen, weil sie sonst anderen Leuten auf den Keks gehen und weil nicht am Nebentisch immer jemand Gleichaltriges sitzt, der ungestraft *Alle meine Entchen* rülpst oder sich Kartoffelbrei in die Haare schmiert.

Im Pool bekommen sie kostenfrei einige Lektionen in Rücksichtnahme, weil hier Kinderlärm und Elternlärm nicht im Preis inbegriffen sind.

Ich bequeme mich ab und zu, meinen Söhnen die Grundregeln des Beachvolleyballs zu vermitteln, creme sie regelmäßig ein, und in den langen, angenehmen Zeiträumen dazwischen gelingt es mir, *In der Mitte liegt die Kraft* zu lesen und unter meiner verblassenden künstlichen Bräune allmählich einen zufriedenstellenden, selbsterarbeiteten Teint aufzubauen.

Um neun Uhr abends gehen wir alle gemeinsam herrlich müde ins Bett, lauschen *Winnetou* als Hörspiel, und wenn Nscho-tschi und Intschu tschuna hinterrücks erschossen werden, schlafen die Kinder längst tief und mit etwas Sand in den Haaren.

Und wenn wir morgens aufwachen, haben wir nichts Besonderes vor.

So sieht Glück aus!

14. März

«Würdest du mir den Kehlkopf durchbeißen oder die Augen ausdrücken?»

Nun, das sind Fragen, die ich mir bisher so noch gar nicht gestellt habe.

Ich sitze auf dem Boden, direkt vor der großen Glastür eines Übungsraumes, und es zieht mir ein wenig im Rücken. Ich befürchte bereits, dass das die angenehmste Unannehmlichkeit sein wird, mit der ich es an diesem Wochenende zu tun bekommen werde.

«Selbstschutz für Globetrotterinnen» heißt der Kurs, für den ich mich angemeldet habe. Ich bin zwar weder reiselustig noch extrem gefährdet, aber irgendwie doch auch schützenswert.

Außerdem bin ich ein ängstliches, hilfloses Ding. Ich habe, was an und für sich ja erfreulich ist, nicht die geringste Erfahrung mit Gewalt, und wenn mir mal einer die Zunge rausstreckt oder einen Vogel zeigt, würde ich mich am liebsten auf direktem Weg in eine Trauma-Therapie begeben.

Das Böse kenne ich nicht, aber ich hätte nicht den Hauch einer Chance, sollte es mir jemals begegnen.

Weil ich gewappnet sein will und weil weniger Angst mehr Freiheit und mehr Freiheit ein besseres Leben bedeutet, hocke ich jetzt zusammen mit sieben Frauen zu Füßen von Detlef Romeike, genannt *Der Starkmacher*.

Ein drahtiger Mann, Anfang fünfzig, der eine schwere Lungenoperation und eine Kindheit hinter sich hat, die einen, wenn man sie denn überlebt, zu jemandem macht, der nicht mit dem Guten im Menschen rechnet und der sich in seinem Leben keinen einzigen Augenblick der Unachtsamkeit leistet.

Detlef trug als Kind Geh-Schienen. Er hatte Rachitis, er war schwach und wurde geprügelt, auf dem Schulhof, auf der Straße und zu Hause.

Als ein besoffener Freund seines Vaters sich den Achtjährigen schnappte, ihn so an sich presste, dass dem Kind die Luft aus den Lungen pfiff, und den anderen Männern zurief, er würde ihn jetzt aus dem Fenster schmeißen, biss Detlef dem Mann in seiner Todesangst die Nase ab.

Einer rief: «Spuck's aus, du Scheißkerl! Die kann man wieder annähen!»

Detlef schluckte die Nase runter und begriff, dass derjenige der Stärkste ist, der am weitesten zu gehen bereit ist.

«Wer sich wehrt, gewinnt», sagt Detlef in seiner Einführung. «Und je entschlossener und je heftiger ihr euch wehrt, desto größer ist die Chance, dass ihr überlebt. Ihr habt einen entscheidenden Vorteil: Als Frauen werdet ihr in der Regel unterschätzt. Ein Gewalttäter rechnet nicht mit dem, was ihr machen werdet, wenn ihr dieses Training hinter euch habt.»

Es folgen ein paar Basisregeln: «Ihr dürft niemals zögern. Aktion schlägt Reaktion. Die meisten Menschen, die aus einem intakten sozialen Umfeld kommen, tun sich schwer mit dem Präventivschlag. Aber er ist eure Lebensversicherung. Vergesst es nie: Der Erstschlag rettet euch. Ihr müsst zu hundert Prozent hinter dem stehen und klar sein in dem, was ihr tut. Wenn ihr schreit, dann schreit laut. Wenn ihr rennt, dann rennt so schnell es geht. Und wenn ihr euch wehrt, dann mit aller Kraft. Der Angreifer nimmt euch euer Leben oder eure Zukunft, wenn ihr auf ihn Rücksicht nehmt. Ihr müsst Testosteron und Muskelmasse kompensieren durch Technik und Einstellung. Und von dieser Einstellung hängt euer Leben ab: Ihr müsst bereit sein, euch mit allen Mitteln selbst zu schützen. Brecht seine Finger, beißt ihm Stücke aus dem Gesicht, zerquetscht seine Hoden.»

Detlef, der mit einem Mal weniger harmlos wirkt als zu Beginn des Kurses, blickt in die Runde. Einige Frauen haben deutlich an Gesichtsfarbe verloren, ich habe vergessen, meinen Mund zu schließen, die beiden Mädchen neben mir, die im Sommer Afrika durchqueren wollen, kichern unsicher.

«Es gibt immer wieder Frauen, die diesen Kurs abbrechen, weil sie es zu schrecklich finden, was sie hier lernen sollen. Aber die Wirklichkeit ist schrecklich. Und ich kenne die Wirklichkeit. Ich habe als Bodyguard im Hochrisikobereich gearbeitet. Es gab Menschen, die mich umbringen wollten, und ein paar hätten es fast geschafft. Ich habe etliche Messerstiche abbekommen, ich habe ein paar Augen auf dem Gewissen, und einige von denen, die mich angegriffen haben, wirkten nicht besonders lebendig, als ich sie das letzte Mal sah. Ich war immer bereit, aus Notwehr zu töten. Und das müsst ihr auch sein, wenn es um euer Überleben geht. Und da helfen keine eleganten Kampftechniken, beruhigenden Worte oder ein bisschen Judo. Reale Gewalt im wahren Leben sieht anders aus als im Film. Da kommt keiner wie bei Winnetou in Bad Segeberg laut schimpfend und mit gezücktem Messer auf euch zugelaufen. Da, wo ich herkomme, sieht ein Messerangriff so aus.»

Detlef schaut mich an, und ich schaue zu spät weg.

«Steh doch bitte kurz mal auf, Ildikó. Ich mache das mal bei dir vor. Keine Sorge, ich bin ganz vorsichtig.»

Ich bin beunruhigt, bemühe mich aber um eine sorglose Körperhaltung. Detlef schiebt eine Messerattrappe aus Kunststoff zwischen den Ärmel seines Sweatshirts und sein Handgelenk und schlendert auf mich zu.

«Ihr werdet die Waffe eures Angreifers nicht sehen», sagt er, dann ist er auf meiner Höhe, greift blitzschnell mit einer Hand in meinen Nacken, zieht meinen Kopf runter und pumpt mir das Messer mit kurzen Stößen fünf-, sechsmal in den Bauch.

Jetzt kichert niemand mehr.

«Ich will ehrlich sein», sagt Detlef, «ein Messerangriff ist das Schlimmste, was euch passieren kann.»

«Wenn einer wie du mir was Böses will, habe ich keine Chance», sage ich mitgenommen.

«Das stimmt», sagt Detlef. «Einem wie mir solltest du lieber nicht begegnen.»

Meine Nerven flattern wie Socken im Sturm an einer Wäscheleine. Scheint mir sehr realitätsnah, dieser Kurs.

Detlef schaut mich an und sagt: «Wenn der Angriff von hinten kommt, sieht es auch übel für dich aus. Du wirkst robust, deshalb zeige ich dir, was ich meine.»

Ehe ich noch dazu komme, über das Wort *robust* nachzudenken oder mir eine geeignete Strategie für meine Gegenwehr zurechtzulegen, reißt mich Detlef von hinten in die Luft.

Ich höre mich schreien, als sei ich wer anders. Dann liege ich unter ihm und kann mich nicht mehr bewegen. Unter ungünstigeren Umständen wäre ich jetzt tot.

Die ganze Aktion hat keine Sekunde gedauert. Noch nicht mal meine Gedanken sind so schnell wie dieser Mann, wenn er zu etwas entschlossen ist. Ich bin entsetzt. Über meine Hilflosigkeit und über meine Naivität.

Gewalt ist für mich ein theoretischer Schrecken.

Detlef Romeike und sein von Messerstichen und Prügeleien zerschundener Körper sind erschütternd echt.

Ich komme mir vor, als würde ich nach Jahren des Actionserien-Konsums, in denen ich Tausende im Kugelhagel sterben sah, zum ersten Mal einen echten Revolver in der Hand halten, geladen und entsichert.

Ich rappele mich hoch. Mir tut jetzt schon alles weh.

«Nach einem Angriff müsst ihr jedes Mal euren Körper checken. Fahrt mit den Handflächen über Nacken, Hals, Bauch und Oberschenkel. Sucht nach Blut, das aus euch rauskommt. Messerstiche spürt man kaum, und das Adrenalin, das euren Körper überschwemmt, macht euch schmerzunempfindlich. Wenn es schlecht läuft, verblutet ihr, ohne es zu merken.»

Ich fasse mir an den Hals. Immerhin kein Blut.

«Ich setze mich dann mal wieder hin», hauche ich.

«In Deutschland wird alle drei Minuten eine Frau vergewaltigt», fährt Detlef fort. «Studien zeigen, dass die Täter in fünfundachtzig Prozent der Fälle ihren Angriff abbrechen, wenn sie es mit massiver Gegenwehr zu tun bekommen. Bei leichter Gegenwehr brechen vierundsechzig Prozent ab.»

«Euer Selbstschutz beginnt, indem ihr dafür sorgt, dass ihr erst gar nicht in das Beuteschema eines Gewalttäters passt: selbstbewusste Haltung, zielgerichteter Gang, aufmerksamer Blick. Täter suchen Opfer, keine Gegner. Ausstrahlung und Kraft kommen aus eurer Körpermitte, aber nur, wenn ihr im Hier und Jetzt seid. Die

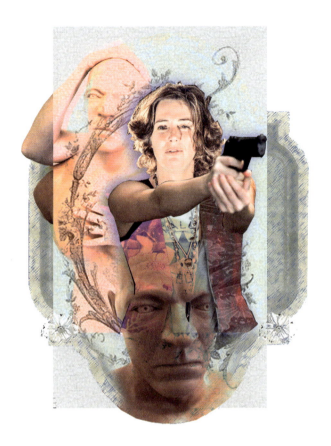

meisten Menschen sind kopfmäßig in der Zukunft oder Vergangenheit. Das macht genauso schwach wie Multitasking. Aufmerksamkeit ist eure stärkste Waffe. Wer mit seinen Gedanken woanders ist, verpasst die schönen Dinge und die drohende Gefahr. Der Angreifer ist ausschließlich auf den Augenblick konzentriert, das ist sein Vorteil.»

In der Pause trinkt Detlef ein farblich fragwürdiges Rohkostgemisch. Er achtet auf seine Gesundheit. Sein rechtes Auge hat ziemlich gelitten, als mal jemand versuchte, es ihm rauszudrücken.

Er arbeitet schon lange nicht mehr als Personenschützer. Heute bringt er anderen bei, auf sich aufzupassen. «Frauen sind mutiger als Männer», sagt er mir, während ich ein glutenfreies Reismehlbrötchen esse, «denn sie haben keine Angst, sich auf sich selbst einzulassen.»

Ich glaube, das ist richtig.

Tatsächlich waren in den Kursen, bei den Vorträgen und den Seminaren, die ich in den letzten Monaten besucht habe, fast nur Frauen: Frauen, die besser werden wollen oder wenigstens anders. Unzufriedene und verärgerte, sehnsüchtige und verirrte, zweifelnde, verzweifelte und wild entschlossene Frauen.

Die meisten ohne Ziel. Aber alle auf der Suche.

Das ist meine Meinung: Frauen suchen. Männer finden.

Frauen hören nie auf, mehr vom Leben zu verlangen.

Sie fallen allen Beteiligten auf die Nerven, insbesondere ihrem jeweiligen Lebenspartner, der sich gerade auf einen gemütlichen Lebensnachmittag eingerichtet hatte und meist nicht die geringste Lust verspürt, sich weiterzuentwickeln, eine Sexualberatung zu machen oder ein kreatives Paar-Wochenende in der Heide oder mal einen Abend ohne Fernsehen zu verbringen.

Der in seinen mittleren Jahren versteinerte Mann sieht nicht den geringsten Grund, an seiner bewährten Daseinsform zu rütteln und die erreichten Ziele, inklusive seiner Ehe, in Frage zu stellen. Er hält seine Persönlichkeitsgestaltung für abgeschlossen und möchte sich nun, möglichst ungestört und ohne dass ihm ständig jemand reinquatscht, an den Früchten seiner Mühen und seiner Lenden laben.

Frauen hingegen werden ab einem bestimmten Alter ungemütlich. Jenseits der vierzig endet die Komfortzone.

Ich kenne keine Frau, die sich dann zufrieden zurücklehnt, einen Cognac schwenkt und findet, jetzt könne ja eigentlich alles genau so bleiben, wie es ist.

Ich kenne keine, die nicht in regelmäßigen, oft auch sehr kurzen Abständen erwägt, ihren Mann und das Land zu verlassen oder wenigstens die Paleo-Diät auszuprobieren.

Ich hab es ja immer gerne, wenn es zu meinen persönlichen Beobachtungen passende wissenschaftliche Studien gibt. Eine von denen besagt, dass in Deutschland das Alter, in dem die Unzufriedenheit am größten ist, bei zweiundvierzig Jahren liegt.

Und wir alle wissen ja, dass unzufriedene Männer völlig harmlos sind. Sie drehen den Fernseher lauter und gehen davon aus, dass sich alles von selbst erledigt.

Die unzufriedene Frau macht den Fernseher aus und will reden. Die unzufriedene Frau über vierzig ist eine tickende Zeitbombe. Sechs Millionen allein in Deutschland. Und sie haben eine verheerende Sprengkraft. Nun gut, ein paar Rohrkrepierer sind sicherlich dabei und bestimmt auch etliche, die mit einem müden Pfffftüüüh verenden wie feuchte Chinakracher.

Aber der ganze große Rest tickt bedrohlich vor sich hin.

Unberechenbar und nicht zu entschärfen.

Fürchtet euch, fürchtet euch fürchterlich, denn sechs Millionen deutsche Frauen zwischen vierzig und neunundvierzig warten nur darauf, ihr Leben zu verändern!

In tosendem Aktionismus und wüster Lust auf Selbsterkenntnis werden an und für sich solide Beziehungen mehrmals täglich angezweifelt und unbescholtene Ehemänner, die sich in zwanzig Jahren kein winziges bisschen verändert haben, als emotional verkümmerte Nähedilettanten gebrandmarkt.

Zumba-Kurse werden gebucht und letzte Eizellen mobilisiert. Freche Intimfrisuren werden ausprobiert, und auf dem Kopf dürfen es Strähnchen sein oder, wenn das Bedürfnis nach Erkenntniserweiterung besonders intensiv ausfällt, auch mal ein gewagtes Orangerot.

Denn jetzt ist die Zeit, in der noch einmal, ein letztes Mal, alles möglich ist. Oder möglich scheint.

Du siehst noch recht ansehnlich aus, bist beruflich etabliert und hast keine Kinder, oder sie sind aus dem Gröbsten raus. Es gibt in deinem Leben noch den ein oder anderen Eisprung, und du kommst spielend mit Puls hundertzwanzig einmal durch den Stadtpark und wieder zurück, wobei dein Po noch nicht über den Boden schleift.

Aber das fatale Wort *noch* spielt dabei eine immer größere Rolle. Und damit gleichzeitig die bange Frage: wie lange noch?

Jetzt müsste es schleunigst beginnen, dein zweites Leben.

Dein zweites Leben auf dem Land. Mit einem Golden Retriever an deiner Seite. Oder mit einem Mann, der Gefühle zeigt, singen kann und gerne Karneval feiert. Oder mit drei Freundinnen, die sich auch für Permakultur und Selbstversorgung interessieren. Oder mit einem eilig gezeugten Kind von einem Typen, mit dem du dich, wenn die Zeit nicht so drängen würde, nicht mal auf ein Glas Wein verabredet hättest.

Und dann kaufst du dir figurformende Latexwäsche und esoterische Bücher und fragst dich, wer du bist und wer du eigentlich sein willst, wie du lebst und wie du eigentlich leben könntest. Und was du anfangen sollst mit dem Rest deines Lebens.

Du zweifelst an dir und am Sinn deiner Existenz und fühlst dich wieder so orientierungslos wie mit vierzehn. Du bist wieder mitten in der Pubertät, bloß mit Führerschein und mit deutlich weniger Zukunft.

Du bekommst Krähenfüße statt Pickel und Krampfadern statt Mitesser, und erschwerend hinzu kommt die fiese Frage, ob die beste Zeit deines Lebens womöglich bereits hinter dir liegt?

Du weißt, dass die Wünsche, die du jetzt nicht verwirklichst, unerfüllt bleiben und in deinem Herzen vermodern und die Luft verpesten werden. Aber du weißt auch, dass die Fehler, die du jetzt machst, nie wiedergutzumachen sind.

Wie leicht lebte es sich, als die Gebrechlichkeiten des Alters genauso weit entfernt waren wie die Torheiten der Jugend. Mit dreißig stabilisieren sich Karrieren, Beziehungen und Egos.

Die goldene Mitte.

Eine angenehme Zeit für alle Beteiligten, für den Lebenspartner genauso wie für die Brüste, die Augenlider und die derzeitige Hautbeschaffenheit.

Weder die Beziehung noch der Körper ist so alt, als dass man anfinge, sich zu fragen, ob man mit diesem Mann, diesem Busen und diesen Nasolabialfalten wirklich den Rest seines Lebens verbringen möchte.

Aber dann schrumpft deine Zukunft, und womöglich gelingt es dir immer weniger, mit diesem Wissen in Frieden zu leben.

Die schiere Dauer deiner Existenz ist manchmal erschreckend. Man sieht dir langsam an, dass du nicht mehr zur altersrelevanten Zielgruppe gehörst, und du nimmst viele kleine und manchmal auch große Abschiede, und manche von ihnen fallen unendlich schwer.

Schlupflider senken sich wie die Rollläden eines alten Palazzos über deine Augen. Die Haut an Hals und Rücken gibt nach, bis sie schließlich eine Nummer zu groß für deinen Körper ist und du zunehmend das gar nicht immer unangenehme Gefühl bekommst, du könntest dich nachts in deine eigene Haut wie in eine weiche, etwas abgegriffene Decke einhüllen. Du hast dein eigenes Schmusetier praktisch immer dabei: musst dir nur an den Hals greifen.

Morgens siehst du oft so aus, wie du dich fühlst, oder sogar schlechter. Die Flecken auf deinen Handrücken gehen nun beim besten Willen nicht mehr als «ein wenig groß geratene Sommersprossen» durch, und an schlechten Tagen hängt dein Gesicht durch wie ein besoffener Seemann, und du erinnerst dich selbst an einen betrübten Basset.

Die Kniegelenke und das Kreuz werden zu Teilen des Körpers, die zunehmend Probleme bereiten und die auf Stehpartys, auf denen man was drum gäbe, sich mal einen Moment hinsetzen zu können, zu den konsensfähigen Themen gehören.

Der Magen hält nicht mehr so viel aus wie früher. Zu viel Knoblauch am Abend, und du tust nachts kein Auge zu. Auch Bärlauch, Zwiebeln und Sekt lassen sich nicht mehr in rauen Mengen ohne Reue konsumieren, und der Kater am Morgen ist meist um einiges schlimmer, als der Rausch in der Nacht schön war.

Nachdem ich mich neulich in einem Hamburger Außenbezirk übel verirrte, weil ich die Straßennamen auf dem winzigen Stadtplan nicht lesen konnte, stieg ich auf Bifokal-Linsen um, «zur Fern- und Nahkorrektur von Alterssichtigkeit».

«Jetzt ist es nicht mehr weit bis zur künstlichen Hüfte und den dritten Zähnen», hatte Vera taktlos bemerkt, woraufhin ich sie daran erinnert hatte, dass sie in den letzten Sommerurlaub mit einer ausklappbaren Sonnenliege gereist war, weil sie wegen Beschwerden im Lendenwirbelbereich nicht mehr gern im Sand liegt. Außerdem hat sie die Schriftgröße ihres Handys derart riesengroß eingestellt, dass ich ihre WhatsApp-Nachrichten ohne Brille aus nahezu beliebiger Entfernung mitlesen kann.

«Wann sind wir zum letzten Mal sturzbetrunken in den frühen Morgenstunden nach Hause gekommen und hatten vorher irgendwas Verbotenes getan?», wollte Vera wissen.

«Ich habe doch neulich erst in unseren Flur gebrochen», sagte ich selbstgefällig.

«Das ist neun Jahre her, und du warst schwanger, ohne es zu wissen. Das zählt nicht. Ist es nicht bitter: Wir schlafen schlecht nach zu schwerem Essen, nach zwei Stunden im Theater tut uns der Hintern weh, und wenn wir zwischendurch aufstehen, um unsere morsche Blase zu leeren, knacken unsere Knie so laut, dass es an Lärmbelästigung grenzt. Und wenn wir uns fragen, was wir in den letzten Jahren Verrücktes oder Verbotenes getan haben, dann fällt uns nichts ein. Wir werden nicht alt, Ildikó, wir sind es. Klappliege und Alterssichtigkeit, das ist aus uns geworden. Mittlerweile gehe ich ausgesprochen gern um elf ins Bett. Weißt du, wann ich zu Hause war, als wir uns das letzte Mal abends getroffen haben? Um Viertel nach zehn! Rechtzeitig zu den *Tagesthemen*. Das, meine Liebe, wäre uns früher nicht passiert.»

Ich schwieg betroffen.

Im Alter wird man nicht vernünftig.

Man wird dazu gezwungen, vernünftig zu werden.

Einfach weil man die Ausschweifungen nicht mehr aushält, weil der Körper einem immer engere Grenzen setzt, die zu überschreiten mit sehr vielen Unannehmlichkeiten verbunden ist.

Die individuelle Biologie macht einen notgedrungen weise und schickt einen immer häufiger rechtzeitig nach Hause, zu Vorsorgeuntersuchungen oder zur Rückengymnastik.

Und natürlich spielen auch die Körper der anderen eine Rolle, die sich nämlich auch alle, jedenfalls während der Woche, um halb elf in Richtung ihrer druckentlastenden Federkernmatratze aufmachen, die während einer umfangreichen Liegediagnostik auf die Bedürfnisse des alternden Schläfers abgestimmt wurde.

Mein Schlaf wird mir immer wichtiger, und die korrekte Anzahl und Beschaffenheit der mich umgebenden Bettwaren bekommt eine zunehmend größere Bedeutung.

Ich übernachte nicht mehr auf einem anderthalb Zentimeter dicken Futon aus den Siebzigern in einem feuchten, unbelüfteten Kellerwinkel. Ich sitze nicht mehr nachts bis drei Uhr draußen, wenn ich morgens früh rausmuss, und schon gar nicht ohne Jacke.

Ich dehne mich vor dem Sport, und danach halte ich auf dem Weg zum Auto Kopf und Schultern warm. Wenn ich die Spülmaschine ausräume, vermeide ich ruckartige Bewegungen.

Ich weiß, wann ich genug habe. Und ab und zu ist das mittlerweile auch ein Grund, aufzuhören.

Das ist so.

Und es ist manchmal schlimm. Und manchmal nicht.

Manchmal erzählen mir mein Körper und mein Gesicht die Geschichte meines Lebens, und ich höre ihnen gern zu und bekomme eine Ahnung davon, wer ich sein werde.

Ich weigere mich, im ständigen Kriegszustand mit mir selbst zu leben.

Nein, ich würde nicht behaupten, dass ich die Begleiterscheinungen des Älterwerdens an mir liebe. Sie sind wie die Eselsohren und die unterstrichenen Passagen in meinen Lieblingsbüchern. Zeichen der Zeit.

Sie sind da.

Neulich traf ich meine Freundin Tina aus Düsseldorf, sie ist gerade fünfundvierzig geworden. Wir hatten uns über zwei Jahre nicht gesehen. Sie begutachtete mich kurz und stellte dann verblüfft fest: «Du hast ja gar nichts machen lassen!»

Und das war nicht als Kompliment gemeint.

Es klang, als hätte ich das digitale Zeitalter verpennt, als würde ich meine Nachrichten noch mit der Postkutsche verschicken und meine Haut mit Wollfett und Kernseife pflegen.

Tina erzählte: «Kaum eine Frau in meinem Freundeskreis ist noch unbehandelt. Botox ist wie Facebook: Wenn du nicht mitmachst, bist du Außenseiter. Man kann das scheiße finden, es ändert aber nichts an der Tatsache.»

Sind die Zeiten vorbei, in denen die Zeit noch ungestraft Zeichen hinterlassen durfte?

Tina verzog während des ganzen Abends keine Miene. Konnte sie auch nicht. Zu viel Botox. Unnötig aus meiner Sicht, denn die Falten in den Gesichtern und die Pfunde auf den Hüften anderer betrachte ich mit größtem Wohlwollen. Die Falten der Menschen, die ich liebe, stören mich nicht. Ganz im Gegenteil, sie sind für mich freundliche Hinweise auf die ins Land gehende Zeit, von der wir einen Teil gemeinsam verbringen dürfen.

Ich hänge beispielsweise sehr an Veras Hamsterbäckchen.

Und ich nehme es ihr übel, dass sie derzeit überlegt, gegen sie gewaltsam vorzugehen, schließlich bin ich eine Zeitzeugin und konnte im Laufe vieler, vieler Jahre das allmähliche Erschlaffen ihrer Wangen interessiert und freundlich mit verfolgen.

Vera sagte mir, bevor sie letzten Monat Erkundigungen über eine neuartige Methode der Gesichtsstraffung durch gezielte Kältereize einzog: «Ich habe ja nichts gegen Leute, die sich so akzeptieren, wie sie sind. Schön für die. Aber Gene sind gemein. Und ich hab meine von meiner Oma. Du erinnerst dich sicher, dass sie bereits mit fünfzig aussah wie eine Sultanine. Schönheit ist ungerecht verteilt, und es sagt sich leicht, man solle gefälligst in Würde alt werden, wenn du nicht über deine Tränensäcke stolperst. Altern ist ein Skandal. Ich will nicht aussehen wie ein depressives Nagetier.»

«Also mich stören deine Hamsterbäckchen überhaupt nicht...»

«Sei still. Ich will das Wort Hamsterbäckchen nie wieder hören. Und was mich stört und was nicht, bestimme ich immer noch selbst. Diese beiden Gesichtslappen müssen weg, koste es, was es wolle, und wenn ich mir dafür mein Erbe vorzeitig auszahlen lassen muss.»

Im Kreis meiner Freundinnen, diesem großartigen und mit sich hadernden Weiberhaufen, befinden sich mittlerweile fünf Paar künstlicher Brüste, zwei Paar entschlupfter Lider und eine stetig wachsende Zahl lahmgelegter oder aufgefüllter Falten.

Frauen haben immer was zu meckern. Zum Glück.

Ich liebe sie für ihre Unzufriedenheit und für ihre Zweifel und für ihren Drang, sich zu hinterfragen, und ihren Wunsch nach Veränderung. Vielleicht ist es das, was Detlef Romeike meint, wenn er sagt, dass er Frauen für mutiger hält als Männer.

«Ihr dürft niemals aufgeben», sagt er jetzt und schärft uns ein, laut «Hey!» zu schreien, wenn jemand unsere individuelle Nähegrenze übertritt.

Schon ihre Stimme zu erheben ist für die meisten Frauen ungewohnt und schwierig. Da bilde ich jedoch eine Ausnahme, ich habe schließlich nicht umsonst zwei Söhne, die immer dann besonders schlecht hören, wenn es ums Aufräumen oder Zähneputzen geht.

Ich lerne in den folgenden anderthalb Tagen, dass man bei Raubüberfällen niemals um Wertsachen kämpfen darf und dem Täter am besten das Portemonnaie schräg vor die Füße wirft, um Abstand zu halten und den heiklen Moment der Übergabe zu entspannen.

Ich erfahre, dass es Quatsch ist, mit der Faust zuzuschlagen, weil Fäuste wie Knautschzonen sind und Knöchel an Schädelknochen zerbrechen, als seien sie aus morschem Holz.

«Flache Hand und dann mit dem Handballen zuschlagen – so richtet ihr Schaden in einem Gesicht an», sagt Detlef. «Eure Finger taugen dazu, ein Gesicht zu schreddern. Mit der Faust geht das nicht.»

Hoden seien grundsätzlich ein lohnenswertes Ziel. «Reinschlagen, greifen, drehen, ziehen: in dieser Reihenfolge.» Auch Finger seien empfindlich und leicht zu brechen, indem man sie entschlossen in die Richtung biegt, in der sie sich üblicherweise nicht bewegen. «Erst brechen, dann kurbeln.»

Detlef wendet sich an mich: «Wir sind ja schon ein eingespieltes Team. Ich demonstriere das mal ganz vorsichtig.»

Nanosekunden später liege ich mal wieder am Boden und flehe um Gnade und die Unversehrtheit meiner Finger.

«Wenn gar nichts mehr geht», sagt Detlef, «dann beißt zu. Dabei gilt ein Satz meiner Oma: Nie mehr in den Mund nehmen, als man runterschlucken kann. Versucht, kleine Stücke aus dem Körper des Gegners rauszubeißen. Oberlippe, Wange und Augenbrauen sind schmerzempfindliche Primärziele. Wenn ihr versucht, dem Angreifer den Kehlkopf durchzubeißen, löst ihr bei ihm einen Schockreflex aus.»

Klingt plausibel. Bei mir allerdings auch.

Bis gestern rechnete ich noch mit nichts Bösem, und jetzt übe ich mich in der Kunst des Augapfel-Entfernens: «Mit aller Kraft den Daumennagel direkt neben der Nasenwurzel reindrücken und dann ruckartig nach außen ziehen.»

Ob Selbstverteidigung oder Selbstverwirklichung: Es geht immer um das Jetzt, die Konzentration auf den Augenblick.

Multitasking ist ein blödsinniges Märchen, eine moderne Form der Schwindsucht.

Mehrere Dinge gleichzeitig machen heißt nichts richtig machen.

Es heißt, telefonierend in den Keller zu gehen und dann nicht mehr zu wissen, was man da eigentlich wollte.

Es heißt, beim *Tatort*-Gucken im Internet nach Fußmatten zu suchen und um 21 Uhr 45 nicht zu wissen, wer eigentlich der Mörder war. Und statt einer Fußmatte hast du zwei Jeans bestellt, vermutlich in der falschen Größe.

Für Detlef Romeike, den *Starkmacher*, ist Multitasking der größte Schwachmacher. «Schaut euch die jungen Leute an. Sie gehen ohne Körperspannung, starren auf ihr Handy oder schirmen sich mit Kopfhörern von ihrer Umwelt ab. Sie sind immer abgelenkt. So sehen Opfer aus!»

Ablenkung ist ein Fluch. Was einem als bunter Strauß wunderbarer Möglichkeiten verkauft wird, ist in Wirklichkeit eine energieraubende Totalüberforderung, die uns zu umherirrenden Halbidioten macht.

In der Psychologie hat das einen Namen, wenn man gedanklich nicht bei der Sache ist: Mind-wandering.

Und der umherwandernde Geist ist kein guter Geist, so viel ist schon mal klar.

An der Universität Harvard wurde unlängst ein Experiment durchgeführt. Fünftausend Menschen aus aller Herren Länder wurden gleichzeitig per Smartphone gefragt, was sie gerade täten, wie es ihnen dabei ginge und ob sie dabei an etwas anderes denken würden.

Fast die Hälfte der Befragten war nicht bei der Sache und dabei deutlich unglücklicher als die Testpersonen, die sich voll auf den Moment konzentriert hatten.

«Für die Fähigkeit, über das nachzudenken, was gerade nicht passiert, zahlen wir einen hohen Preis», schreiben die Harvard-Leute.

Ablenkung macht nicht nur blöd und schutzlos, sondern auch noch unglücklich.

Wir leben im Zeitalter der Ablenkung, und ich finde, ich lebe jetzt lange genug, um mich ab und zu nach den alten Zeiten sehnen zu dürfen.

Früher: Als ich es noch spielend aushielt, unerreichbar zu sein, und das Telefon nur dreimal am Tag klingelte und ich mein Buch an einem Stück durchlas, ohne einmal aufzublicken.

Als ich Begriffe noch im Lexikon nachschlug. Im *Brockhaus*. Vierundzwanzig Bände im glänzend blauen Einband, die in meinem Elternhaus ein eigenes Bücherregal hatten.

Früher, als ich die Telefonnummern der Eltern meiner fünf besten Freundinnen auswendig wusste und ihre Adressen, an die ich Postkarten schrieb aus den Ferien, die damals endlos waren.

Früher, als ich Texte mit der Hand oder der Schreibmaschine schrieb und jedes Wort mit großer Achtsamkeit auswählte, um den Einsatz von Tipp-Ex und Tintenkiller zu vermeiden.

Früher, als ich Stunden in Plattenläden verbrachte, als ich Musik aus dem Radio mit einem Kassettenrekorder aufnahm, als ich Filme zum Entwickeln brachte, aufgeregt die Abzüge abholte und achtsam in Alben klebte.

Jetzt bin ich immer erreichbar. Immer online. Solide vernetzt. Meine Fotos sind in der Cloud gespeichert, meine Kontakte auch. Ich bin Stammgast in der digitalen Welt.

Jetzt versuche ich, mich mitten im reißenden Strom von Kurznachrichten, Facebook-Anfragen, Mails, Apps, Clips und Online-Schuhverkäufern über Wasser zu halten.

Schnappe manchmal nach Luft, aber kann mir ein Leben ohne nicht mehr vorstellen.

Und ich denke: Bin ich schon meschugge? Bin ich abhängig?

Und ich hab mal einen gefragt, der's wissen muss, den Netzexperten Sascha Lobo. Der hat mir gesagt: «Die Sehnsucht nach dem alten Hirn ist nicht konstruktiv. Wenn man kein Eremit sein will, hat man kaum eine andere Wahl, als das Leben in der digitalen Welt zu lernen. Ob diese abhängig macht? Natürlich. Abhängigkeit ist eine Begleiterscheinung aller Zivilisationsleistungen. Das bemerkt man sofort, wenn die Heizung ausfällt oder das Wasser wegbleibt. Ein Zwanzigjähriger, der nur per Brief zu erreichen ist, schließt sich aus vielen gesellschaftlichen Prozessen aus, ihm entgehen echte Chancen. In den USA werden sehr viele Jobs über Facebook vergeben. Das Internet ist Segen oder Fluch – je nachdem, aus welcher Perspektive man es betrachtet. Es gibt keine simple Antwort auf diese Frage. Seit der Erfindung des Buchdrucks gibt es ein Missverhältnis zwischen Informationsmenge und menschlicher Lebenszeit. Man hat schon immer was verpasst. Und die Beschleunigung wird im Prinzip seit ihrer Erfindung beklagt. Für die geistige Gesundheit ist es wichtig, ab und zu weg vom Getöse zu sein, egal ob online oder offline. Wenn man sich klargemacht hat, dass, genau wie beim Schlaf, zehnmal fünf Minuten hintereinander weniger ist als einmal fünfzig Minuten, dann gibt es zwei Wege aus dem Dilemma: Der eine ist, ignorieren zu lernen.»

«Gibt es eventuell noch einen anderen Weg?», hatte ich vorsichtig gefragt und gleichzeitig auf die gerade eingetroffene Mail eines international tätigen Modeversands geschielt: «Ildikó, see what's new for you this Friday!»

Sascha Lobo sagte: «Einige Menschen scheinen von Natur aus zu ablenkbar, als dass sie es je schaffen würden. Sie müssen alle potenziellen Störquellen eliminieren. Den Browser ausmachen. Am besten das Internet lahmlegen. Handy aus, Tür zu, alle anderen Computerprogramme abschalten. Du musst dich fühlen wie im Boxring: nur der Gegner Arbeit und du.»

Ich ziehe mich zum Arbeiten mittlerweile gezielt an Orte zurück, an denen ich keinen Internet-Anschluss habe. Und wenn das nicht möglich ist, benutze ich ein Programm, das bezeichnenderweise Freedom heißt und das mich für eine von mir bestimmte Zeit vom World Wide Web abkoppelt.

Freiheit ist immer jetzt.

Arbeiten, Meditieren, einen Lidstrich ziehen, einen Schlag abwehren, das geht nur gut mit einem anwesenden, fokussierten Geist.

Detlef Romeike sagt, dass Konzentration überlebenswichtig ist. Konzentration und Angst. «Angst haben heißt, bereit sein für Angriff oder Flucht. Mir hat es Angst gemacht, als ich keine Angst mehr hatte.»

Nach dem Selbstschutz-Seminar gehe ich zurück zu meinem Auto.

Meine Schultern sind womöglich etwas breiter geworden, meine Haltung aufrechter.

Die Welt ist in den letzten zwei Tagen gefährlicher geworden.

Aber ich auch.

Und mir möchte ich jetzt auch nicht mehr unbedingt im Dunkeln begegnen.

23. März

VOR DEM FRÜHSTÜCK: **Aufstehen. Wiegen. Allmählich bekomme ich ein Gewicht, das sich zu halten lohnt. Meditieren. Kraft sammeln. Was steht heute an? Mein Mann ist in München, heute bin ich alleinerziehend. Den Terminkalender im Hirn aufschlagen, den Tag takten und innerlich Anlauf nehmen.**

FRÜHSTÜCK (GLUTENFREI): **Zweihundertfünfzig Milliliter Wasser zum Kochen bringen, eine Prise Salz und drei Esslöffel grob gemahlenes Maismehl hinzugeben, aufkochen und anschließend ein paar Minuten ziehen lassen. Einen**

Schuss Leinöl, Honig und nach Belieben Goji-Beeren, Birnenstückchen und geröstete Walnüsse untermischen. Ergibt einen Wohlfühl-Brei, der Körper und Gemüt wärmt, bei dem man automatisch lächeln muss und sich wie ein gut behütetes Kleinkind fühlt.

7 Uhr 30
Okay, es kann losgehen: «Kinder, aufstehen! Der Tag beginnt!»

Aber dann kommt alles ganz anders.

Als ich unsere Söhne wecke, schauen sie mich aus glasigen Augen an. Kopfschmerzen, glühende Stirn, beide haben neununddreißig Fieber, klassische Frühjahrserkältung. Sie sind nicht schlimm krank, aber zu angeschlagen, um in Schule und Kindergarten zu gehen.

Und in diesem Moment fällt der Tag aus dem Takt, drosselt das Tempo und zwingt mich zur Ruhe.

Kranke Kinder sind wie ein Schneesturm, der dich auf einer Hütte überrascht und am Weiterwandern hindert. Jetzt musst du bleiben, ob du willst oder nicht. Die Entscheidung wurde über deinen Kopf hinweg getroffen, und es gibt nichts weiter zu tun, als zu warten, bis der Sturm vorüber ist, und dafür zu sorgen, dass bis dahin alle Beteiligten warme Füße und immer genug heißen Tee haben.

Ich mag diese erzwungene Verlangsamung, und ich mag es, für eine kurze Zeit aus dem Alltag zu fallen.

Ich sage alle Termine ab und packe meine Söhne mit Büchern, Kuscheltieren, Wärmflaschen und Plumeaus aufs Sofa im Wohnzimmer.

Meine kranken Jungs liebe ich ganz besonders. Zum einen, weil sie ab neununddreißig Fieber sehr schön ruhig, anlehnungsbedürftig und pflegeleicht sind, und zum anderen, weil sich alles ohne Diskussion nur um sie dreht und die Welt da draußen mit ihren Anforderungen schlagartig keine Rolle mehr spielt.

Das erinnert mich an die Stillzeit nach der Geburt. Das gute halbe Jahr, in dem ich vollkommen dem Hungergefühl eines anderen Menschen unterworfen war, eine Zeit, in der sich so viele Fragen einfach nicht stellten, weil sie jemand anderer längst beantwortet hatte.

Es gab keine Sinnkrisen, keine Diätkrisen, keine Schaffenskrisen in diesem Mutter-Baby-Kokon. Nur Muttermilch, Mutterliebe, winzige Windelchen und unermesslich viele Feuchttücher.

Die Nächte waren manchmal anstrengend, und ein Maxi-Cosi schleppt sich auch nicht von selbst in den dritten Stock.

Aber das Leben war einfach und klar. So wie heute.

Ein ganzer Tag im Schlafanzug, Fieber messen, Hühnersuppe kochen, nachmittags *Elliot das Schmunzelmonster* gucken, einen Knopf annähen, eine Geschichte erzählen, in der Küche klappern – und dabei noch ganz genau wissen, wie schön es war, als die eigene Mutter in der Küche geklappert hat und man Fieber hatte und einen Frotteepyjama trug.

Beruhigende Geräusche machen ist genauso schön wie beruhigende Geräusche hören.

25. März

6 Uhr 15

Aufstehen. Meditieren. Kraft sammeln. Was steht heute an? Die Kinder sind wieder gesund. Kein Grund mehr, die Welt auszusperren. Die Schonzeit ist vorbei.

Früher waren die Sonntage Ruhetage. So, als hätten alle Fieber. Und wenn dann noch das Wetter schlecht war, gab es überhaupt keinen Grund mehr, aus dem Haus zu gehen.

Vielleicht sollten wir wenigstens einen Ruhe-Sonntag im Monat einführen. Uns Erholung und Muße verordnen wie ein Medikament oder ein Nahrungsergänzungsmittel, das den Organismus beruhigt und das Tempo drosselt.

Es ist Sonntag, und wir tun so, als seien wir krank!

Wir ziehen die Vorhänge zu und stellen uns vor, es würde draußen in Strömen regnen.

Wir schalten die Handys aus, wir decken die Uhren und Bildschirme mit bunten Tüchern ab, und wir räumen auf gar keinen Fall auf!

Wir leben in den Tag hinein. Wir schlafen, bis wir aufwachen, und wir essen, wenn wir Hunger haben.

Wir könnten gegen siebzehn Uhr ein zweites Frühstück einlegen oder um acht Uhr morgens Spaghetti kochen. Wir könnten mit Socken duschen, Scharade spielen oder Verstecken oder Klingelmäuschen.

Und wir könnten eine Weile lang nichts tun oder versuchen, uns gegenseitig zu malen oder ein Kartenhaus zu bauen. Wir könnten Quatsch machen.

Wenn uns jemand besuchen kommen will, soll er einfach klingeln oder ans Fenster klopfen. Vielleicht machen wir auf. Vielleicht machen wir aber auch gerade mitten am Tag ein Nickerchen oder sitzen alle zusammen in der Badewanne.

Heute ist den ganzen Tag Feierabend!

Zeit, endlich unnütze Dinge ohne schlechtes Gewissen zu tun.

Ich liebe es zum Beispiel, Bücher zu lesen, die ich bereits kenne, Lieder zu hören, die ich schon als Teenager hörte, und Filme anzuschauen, deren Dialoge ich streckenweise auswendig mitsprechen kann.

Aber ich tue das fast nie. Weil es so ineffektiv ist, weil es nichts bringt, keinen Zugewinn an Erkenntnis, keine frischen Inspirationen. Weil auf meinem Schreibtisch immer mindestens drei ungelesene superkluge Sachbücher liegen und weil man ja bei Netflix jederzeit die neue Folge der angesagtesten BBC-Serie runterladen kann und weil das Internet ja auch niemals Pause macht und es so viel Neues zu entdecken gibt.

Zum elften Mal *Tatsächlich Liebe* gucken oder *Mary Poppins* oder *Der Wachsblumenstrauß*?

Uralte Gefühle wiederbeleben, längst versiegten Liebeskummer heraufbeschwören oder das unbemerkte, unerhörte Glück, ein verliebter Teenager zu sein mit neuen Turnschuhen und ohne Hausaufgaben.

Meine Playlist *Lange her* ist für mich der direkte Link in tiefste Sentimentalität und allerherrlichste Traurigkeit.

Hier eine willkürliche Auswahl an Liedern, deren erste Takte mich zuverlässig in meine Vergangenheit entführen:

Bring on the night – The Police

Ain't nobody – Chaka Khan

Der Anfang vom Ende – Nena

Your song – Al Jarreau

The look of love – ABC

Horizont – Udo Lindenberg

It's my life – Talk Talk

Boys don't cry – The Cure

Just can't get enough – Depeche Mode

Big in Japan – Alphaville

Aber mir fehlt die Muße und mehr noch der Mut für bekannte Filme, zerlesene Bücher und altvertraute Musik.

Meine Freizeit ist viel zu kostbar, um sie mit Wiederholungen zu verschwenden. Es heißt doch immer, dass das wahre, das gute, das erfüllte Leben jenseits der Komfortzonen stattfände.

Wie soll ich dann mit reinem Gewissen und einer Packung Toffifee auf dem Sofa liegen und *Sissi – Schicksalsjahre einer Kaiserin* anschauen? Oder im Bett Erdnussflips aus der Tüte essen, Limo aus der Dose trinken und dazu *Homo Faber* lesen oder, selbstverständlich weit über Zimmerlautsärke, *I like Chopin* von Gazebo hören? (Ein zugegeben völlig missratenes Lied, das mich aber an einen Sommer in Ungarn erinnert, in dem ich, ich muss ungefähr vierzehn gewesen sein, von einem sehr hübschen Jungen aus Bayern am Strand von Vonyarcvashegy geküsst wurde. Mein erster richtiger Kuss! Er hieß Uli und war auf einer Fahrradtour, und wir haben uns nie wieder gesehen, und ich möchte ihn an dieser Stelle herzlich grüßen!)

Aber zurück zum Thema, was soll das pathetische Kramen in Erinnerungen bringen? Komfortabler und verwerflicher im Sinne der effektiven Lebenserfüllung geht es ja wohl nicht.

Meine Freizeit benutze ich vorwiegend dazu, das zu erledigen, wozu ich während der Zeit, die keine Freizeit ist, nicht gekommen bin.

Und so geschieht es, dass ich, statt das zu tun, was ich wirklich gern täte, viel zu oft das tue, was ich meine, tun zu müssen.

Der Autor Ulrich Renz schreibt mir aus der Seele in seinem Buch *Die Tyrannei der Arbeit*: «Was ist aus unserer Freizeit geworden? Sie hat ihre Grenzen verloren, genau wie die Arbeit ... Doch bei alldem ist unsere Zeit so begrenzt wie eh und je. Während die Informationsmöglichkeiten explodiert sind, ist die Menge an Aufmerksamkeit, die wir den auf uns einprasselnden Informationen widmen können, nicht gewachsen. So ist unsere Freizeit immer mehr unter Druck geraten, sie ist zum Gegenteil von freier Zeit geworden: Zeit, die wir nutzen müssen, besser einteilen, effektiver managen. Die freie Zeit ist letztlich vom Prinzip Arbeit kolonialisiert worden und fühlt sich entsprechend an. Ob wir wollen oder nicht – wir sind zu Geschäftsführern unserer Freizeit geworden.»

Ich bin wild entschlossen, Zeit zu verschwenden!

Wann hätte ich denn mal Zeit dafür?

Wann wäre der nächstmögliche Ruhe-Sonntag?

Mehrere Blicke in meinen Kalender, ich kann es zunächst kaum glauben, bestätigen mir: Wenn nichts dazwischenkommt, dann ist der nächste Sonntag, an dem wir nicht verreist oder eingeladen sind, keine Gäste erwarten oder mein Mann oder ich arbeiten müssen, der vierzehnte Juni.

Das ist in drei Monaten!

Der Termin ist fest eingetragen.

Aber als Geschäftsführerin meiner Freizeit müsste ich mich in diesem Moment fristlos entlassen.

26. März

Heute, passend zum Thema Freizeit, in *Die Kunst frei zu sein* von Tom Hodgkinson gelesen: «Ich habe eine Tendenz, zu viel in einen Tag hineinzustopfen, und das ist fraglos ein Fehler. Sei realistisch. Fordere dir nicht zu viel ab. Tu weniger. Gib dir Spielraum. Reduziere deine geplanten Besuche und Treffen auf ein absolutes Minimum, damit du Platz für die angenehmeren, positiven Dinge hast, die ‹sich von ganz allein ereignen›. Wenn du zulässt, dass sich Dinge ereignen, dann wird dein Leben erfüllter. Wer sagt, ihm fehle die Zeit, etwas zu tun, meint in Wirklichkeit: ‹Ich habe andere Prioritäten gesetzt.› ... Lass die Dinge geschehen, und sie werden geschehen.»

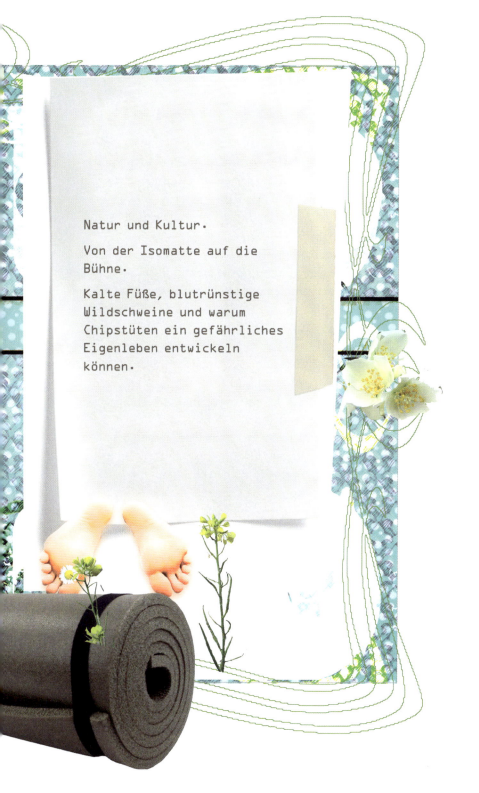

Natur und Kultur.

Von der Isomatte auf die Bühne.

Kalte Füße, blutrünstige Wildschweine und warum Chipstüten ein gefährliches Eigenleben entwickeln können.

16. April

ORT: Globetrotter, Filiale Hamburg-Barmbek, Outdoor-Equipment auf viertausend Quadratmetern mit hundertvierzig Ausrüstungsexperten vor Ort und mehr als fünfunddreißigtausend Ausrüstungsideen.
STIMMUNG: Skeptische Mischung aus Vorfreude und blanker Panik.
GEWICHT: Hoffentlich ist meine Fettschicht noch dick genug, um mich während der empfindlich kalten Nächte wohlig zu umhüllen und vor Unterkühlung zu schützen.
KOMPETENZ BEI DEM, WAS ICH GERADE MACHE UND AM WOCHENENDE VORHABE: Null.

Ich kann mich nicht erinnern, wann ich mir das letzte Mal bequeme und wetterfeste Schuhe gekauft habe.

Üblicherweise verlasse ich das Haus nicht, wenn ich die Witterung für ungeeignet halte.

Spazieren tue ich nicht. Wenn ich gehe, dann irgendwo hin.

Sport mache ich natürlich in Turnschuhen. Im Schwimmbad und am Strand bewege ich mich in Flip-Flops fort.

Ich bin es gewohnt, auch weitere Strecken mit relativ hohen Absätzen zurückzulegen. Zu Hause trage ich Pantoffeln, die ihren Namen verdienen, denn sie sehen so pantoffelig und gestrig aus, dass mein Mann nicht möchte, dass ich sie, für jedermann sichtbar, im Hausflur stehen lasse.

Jetzt stehe ich in meinen Fünf-Zentimeter-Stiefeletten, die bei mir durchaus als bequemes Schuhwerk durchgehen, vor einem sehr großen Regal mit Trekking-Stiefeln.

Meine Kinder erkunden derweil den Kanu-Paternoster, die Kletterwand und die Ameisenkolonie. In der Kältekammer waren wir schon. Darin war es erwartungsgemäß kalt, was mich daran erinnerte, dass für das kommende Wochenende nachts Temperaturen nur knapp oberhalb des Gefrierpunktes angekündigt sind.

Das sind nicht die günstigsten Bedingungen für meinen *Wildnisleben Basiskurs – Leben in der Wildnis für Erwachsene*, den ich gebucht habe.

Morgen Abend geht es los. Passenderweise in Wildeshausen. Irgendwo in der Wildnis in der Nähe von Bremen.

Jetzt, wo ich etwas beklommen auf die Ausrüstungsliste in meinen Händen und das überwältigende Schuhregal vor mir blicke, muss ich mir mühsam in Erinnerung rufen, warum ich das erfüllte Leben mit Taschenlampe, Messer und Beil in Wildeshausen suchen gehe.

Weil das Glück immer mit der Nähe zur Natur einherzugehen scheint. Die unzähligen Aufsätze über Freude, Erfüllung, die Suche nach dem Lebenssinn und dem Kern der Zufriedenheit, die ich gelesen habe, waren fast ausnahmslos mit Naturfotos bebildert: blühende Wiesen, kristallklare Bäche, Bäume, Felder, Blumen, Holzhütten, schneebedeckte Tannen, Meer und Sonne, Himmel und Sterne.

Und die Bilder, die wir beim Meditieren vor unserem inneren Auge entstehen lassen, sind niemals die von gleichmäßig rauschenden Schnellstraßen oder überfüllten Kaufhäusern, sondern immer die von gleichmäßig rauschenden Flüssen und summenden Bienen über üppigen Wiesen.

Die tief empfundene Einheit von innerer Balance und ruhiger Freude liegt, da sind sich alle Glücksuchenden einig, in der Verbundenheit mit ursprünglicher Natur.

Sich an einen Baum lehnen. Wind im Gesicht. Wellen auf der Haut. Erde oder Sand unter den nackten Füßen.

Und obschon ich ein Leben ohne Gummistiefel führe, schlummert auch in mir eine tiefe Sehnsucht nach Natur, und wenn ich mich mir selbst als glücklichen Menschen vorstelle, dann sehe ich mich meist in einem lichten Laubwald auf einem Pferderücken oder mit den Füßen in einem Bach, auf dem die Sonne glitzert.

Manchmal sehe ich mich allerdings auch vor einem großen Teller Spaghetti bolognese mit Parmesankäse und Gurkensalat im Kreis meiner Liebsten oder, ich erwähnte es bereits, auf dem Sofa zusammen mit altmodischem Knabbergebäck und *Winnetou – Der Schatz im Silbersee*.

«Es ist ein angenehmes Geschäft, die Natur und gleichzeitig sich selbst zu erforschen», hat Goethe behauptet. Und der Mann hat ja meistens recht gehabt.

Und weil er auch mal meinte: «Was immer du tun kannst oder wovon du träumst, fang damit an», fühlte ich mich durchaus ermutigt, meinem kleinen Traum von der großen Wildnis zu folgen.

Außerdem hatte mich der Text der Seminarbeschreibung angesprochen: «Barfuß im Gras, Erde auf der Haut, der Geschmack leckerer Wildkräuter und warmen Brotes in der Glut des Feuers gebacken, die Wärme des Feuers spüren, Schlafen im Tausend-Sterne-Hotel, von der Morgensonne und dem Zwitschern der Vögel geweckt werden. Leben und Sein im Einklang mit der Natur! In diesem Kurs geht es um die Grundfertigkeiten des Lebens in der Wildnis.»

Auf nach Wildeshausen!

«Kann ich Ihnen helfen?», fragt mich ein Ausrüstungsexperte, der sehr naturverbunden aussieht und mich anschaut, als könne er sich nicht vorstellen, dass er mir helfen kann, und als sei ich im falschen Laden gelandet.

Ich blicke auf meine Liste und bemühe mich dann um einen selbstbewussten, Reinhold-Messner-mäßigen Tonfall: «Ich brauche ein Paar knöchelhohe Trekkingschuhe, eine Taschenlampe und Reisegeschirr.»

«Wo soll's denn hingehen?»

«In die Wildnis.»

«Afrika? Australien?»

«Wildeshausen.»

«Wo ist das denn?»

«Bei Bremen.»

16. April

«Glaubst du, Wildschweine fressen verwundete Menschen auf? Ich hab da mal so was gehört», fragt mich eine Stimme aus der undurchdringlichen Dunkelheit.

«Nein, das glaube ich nicht. Wieso, bist du verwundet?», frage ich zurück.

«Nein.»

«Dann kann dir ja nichts passieren.»

Kurz kehrt Stille ein unter der Plane, aus der Vera und ich uns am frühen Abend zwischen zwei Bäumen eine Art Zelt gebaut haben.

Wir waren gegen achtzehn Uhr angereist, und obschon die Wildnisschule nur zwanzig Minuten von Bremen entfernt ist, kam ich mir nach der Fahrt durch Wälder und Wiesen und auf holprigen Wegen bereits vor wie auf einer Expedition ans Ende der Welt.

In einem Waldstück um ein Tipi herum hatten die anderen elf Teilnehmer des *Basiskurses Wildnisleben*, wieder fast ausschließlich Frauen, bereits ihre Zelte aufgebaut oder, je nach Professionalität der Ausrüstung, sich ihre Behausungen gebaut, Stöcke angespitzt, Planen gespannt und versucht, ihre Schlafplätze mit Tannenzweigen ein wenig gegen den scharfen Wind zu schützen.

Ich war unglaublich froh, dass Vera sich spontan bereit erklärt hatte, mitzukommen, denn sie erwies sich als erstaunlich geschickt mit dem Taschenmesser, konnte haltbare Knoten binden und kannte sogar einige der Büsche, die unseren Zeltplatz bevölkerten, mit Namen.

«Ich war mal bei den Pfadfindern», hatte sie zu Jörg, unserem zuständigen Wildnisführer, gesagt, der unbeeindruckt schien und uns darauf hinwies, dass wir unser Planenlager mit dem Eingang direkt in Windrichtung aufgebaut hatten.

Wir entschieden uns daraufhin, neu zu bauen, weil wir es ja

schließlich behaglich haben wollten in unserem Zuhause in der Wildnis.

Von Behagen kann jedoch keine Rede sein.

«Ich glaube, mein Schlafsack ist längst nicht so dick wie vom Hersteller angegeben», mault Vera.

«Deiner ist wenigstens lang genug», maule ich zurück. Der Schlafsack meines Sohnes reicht mir bloß bis zum Solarplexus.

«Wie konntest du denn auch so blöd sein, den Schlafsack eines Achtjährigen mitzunehmen? Kein Wunder, dass du in dem dünnen, winzigen Teil frierst. Es sind zwei Grad draußen.»

«Meine Füße sind so kalt, dass sie weh tun.»

«Sei froh. Meine sind schon taub. Außerdem darfst du nicht meckern, denn du bist schuld. Nur weil du das Glück suchst, ist mir jetzt kalt. In welchem deiner Ratgeber hast du denn gelesen, dass erfrorene Zehen zu einem erfüllten Leben gehören?»

«Die Menschen sehnen sich nach Naturerfahrungen. Was glaubst du denn, warum alle Sonntagsausflüge aufs Land machen?»

«Also ich empfinde es nicht als seligmachende Begegnung mit ursprünglicher Natur, wenn ich zwei Stunden im Stau stehe, um dann in Travemünde einmal am Strand auf und ab zu gehen. Und die Alster ist keine Natur, sondern ein Laufsteg für Kaninchenfelljacken, Golden Retriever und Bugaboo-Kinderwagen.»

«Eben. Deswegen sind wir ja auch hier. Kein Kinderwagen weit und breit.»

Das Schweigen, das sich zwischen uns legt wie eine dritte, unwillkommene Person, macht mir mehr Angst als die Kälte oder die Dunkelheit oder das verdächtige Krabbeln auf meinem Gesicht, auf dem anscheinend mehrere Spinnen Fangen spielen.

Ich habe Angst, dass Vera einschläft und mich alleine lässt mit meinen Füßen, von denen ich mir nicht vorstellen kann, dass sie in diesem Leben jemals wieder warm werden, und mit der Nacht, die gerade erst begonnen hat und sich endlos vor mir ausbreitet wie ein riesiges, schwarzes Loch.

Ich frage mich jetzt doch, ob ein Sonntagnachmittags-Spaziergang an der Ostsee nicht gereicht hätte, und die Elbe hat ja, selbst im Hamburger Stadtgebiet, einige recht ursprüngliche Uferbereiche zu bieten.

Täusche ich mich, oder werden Veras Atemzüge tatsächlich langsam ruhiger? Hastig zwinge ich meiner Freundin die Fortsetzung unseres Gesprächs auf. Bloß kein Schlaf!

«Vera? Vielen Dank, dass du mitgekommen bist. Ich weiß das wirklich zu schätzen.»

«Ich hab es mir ehrlich gesagt nicht so schlimm vorgestellt. Kannst du mal leuchten? Ich muss mir noch einen Pullover anziehen.»

Dankbar, dass ich einen Grund habe, meine neue Taschenlampe noch mal anzumachen, setze ich mich auf. Die Plane berührt mein Gesicht, eine Spinne sucht in meinem Kragen Schutz, Vera schält sich aus diversen isolierenden Schichten heraus, meine Füße krampfen vor Kälte, und die Isomatte unter mir ist so schmal, dass ich bei jeder Drehung auf dem Waldboden lande.

Vera war mit ihrer ausklappbaren Liege angereist, was ihr bei den anderen Teilnehmerinnen einige abwertende Blicke eingebracht hatte.

«Naturnah heißt nicht automatisch bodennah», hatte sie selbstbewusst verkündet, als sie ihr Bett unter die Plane geschoben hatte. Mittlerweile beneidete ich sie um ihre pragmatische Einstellung, mit der sie sich über die Gepflogenheiten der Wildnisschule hinweggesetzt hatte.

Meine Ausrüstung war zweifellos in weiten Teilen ungeeignet und bis auf meine neuen Trekkingschuhe, das Outdoor-Geschirr, das Taschenmesser meines Sohnes und die Taschenlampe auf keinen Fall weiterzuempfehlen.

Der Schlafsack scheint die Kälte nicht abzuweisen, sondern zu speichern, und ich komme mir vor wie Gefriergemüse in einer Kühltasche.

«Leuchte bitte mal auf meine Füße, ich will nachsehen, ob die überhaupt noch da sind», sagt Vera, die in ihren fünf Pullovern und drei Hosen aussieht wie eine gigantische Zwiebel.

«Ich habe ja früher oft gezeltet», sagt sie und zieht sich ein drittes Paar Socken an, «im Sommer, in Italien. Da konntest du unter freiem Himmel schlafen, so warm war das.» Der Vorwurf in ihrer Stimme entgeht mir nicht.

«Durch Extremerfahrungen fühlen wir uns wieder lebendig», sage ich. Meine Zähne klappern, und ich finde auch, dass ich mich anhöre wie ein sprechender Abreißkalender aus der Apotheke.

Vera zieht sich kommentarlos in ihr Schichtsystem zurück. Die diversen Decken ragen wie ein Baumkuchen über ihr auf.

«Denk daran, Ildikó», sagt sie streng, «du darfst auf keinen Fall heimlich Schokolade oder Chips essen. Ich habe keine Lust, morgen früh in einem Insektarium aufzuwachen. Auf diese Art der Extremerfahrung kann ich verzichten.»

Ich brumme eine Art Zustimmung. Meine gesamte Notration an Erdnussriegeln und Reiswaffeln hatte ich in einem Akt stummer Verzweiflung bereits kurz nach dem Abendessen im Tipi aufgegessen, als Vera sich gerade am Freiluftwaschbecken die Zähne geputzt hatte.

Das Stanniolpapier hatte ich gewissenhaft beseitigt, denn auch mir war die Geschichte, die unser Wildnisführer Jörg am Abend am Lagerfeuer erzählt hatte, eindrucksvoll in Erinnerung geblieben.

Die Schreie eines Mädchens hatten im letzten Jahr das ganze Camp aufgeschreckt. Sie war mit einem Schokoriegel im Arm eingeschlafen und mitten in der Nacht als Teil einer umfangreichen Ameisenstraße, die sich über ihr Gesicht in ihren Schlafsack zog, wieder aufgewacht.

Ein anderer Wildnisschüler war nachts auf dem Weg zum Klo von einer Chipstüte angegriffen und beinahe zu Tode erschreckt worden. Ein bedauernswerter Igel hatte sich auf der Suche nach einem Mitternachtssnack in der Tüte verfangen und war panisch und orientierungslos losgerannt.

«Ich bin fertig», sagt Vera. «Mehr kann ich mir jetzt nicht mehr anziehen.» Sie dreht sich von mir weg. Ihr Rücken: ein einziger stummer Vorwurf.

Widerwillig schalte ich die Taschenlampe aus. Es scheint schlagartig noch etwas kälter zu werden. Und jetzt murmelt Vera die Worte, auf die ich die ganze Zeit ängstlich gewartet habe: «Gute Nacht.»

Es wird keine gute Nacht.

Es wird in erster Linie eine kalte und sehr, sehr lange Nacht.

18. April

0 Uhr 30
Es ist erst halb eins!

0 Uhr 45
Viertel vor eins? Das ist doch nicht möglich!

0 Uhr 45
Immer noch Viertel vor eins? Uhr kaputt?

1 Uhr 22
Und wenn ich mich zu meinem Auto schleiche und mir heimlich mit Hilfe der Standheizung die Füße aufwärme?

Warme Füße! Wie fühlt sich das noch mal an?

Ein unvorstellbarer Luxus.

1 Uhr 25

Standheizung. Standheizung. Standheizung.

Wie die Phantasien eines Verdurstenden um das Wasser drehen sich meine um gut durchblutete Füße.

Aber der Motor meines Autos wäre natürlich im ganzen Camp zu hören. Und die Abgase würden womöglich direkt unter die Zeltplane von Kirsten ziehen, die übellaunige Angestellte eines mittelständischen Betriebes, die in der Runde am Lagerfeuer erzählt hatte, sie sei hier, um sich selbst mal wieder so richtig zu spüren.

Währenddessen hatte ich gelangweilt an meiner neuen Taschenlampe rumgespielt und der Kirsten versehentlich ins Gesicht geleuchtet. Da war aber die Hölle los gewesen.

Ob ich mich nicht vorher mit meiner Ausrüstung hätte vertraut machen können, zeterte sie los. Die gewissenhafte Vorbereitung gehöre schließlich zu so einem Aufenthalt in der freien Natur dazu. Und ihr, Kirsten, sei auch schon eben beim Spüldienst aufgefallen, dass Vera und ich das Spülmittel zunächst in das für die Trocknung des Geschirrs vorgesehene Becken gegeben hätten.

Da war meine Stimmung, trotz Feuerschein, Tipizelt und Indianer-Romantik, schon mal auf dem Nullpunkt gewesen, und ich hatte Vera grimmig zugeraunt, dass ich an Kirstens Stelle alles dafür tun würde, um mich nicht mal wieder so richtig selbst zu spüren.

1 Uhr 35

Ich spüre mich selbst leider sehr. Besonders meine Schultern, die mit der Isomatte als Schlafunterlage ganz offensichtlich nicht einverstanden sind.

Ich versuche zu meditieren, muss mir aber nach wenigen Minuten eingestehen, dass die Konzentration aufs Hier und Jetzt seine Schwächen birgt, wenn das Hier und Jetzt wirklich so richtig scheiße ist.

2 Uhr 30
Immerhin befinde ich mich nicht in meiner Komfortzone. Und das regelmäßige Verlassen derselben scheint ja unheimlich wichtig zu sein, wenn man im Leben vorankommen und beim Sterben nicht das Gefühl haben will, zu viel verpasst zu haben. Meine Diskomfortzone beginnt ja im Grunde genommen direkt vor meiner Haustür. Ich muss nicht in die Wildnis fahren, um mich unwohl zu fühlen. Bei mir reicht zum Beispiel ein ganz normaler Strand aus.

Lange Zeit habe ich mich dafür geschämt, dass ich mich nicht, wie anscheinend alle anderen Menschen auf diesem Planeten, gerne an Stränden aufhalte und noch viel weniger gerne an ihnen herumliege.

Bis ich neulich in dem Roman *Drei auf Reisen* von David Nicholls einem Seelenverwandten begegnete, der genau das über Strände dachte, was ich auch dachte, aber nie zu sagen gewagt hatte: «Strände sind für mich immer schon seit jeher unwirtliche Orte gewesen. Schmutzig, steinig, zu hell zum Lesen, zu heiß und zu unbequem zum Schlafen, mit einem erschreckenden Mangel an Schatten und halbwegs sauberen öffentlichen Toiletten – es sei denn, man zählte das Meer dazu, was zu viele der Badenden tun. An einem vollen Strand hat selbst das blaueste Meerwasser etwas vom Badewasser eines Fremden.»

Seit ich das gelesen hatte, gebe ich freimütig zu, dass ich lieber auf einer Liege am Pool als auf einem Handtuch im Sand liege.

Und seit ich in den seichten Wellen vor Mallorcas Traumstrand Es Trenc mal einer ausgewachsenen Kackwurst begegnet bin, die mich sanft an der Schulter streifte, sind Quallen nicht mehr das Einzige, was ich im Wasser fürchte.

Ich mag es nicht, wenn meine nackten Beine über Untiefen baumeln, aus denen unvermittelt schleimige Meeresbewohner, Plastiktüten oder Kinder auftauchen können. Hier wundere ich mich über den Mangel an Vorstellungskraft einiger dickfelliger

Schwimmer, die sich ohne Anzeichen von Furcht in jede Brühe stürzen und sich offenbar nicht die Mühe machen, sich mal vorzustellen, was für Gefahren prinzipiell auf sie lauern könnten.

Das Blöde am Strand ist ja auch, dass er, selbst wenn man ihn verlassen hat, immer bei dir bleibt. Er folgt dir überall hin, er klebt in deinen Haaren und zwischen deinen Zehen, er versteckt sich in hochgekrempelten Hosenbeinen, Handtüchern und Hautfalten, und abends im Bett liegst du auch noch im Sand.

Ich verlasse also sehr oft meine Komfortzone, ganz einfach weil ich mich viel schneller viel unwohler fühle als andere Leute. Wo bei den meisten noch völlige Entspannung herrscht, hat für mich längst der Horrortrip begonnen.

Höre ich da nicht schon die ersten Vögel zwitschern?

Sehe ich zwischen den Zeltplanen nicht den Morgen grauen?

Ob meine Taschenlampe noch funktioniert?

Wie spät es wohl mittlerweile ist?

2 Uhr 53

Kein Vogel zwitschert, kein Morgen graut. Es ist grauenvoll.

3 Uhr 15

Ich bleibe hier. Und wenn es nur ist, damit ich am Sonntagabend von meiner Nacht im selbstgebauten Zelt erzählen kann. Das, was mir jetzt unerträglich erscheint, ist schon morgen eine gute Anekdote.

3 Uhr 16

Andererseits ist die Geschichte, wie ich von der Isomatte auf die Rückbank meines Autos umzog und die Wildnisschule mit Dieselabgasen verpestete, eigentlich auch nicht schlecht.

Aufgeben kann doch viel spannender sein als durchhalten. Und im Auto habe ich schließlich ebenfalls noch nie geschlafen, und richtig bequem ist das ja auch nicht.

Vera schnarcht, und meine Schulter lässt anfragen, wozu so eine sich selbst aufblasende Isomatte eigentlich gut sein soll, wenn sie nicht isoliert.

3 Uhr 25

Das chinesische Schriftzeichen für Krise besteht aus zwei Zeichen. Das erste bedeutet *Gefahr*, das zweite *Chance*.

Das habe ich im Buch *Mit mehr Selbst zum stabilen Ich!* von Albert Wunsch gelesen. Kluger Mann. Schreibt: «Jedes Meistern einer Krise ist mit dem lohnenden Gewinn einer Zunahme an innerer Stabilität und dem Ausbau eines positiven Selbstkonzeptes verbunden. Dies bedeutet nicht nur mehr Unabhängigkeit von äußeren Faktoren und mehr innere Ruhe, sondern vor allem führt diese Entwicklung zu mehr Zufriedenheit und Lebensqualität.»

Das heißt auf meine konkrete Lage bezogen: Heute frieren. Morgen profitieren.

4 Uhr 45

Kalte Knochen machen aggressiv. Ich bemerke, wie sich mein Zorn gegen die Frauen richtet, die rings um mich im Wald herumliegen und in arktisgeeigneten Schlafsäcken diverse Selbsterfahrungen machen.

Morgen werden wir lernen, wie man ohne Feuerzeug Feuer macht, eine Laubhütte baut und Trinkwasser filtert.

Die Wahrscheinlichkeit, dass eine von uns jemals in eine Situation kommt, in der sie auf steinzeitliche Art und Weise Feuer entzünden oder Wasser filtern muss, halte ich für vernachlässigenswert.

Wir bereiten uns hier auf ein Abenteuer vor, das wir nie erleben werden.

Warum?

Bei mir sind es romantische Erinnerungen, die mich in dieses Wildniscamp geführt haben: Pfeile schnitzen, einen Bogen bauen, mit anderen Kindern im Schneidersitz am Lagerfeuer sitzen und mit heißen Gesichtern Geschichten von Indianern anhören, die keinen Schmerz kannten und Ketten aus schweren Bärenkrallen um den Hals trugen.

Aber hier, ich muss mir das leider eingestehen, mag sich diese Romantik nicht wieder einstellen.

Im Schneidersitz tut mir der Meniskus weh, und die Gesellschaft von naturverbundenen Frauen, die sich selbst durch die Isomatte spüren wollen, behagt mir irgendwie nicht.

Ich habe mich auf vieles und viele eingelassen in den letzten Wochen, und etliche meiner Vorurteile sind enttäuscht worden. Hier aber empfinde ich den Wildnisführer Jörg und die beiden anderen Männer im Kurs als die einzigen Menschen, die die Natur lieben und – ein nicht unwesentlicher Faktor für eine gelungene Beziehung – auch von ihr zurückgeliebt werden.

Ich selbst komme mir auch mit Trekkingschuhen in diesem Camp so fehl am Platze vor wie eine Nonne im Bordell oder ein Fernfahrer in Harvard.

Diese Krise ist selbstgemacht und insofern nur bedingt zum Ausbau meines positiven Selbstkonzeptes geeignet.

Endlich beginnt der Tag, und ich muss mir eingestehen, dass die Natur keinen gesteigerten Wert auf meine Anwesenheit zu legen scheint.

18 Uhr 30

Vera: «Also von mir aus müssen wir hier nicht noch eine Nacht bleiben.»

Ich (innerlich jubilierend, äußerlich unbewegt): «Die Entscheidung überlasse ich ganz dir.»

Wir betrachten die Laubhütte, die wir zwei Stunden lang weitab von unserem ursprünglichen Zeltplatz zusammen mit den anderen aus Ästen, Stämmen, Rinde und trockenem Laub gebaut haben.

Jörg ist zufrieden, und Christian liegt Probe. Er hat sich bereit erklärt, hier zu schlafen.

Kirsten war bereits nach dem Mittagessen abgereist. Sie sei zu einem runden Geburtstag eingeladen, hatte sie plötzlich verkündet, und wolle ihre sozialen Kontakte nicht vernachlässigen.

Sie hatte mir noch einen abfälligen Blick zugeworfen, aber den hatte ich nicht auf mir sitzengelassen, sondern ihr einen fröhlichen Abschiedsgruß zugerufen und ihr versichert, wie sehr ich mich gefreut hätte, sie kennenzulernen.

Das war natürlich gelogen gewesen, aber meine Feinde suche ich mir immer noch selber aus.

Ich gehe mit Vera zurück zur Wildnisschule. Die Abendsonne fällt golden zwischen den Bäumen hindurch, ihre Strahlen funkeln auf dem Bach, der sich hier in einer Senke zu einer natürlichen Badestelle erweitert.

Vielleicht können wir ja doch Freunde werden, Mutter Natur und ich. Auch wenn ich mir im Moment eher eine Fernbeziehung vorstelle.

Hinter einer Gruppe von Tannen kommt unser Zelt zum Vorschein.

Ich sage zu Vera: «Wir haben gelernt, Feuer zu machen, mit einem Kompass umzugehen und eine Hütte zu bauen. Und wir wissen, wie es ist, eine Nacht lang zu frieren. Ich finde, es spricht nichts gegen eine frühzeitige, wohlüberlegte Abreise.»

22 Uhr 45

Ich denke an Wildnisführer Jörg, der bei einer Winterwanderung durch Schweden von einem Schneesturm überrascht wurde, gestürzt war und sich selbst den Unterschenkel wieder einrenken musste, weil er sonst erfroren wäre.

«Es gibt Schafe, und es gibt Tiger», hatte Jörg gesagt, während wir auf einer sonnigen Lichtung versucht hatten, mit zwei Holzstücken und einem Stock Feuer zu erzeugen. «Ab und zu solltet ihr den Tiger in euch wecken und etwas wagen. Es gibt genug Schafe.»

Jörg hatte Zunder verteilt, eine Mischung aus leicht entflammbarer getrockneter Rinde und feinen Pflanzenfasern, und einer von uns war es tatsächlich gelungen, einen Funken zu erzeugen und den Zunder zum Brennen zu bringen. Wir hatten gelacht und applaudiert.

Zeitgleich war auf der Wiese neben uns ein Pärchen entflammt. Es handelte sich offensichtlich um Teilnehmer des Tantra-Kurses, der in dem nahegelegenen Seminarhaus stattfand.

Während es zwischen den beiden zum Äußersten gekommen war und sich etliche nackte Extremitäten begleitet von hörbarer Ekstase in die Luft streckten und sich ineinander verschlangen, hatte ich festgestellt, dass ich weder an Tantra-Sex in freier Natur mit Zuschauern noch an einer Wanderung auf eigene Faust durch das verschneite Schweden interessiert bin.

Ich wäre es gern. Aber ich bin es nicht.

22 Uhr 47

Ich knipse das Licht aus, und ich war noch nie so froh, in meinem eigenen Bett zu liegen, wie in diesem Moment.

Meine warmen Füße flößen mir ein Gefühl tiefster innerer Zufriedenheit ein, und ich kuschele mich mit großer Dankbarkeit in meine Decke und lausche den regelmäßigen Atemzügen unseres großen Sohnes, der diese Nacht im Elternbett verbringen darf.

Ich habe ihn zum Wildniscamp für Kinder im Sommer angemeldet.

Er bekommt einen neuen Schlafsack, und ich leihe ihm meine Taschenlampe. Und mein Sohn wird dort wunderbare, wilde, romantische Lagerfeuer-Kindheitserinnerungen herstellen, an denen er sich sein Leben lang die Füße wärmen kann.

Draußen ist es eisig, und die kalte Luft zieht durch das geöffnete Fenster ins Schlafzimmer.

Ich denke an Wildnisschüler Christian, der jetzt in unserer

Laubhütte liegt und auf den Morgen wartet. Und an Sabine, die Teilnehmerin, die in diesem Moment in größter Sorge ist, dass ein Wildschwein nachts im Wald das grüne Zelt übersehen und versehentlich auf sie treten und dann gereizt reagieren könnte.

Ich stehe noch mal auf und schließe das Fenster.

Ich liebe es, nach Hause zu kommen.

Leider muss man, um nach Hause zu kommen, ab und zu das Haus verlassen.

«Gute Nacht, Tiger», murmele ich in mein dickes Kissen und schlafe innerhalb weniger Sekunden ein.

Gute Nacht, Tiger!

ERSTES ZWISCHENERGEBNIS – ERSTES ZWISCHENERGEBNIS

25. April

Vier Monate auf der Suche nach dem Glück.

Es ist an der Zeit, einen schonungslosen Blick auf das bisher Erreichte zu werfen und, es hilft ja nichts, die Liste meiner guten Vorsätze vom Jahresbeginn einer gnadenlosen Kontrolle zu unterziehen.

Also, Augen auf und durch:

MEIN GUTES JAHR

1. Kein Alkohol!
Bravo! Was das angeht, bin ich absolut stolz auf mich. Diesen Vorsatz habe ich ohne eine einzige Ausnahme eingehalten – und die Konsequenzen sind sensationell.

Sosehr mir der Alkohol manchmal noch fehlt, so klar muss ich mir eingestehen, dass nicht getrunkener Alkohol einige unbestreitbare Vorteile hat: Er kostet nichts, er verursacht keine Kopfschmerzen am nächsten Morgen, und er bewahrt einen davor, zu lange auf Partys rumzustehen, die man sich schönsaufen muss, um ihnen etwas abgewinnen zu können.

Alkohol ist nach wie vor mein Freund, und er fehlt mir sehr.

Aber nicht dann, wann ich dachte, dass er mir fehlen würde. Er fehlt mir nicht bei sogenannten Anlässen, nicht bei Festen und Gesellschaften, nicht zum Anstoßen und nicht in den

ERSTES ZWISCHENERGEBNIS – ERSTES ZWISCHENERGEBNIS

langen Nächten, die meist nur lang sind, weil sie einer nüchternen Überprüfung des tatsächlichen Unterhaltungsgrades niemals standhalten würden.

Was mir fehlt, ist Alkohol als unregelmäßiger, aber gern gesehener Gast eines wohligen, genussreichen Lebens. Das Glas Wein beim Kochen, das den Abend einleitet, die Seele erwärmt und die zuckenden Synapsen beruhigend streichelt. Das Glas am Nachmittag, in der Sonne auf der Terrasse getrunken, das das Leben der Ernsthaftigkeit entreißt und aus einem beliebigen Mittwoch einen Ferientag macht.

Erstes Zwischenergebnis – Erstes Zwischenergebnis

Diese ungetrunkenen Gläser vermisse ich, und ich bilde mir ein, dass meine Lebensqualität steigen wird, wenn ich sie im nächsten Jahr wieder trinke.

Das Problem ist aber nach wie vor die Lust auf mehr. Die Lust auf zu viel. Auf das eine Glas, bei dem es nicht bleibt.

In den letzten nüchternen Monaten habe ich zunächst die Betrunkenen beobachtet und analysiert wie Bazillen auf einem Objektträger.

Von diesen fröhlichen, ambitionierten Bravour-Säufern gibt es gar nicht so viele. Aber sie fallen auf, denn sie sind immer die Lautesten, die Ersten auf der Tanzfläche und die Letzten an der Bar. Sie sind immer die, die in Prügeleien und Skandale verwickelt sind, von denen man in der Zeitung liest.

Nach den Trinkern erforschte ich die riesige Menge der Maßvollen, die nach einem lustigen und langen Abend mit dem Auto nach Hause fahren können, ohne sich strafbar zu machen.

Das sind die, denen der Sekt im Glas warm wird, weil sie so langsam trinken. Es sind die, die am nächsten Tag noch ganz genau wissen, was sie gesagt haben und leider auch, was du gesagt hast, und die immer rechtzeitig aufhören zu trinken, zu essen, zu lieben.

Sie kennen keinen Rausch und keinen Kater, haben sich nie auf dem Nachhauseweg mehrfach in ein Gebüsch übergeben und sich nie an Silvester geschworen, endlich aufzuhören, womit auch immer.

Die Maßvollen müssen nie etwas lassen, weil sie nichts übertreiben. Warum sollten sie auf die Zigarette nach dem Essen verzichten? Auf die ein, zwei Gläser Wein am Abend? Warum sollten sie sich bei Süßspeisen zurückhalten, wo ihnen noch nie übel war von einer zügig verspeisten Familienportion Vanilleeis mit Cookies? Warum sollten sie sich besser benehmen, wo sie sich doch noch nie danebenbenommen haben?

ERSTES ZWISCHENERGEBNIS – ERSTES ZWISCHENERGEBNIS

Von den Nüchternen redet keiner am nächsten Morgen – und auch sonst nur selten.

Immer wieder kamen mir bei meinen Forschungen ein paar Radikalisten unter das Mikroskop. Das sind Leute wie ich, die zu schwach sind, um sich zusammenzureißen. Entweder weil sie süchtig sind oder genusssüchtig. Die hören nicht auf, wenn sie genug haben – weil sie nie genug bekommen. Und deswegen verzichten sie komplett und sind darauf oft ziemlich stolz.

Warum eigentlich? Radikal zu sein ist einfach.

Sowohl der Verzicht als auch das hemmungslose Vergnügen unterteilen die Welt, die Supermärkte und die Speisekarten in klare Bereiche. Auf der einen Seite die radikalen Genussverweigerer und schwer erträglichen Gesundheits-Ideologen, auf der anderen Seite die angeblichen Genießer, die sich selbst gern Lebemenschen nennen, in Wahrheit aber ihr Leben mit Füßen treten, weil Genuss das Gegenteil ist von Völlerei und einer zügig weggequarzten Packung Marlboro.

Die Kunst, die Kraft, die eigentliche Willensleistung liegt in der Mäßigung, die nicht dem eigenen Naturell entspricht.

Es gibt ja Leute, die sind von Natur aus vernünftig. Die hören nach drei Bissen auf zu essen, weil sie sowieso satt sind. Nach einem Gin Tonic werden die zu müde zum Weitertrinken, und wenn die sich verlieben, dann nie in jemanden, in den sie sich nicht verlieben sollten, weil sie einen eingebauten Regulator haben, der sie vor Höhenflügen, Tiefflügen und Bruchlandungen bewahrt.

Deren innerer Schweinehund ist ein kümmerlicher Pinscher, der sich mit eingezogenem Schwanz in sein Körbchen verkriecht, sobald Herrchen auch nur die Braue hebt.

Solche Leute beneide ich.

Aber ich bewundere sie nicht.

Was mir noch fehlt in meinen Studien zum Thema Alkohol

Erstes Zwischenergebnis – Erstes Zwischenergebnis

sind die, die genauso dringend wie ich immer noch mehr und mehr und mehr wollen, und die sich trotzdem mit weniger begnügen. Deren Schweinehund ist ein blutrünstiger Bullterrier, der mit verdammt wenig Schlaf auskommt. Ein furchteinflößendes Vieh, das zu bezwingen eine tägliche Meisterleistung ist.

Die Herrchen solcher Schweinehunde sind in meinen Augen die wahren Helden der Mäßigung.

Aber wo sind sie?

2. Kein weißer Zucker!

Den Zucker hatte ich völlig unterschätzt.

Er kommt mir immer mehr vor wie ein Stoff, der direkt in der Hölle erfunden wurde, um Menschen wie mich ständig daran zu erinnern, dass wir schwache, nichtswürdige Kreaturen sind, die sich einbilden, einen freien Willen zu haben, in Wahrheit jedoch Sklaven der Gummibärchen- und Hanuta-Diktatur sind.

Die Konsum-Avantgarde verzichtet zunehmend auf den weißen Dämon Zucker, und tatsächlich war ich, vor meinem Gelübde, bei schicken Abendessen oft die Einzige, die ihren warmen Schokoladenkuchen mit flüssigem Kern überhaupt anrührte, wobei ich mir vorkam, als würde ich eine Ladung Giftmüll verspeisen.

Und leider gibt es ja einen deutlichen Trend, ich stelle es mit Bedauern fest, zur zuckerfreien Nachspeise: ungesüßte Sorbets, ein Stückchen Mango mit einem Minzeblättchen, Ananas mit Splittern von neunzigprozentiger Bitterschokolade. Gerichte wie Birne Helene und Schokoladenpudding mit Sahne klingen heute so exotisch wie Kofferradio und Reiseschreibmaschine.

Um es klar zu sagen: Ja, es gab in Sachen weißer Zucker in den letzten Monaten einige üble Rückfälle. Die Sache mit den Mutzenmandeln am Buffet hatte ich ja bereits gestanden.

Ein Zusammentreffen mit einer Tüte Schoko-Ostereier, das

ERSTES ZWISCHENERGEBNIS – ERSTES ZWISCHENERGEBNIS

keines der Eier überlebte, sowie die Begegnung mit einem Kalten Hund, die für den Hund schlecht ausging, hatte ich bisher unerwähnt gelassen.

Aber interessanter als diese wenigen Entgleisungen sind die Möglichkeiten, die ich fand, mich selbst glaubwürdig zu betrügen. Denn über diverse Schleichwege – Honig, Reissirup, brauner Zucker, Stevia – gelang es mir, meinen ursprünglichen Zuckerkonsum in beachtlichem Ausmaß aufrechtzuerhalten, gleichzeitig aber meinem Vorsatz *kein weißer Zucker* zu entsprechen.

Und wenn ich abends diese wunderbare, cremige, vegane, glutenfreie und ausschließlich mit Rohrzucker gesüßte Schokolade esse, bilde ich mir ein, durchaus etwas für meine Gesundheit zu tun. Und ein nur mit Honig gesüßter Erdnuss-Krokant-Riegel ist ja im Grunde genommen fast dasselbe wie Obst.

In meinen wenigen lichten Momenten ist mir natürlich klar, dass es nicht auf die Farbe des Zuckers ankommt. Ob Rohrzucker oder Honig oder Ferrero Küsschen, im Gehirn wirken alle gleich fatal und lösen ganz genau einen Reflex aus: die Lust auf mehr.

Hier verhält es sich ähnlich wie mit Alkohol. Die Kunst ist, sich maßvoll zu mäßigen. Vernünftig zu sein, aber nicht zu vernünftig.

Wer alles weglässt, was ungesund ist, der lebt womöglich länger, aber nicht besser.

Im Supermarkt fühle ich mich mittlerweile wie beim Besuch in einem Lebensmittellabor. Viel mehr als um Geschmack und darum, worauf ich heute mal Lust hätte, geht es um Inhaltsstoffe, Zusatzstoffe, um *gute* und *böse* Lebensmittel.

Und jeden Tag erreichen mich neue Warnungen vor Nahrung, die ich gestern noch bedenkenlos zu mir genommen habe.

Goji-Beeren? Sehr vitaminreich, stecken aber voller Pestizide! Sojamilch? Extrem allergieauslösend. Margarine? Pfui, gehärtetes Fett ist ungesund! Alkoholfreies Bier? Schlecht für die Augen.

Einkaufen ist zum Hürdenlauf geworden, und der Griff nach einer Packung Mirácoli kommt dem Versuch gleich, sich selbst zu vergiften.

Wenn ich abends zum Essen eingeladen bin, bringe ich mir mein eigenes gluten- und alkoholfreies Bier mit und meine laktosefreie Schokolade, und übers Wochenende verreise ich nicht mehr ohne meine persönlichen Brötchen aus Mais- oder Reismehl.

Diese Radikaltugend fühlt sich manchmal an wie Sünde.

Und unter diesem Gesichtspunkt ist es eigentlich gut, dass sich zumindest der Zucker immer wieder durch ein Hintertürchen in mein lasterloses Dasein schleicht und dort eine Prise Unvernunft verstreut.

Ein Leben ohne schlechtes Gewissen macht ja nun wirklich überhaupt keinen Spaß.

3. Keine Kohlehydrate nach achtzehn Uhr!

Da hat sich meine Einstellung geändert. Man muss mit der Zeit gehen und sich den Gegebenheiten anpassen. Da ich gar kein Gluten mehr esse – was für mich den Verzicht auf Grundnahrungsmittel wie Spaghetti, Baguette und Kekse bedeutet –, gönne ich mir abends ab und zu auch Reis oder Kartoffeln. Aber wenig und nicht täglich.

Und wenn ich nicht so viel glutenfreie Schokolade und nur mit Honig gesüßte Cashewriegel essen würde (siehe Punkt zwei), hätte ich womöglich bereits mein Idealgewicht erreicht.

4. Keine neuen Anziehsachen kaufen!

Nun ja. Ich brauchte wirklich ganz dringend einige neue Sportklamotten. Ich wollte wenigstens modisch neben meinem Personal Trainer eine gute Figur machen.

Und meine Lieblingsjeans, die kurz nach Weihnachten aus mir

ERSTES ZWISCHENERGEBNIS – ERSTES ZWISCHENERGEBNIS

unerfindlichen Gründen unterm Po auf eine eruptive und unflickbare Weise gerissen, ach, was sage ich: explodiert war, musste (in einer Nummer größer) ersetzt werden. Ich finde, im Großen und Ganzen kann ich recht zufrieden sein. Nach oben hin ist allerdings noch deutlich Luft.

5. Keine Einkäufe im Internet bei Großhändlern
Das ist schwieriger, als ich gedacht habe. Bücher bestelle ich jetzt in Buchhandlungen, die ich aus dem echten Leben her kenne. Das kostet Zeit, die ich mir nehme.

Aber für die Suche nach einem Rucksack für meinen kleinen Sohn, einem Raclette-Grill, nach Bettwäsche mit grauen Sternen und einem Lego-Polizeiwagen reicht die Zeit nicht mehr.

Nachdem ich in drei Spielwarenläden war, gab ich auf, setzte mich verschämt an den Computer und hatte dank Amazon Prime das Polizeiauto zwei Tage später zu Hause. Und, wo ich schon mal dabei war, den Raclette-Grill und den Rucksack auch.

Die Strategie, nur noch bei kleinen Internet-Anbietern zu bestellen, ist, das muss ich zugeben, noch nicht ausgereift und womöglich unrealistisch.

6. Erreichbarkeit einschränken, feste Off- und Online-Zeiten, digitale Diät
Hier verfolge ich die Politik der kleinen Schritte, eins nach dem anderen. Habe diesen Punkt auf den Spätsommer verschoben. Ich finde, ich kann nicht alles auf einmal weglassen: WLAN und Laktose, Facebook, Gluten und Alkohol. Mit einer Überforderung ist ja auch keinem gedient. Immerhin war ich im Schweigekloster und im Lanserhof offline, und im Juni plane ich einen digitalen Ruhetag. Ein Anfang ist also gemacht. Geduld ist auch eine Tugend. Kommt Zeit, kommt Rat.

7. Einen Sommer lang so dünn, so blond und so schön wie möglich sein und dann mal sehen, ob sich das lohnt
Jawoll, der Sommer kann kommen!

Ich habe nächsten Monat drei wichtige Termine in Sachen äußerer Schönheit:

a) mit dem wunderbaren Marcio, Frisör und Experte für Blondinen und Extensions mit dem Spezialgebiet Fußballer-Frauen. Er soll aus mir ein blondes, langmähniges wildes Ding machen;

b) mit Anja Gockel, der großartigen Modedesignerin, die mir eine individuelle Abendrobe auf den noch zu stählenden Leib schneidern und sämtliche Problemzonen professionell kaschieren wird;

c) mit Dr. Thomas Hartmann, einem renommierten und vertrauenerweckenden Facharzt für Plastische und Ästhetische Chirurgie, der dafür sorgen wird, dass keiner merkt, dass ich bei ihm war, aber dass trotzdem alle finden, dass ich irgendwie viel jünger und besser aussehe.

Mein Gewicht würde ich derzeit als akzeptabel bezeichnen.

Ich habe mir den Großteil meines Kleiderschrankes zurückerobert und muss nicht mehr zwingend hüft-, schenkel-, oberarm-, knie- und schulterbedeckende Kleidung tragen.

Meine Jeansgröße befindet sich allerdings immer noch in einem Bereich, den die Boutiquenverkäuferinnen in meinem Stadtteil, dem Size-Zero-Ghetto Harvestehude, allenfalls im Lager aufbewahren oder extra bestellen müssen.

Ich wäre dennoch zufrieden mit mir, müsste ich nicht demnächst mit siebzig durchtrainierten Fitness-Queens und sechs internationalen Top-Presentern zum Fitness-Camp nach Mallorca fahren.

Einer der mitreisenden Trainer ist mein persönlicher Sportleh-

ERSTES ZWISCHENERGEBNIS – ERSTES ZWISCHENERGEBNIS

rer Marco, den ich in den letzten Monaten deutlich weniger getroffen habe, als ich mir vorgenommen hatte.

Und weil ich immer noch nach fünf Liegestützen am liebsten einen Antrag auf eine stationäre Rehabilitation stellen würde und in sechs Wochen bei der Verleihung des Deutschen Filmpreises in Berlin ein armfreies Kleid tragen werde, hatte mir Marco dringend zu dieser Reise geraten.

«Ich habe mittlerweile absolutes Normalgewicht», hatte ich ihm bei unserer letzten Begegnung triumphierend entgegengeschleudert. Der BMI-Rechner bei brigitte.de hatte mir sogar mitgeteilt: «Ihr Gewicht ist prima. Weiter so!»

Habe daraufhin die Seite sofort als Homepage installiert.

«Ideal ist besser als normal», hatte Marco entgegnet. «Solange du glücklich bist, ist alles gut, aber ohne Kontrolle wirst du bald nicht mehr glücklich sein oder es dir mühsam einreden müssen.»

«Ich will so bleiben, wie ich bin», hatte ich hartleibig gemault und den erbarmungswürdigen Zustand meiner Oberarme kurzzeitig verdrängt.

«Dagegen ist im Prinzip nichts zu sagen, solange du dich akzeptierst, wie du bist. Zum Abnehmen kann man niemanden zwingen. Und tatsächlich herrscht ja ein ungesunder Schlankheitswahn, ganz Deutschland isst mit schlechtem Gewissen, und auch die mit einer Top-Figur sind gewichtsfixiert. Bei Sport und Essen geht es nur noch um Kaloriensparen und Fettverbrennung. Kaum noch jemand wählt entspannt den Mittelweg und macht den Sport, der ihm Spaß macht, und isst mit Genuss und in Maßen das, was ihm schmeckt. Wer nicht Maß halten kann, ruiniert seine Gesundheit und seine Lebensqualität. Gibt es glückliche Dicke? Nein, das ist ein Widerspruch in sich, wie … Sahne ohne Fett. Hinter jedem Extrem steckt ein Problem. Und wenn du so bleiben willst, wie du bist, dann tu was dafür.»

Daraufhin hatte ich das Fitness-Camp gebucht und für mehrere Stunden auf meine laktosefreie Schokolade verzichtet.

Auch in mir steckt eine Heldin der Vernunft.

8. Sport machen, vier- bis sechsmal die Woche
Ich möchte zu diesem Zeitpunkt nicht darüber reden, zumal ich fest entschlossen bin, das Versäumte auf Mallorca nachzuholen.

9. Mehr Ruhe und Konzentration finden durch Yoga, Meditation, Pilates, was auch immer die geeignete Technik für mich ist
Ich bin diesbezüglich sehr zufrieden mit mir, auch wenn meine Yoga-Erfahrungen bisher nicht mitreißend waren und ich lediglich die Übung *Wie der Geier greift* in meinen Alltag integrieren konnte.

Ich meditiere von Montag bis Freitag jeden Morgen eine halbe Stunde lang und stehe dafür extra früher auf.

Ich lasse mich durch ein freundliches Klingeln wecken, weil ich nicht länger eingesehen habe, warum das erste Geräusch des beginnenden Tages ein schrilles Alarmgebimmel sein soll, bei dem ich jedes Mal innerlich zu den Waffen greife und mich auf einen Terroranschlag gefasst mache. Mit unseren handelsüblichen Randale-Weckern kann kein guter Tag beginnen.

Ich werde also um Viertel nach sechs mit einem glockenspielartigen Klingelton meines Handys sanft aus dem Schlaf gelotst, aber leider ist es keineswegs so, dass die Meditation zu einem fraglos ausgeführten Automatismus in meinem Leben geworden ist wie das Zähneputzen, das Haarekämmen und das Öffnen der Vorhänge.

Ich muss mich jeden Morgen überwinden und aus den Kissen quälen, die sich an mich zu klammern scheinen, als würden sie fürchten, ohne mich im Bett ertrinken zu müssen.

ERSTES ZWISCHENERGEBNIS – ERSTES ZWISCHENERGEBNIS

Es ist leider nicht so, dass das Gute einem irgendwann automatisch leichtfällt.

Aber sobald ich mich zur Meditation auf dem Badezimmerfußboden niedergelassen habe, der Gong ertönt und die mir mittlerweile urvertraute Stimme von Susanne Kersig durch die nächsten dreißig Minuten führt, verfliegt die Müdigkeit und weicht einer sanften Wachheit.

Die Meditation gelingt mir nicht immer gleich gut, aber das macht gar nichts. Mal ist mein Hirn ein einziges Krisengebiet, in dem rebellische Truppen umherziehen, die sich mal hier und mal da kleinere und größere Gemetzel liefern.

Manchmal gelingt mir die Konzentration auf meine Atmung, dann stelle ich mir den Luftstrom vor als eine Art bronzefarbene, warme Energie, die mich von innen heraus durchfließt, reinigt und belebt. Wie eine Mundspülung für die Seele. Warmlaufen und Dehnen der Hirnmuskulatur. Zahnseide fürs Herz.

Und oft wandern meine Gedanken ziellos umher, immer wieder verliere ich mich in der Vergangenheit oder der Zukunft, mache große Lebenspläne oder überlege einfach nur, was ich heute anziehen soll. Aber ich habe längst aufgehört, mir das übel zu nehmen.

Denn was sich immer nach einer Weile in der Stille des frühen Morgens einstellt, ist Zuversicht und Wohlwollen den Stunden gegenüber, die vor mir liegen.

Meditation ist ein unaufgeregtes Anlaufnehmen. Entspannt Kraft sammeln. Weichen stellen für einen Tag, der die allerbesten Chancen hat, ein guter Tag zu werden.

Auf Leben und Tod.

Hände halten an Sterbebetten und Fingernägel lackieren, vielleicht zum letzten Mal.

Zum Abschied in der Sonne sitzen mit einem, der eigentlich schon lange nicht mehr da ist.

In die Luft boxen, unzählige Kalorien verbrennen und dann mal wieder tanzen, als hätte man alles noch vor sich.

11. Mai

Sie ist Maikönigin geworden. Zum ersten Mal.
Und zum letzten Mal.
Denn hier kommt keiner lebend wieder raus.
Frau Hauser sitzt in ihrem Rollstuhl auf der Terrasse, eine Zigarette zwischen den Fingern. Die Sonne scheint ihr ins Gesicht. Sie lächelt dem Rauch hinterher.
Glücksmomente sammeln auf den letzten Metern.
Frau Hauser sollte eigentlich längst tot sein.
Es passiert nicht selten, dass die Patienten, die hier Gäste heißen, dem Tod und den Prognosen der Ärzte noch ein kleines Schnippchen schlagen.
Drehen noch eine Ehrenrunde, trinken noch ein Bierchen, blühen noch einmal auf, feiern noch einen Geburtstag, für den keiner mehr ein Geschenk besorgt hatte.
Wenn man in Frieden gehen darf, bleibt man manchmal eben noch etwas länger, als vorgesehen war.
Das Haus Hörn in Aachen ist ein Hospiz für Sterbenskranke ohne Aussicht auf Genesung, die hier ihre letzten Tage, Wochen und selten auch Monate verbringen.
In dreizehn hellen Zimmern leben sie und sterben sie, schmerzfrei, medizinisch versorgt und menschlich wohl behütet.
Sie treffen sich, sofern es ihre Kraft zulässt, zu den Mahlzeiten oder einfach nur so im Aufenthaltsraum, durch dessen Fenster sie den Spielplatz eines Kindergartens sehen.
Nicht jeder der Gäste sitzt hier gern, weil nicht jeder es ertragen kann, zu sehen, dass andere das geliebte Leben noch etwas länger vor sich haben als sie selbst.
Ich erinnere mich gut an den langen Flur, von dem die Zimmer abgehen.

Ich war schon mal hier.

Ich sehe mich diesen Flur hinunterrennen, heute vor neunzehn Jahren, im Morgengrauen, um fünfundzwanzig Minuten nach vier. Die Wände waren nicht so strahlend weiß wie heute, und die Fotos von blühenden Alpenwiesen hingen hier noch nicht. Die Nacht vom zehnten auf den elften Mai war sehr kühl gewesen, aber ich hatte keine Jacke angezogen und keine Strümpfe. Dafür hatte die Zeit nicht gereicht.

Der Anruf, mit dem ich gerechnet hatte und der mich dann doch so kalt erwischte, hatte mich aus dem Schlaf gerissen. «Kommen Sie bitte schnell!»

Das Zimmer meiner Mutter war das vorletzte auf der rechten Flurseite.

An das Gesicht der Ordensschwester, die mir an jenem Tag entgegenkam, kann ich mich erinnern und auch an das Bedauern, das ich darin las in der Sekunde, in der ich an ihr vorbeirannte.

Meine Mutter war um zwanzig nach vier gestorben.

Fünf Minuten. Ich war zu spät gekommen.

Und jetzt bin ich wieder hier.

Eine Cola mit zwei Stück Eis möchte die Dame, die jetzt im Zimmer meiner Mutter lebt und deren Augen tief in den Höhlen liegen und deren Hände niemals Ruhe finden, ständig über die bunte Bettdecke tasten, auf der Suche nach Halt vielleicht.

Ein Mann, dem ein faustgroßer Tumor aus Mund und Nase wuchert, geht langsam über den Flur. Er bedankt sich bei Schwester Elisabeth dafür, dass sie vergangene Nacht eine halbe Stunde an seinem Bett gewacht hat. So lange, bis die Angst weg war und er wieder einschlafen konnte.

Wie ein Kind, denke ich. Bloß ohne Zukunft.

Ich finde, wenn man auf der Suche nach dem guten Leben ist, kommt man am Tod nicht vorbei.

Ständig begegne ich Sinnsprüchen, Kalenderweisheiten und Büchern, die davon handeln, was wir wohl am meisten bereuen werden, wenn unser Leben zu Ende geht. Oscar Wilde sagte: «Man sollte so leben, als gebe es keinen Tod. Und man sollte sterben, als habe man gar nicht gelebt.»

Das Buch 5 *Dinge, die Sterbende am meisten bereuen* wurde von Millionen unzufriedener Lebender gekauft, die von Hunderten unglücklich Sterbender erfahren wollten, was die versäumt hatten und warum ihnen das viel zu spät aufgefallen war.

Ein trauriges Thema, denn abgesehen davon, dass man kurz vorm Tod an seinem Leben nicht mehr viel ändern kann, suggeriert es, dass die meisten von uns unheimlich viel verpassen, worüber sie sich beim letzten Atemzug dann ärgern werden.

Die Frage, was ein zufriedener Sterbender noch zu sagen hätte, und ob der überhaupt noch was sagt oder sich lieber auf seinen nahenden Tod konzentrieren möchte, kommt dabei zu kurz.

Nicht mal auf dem Klo ist man gefeit vor den mürrischen Hinweisen und unerfreulichen Lebensbilanzen Dahinscheidender.

Bei Freunden in Berlin las ich neulich, hübsch gerahmt und auf Augenhöhe vor der Kloschüssel angebracht, Sätze des argentinisches Schriftstellers Jorge Luis Borges, die er kurz vor seinem Tod schrieb:

Wenn ich mein Leben noch einmal leben könnte, im nächsten Leben würde ich versuchen, mehr Fehler zu machen.
Ich würde nicht mehr so perfekt sein wollen, ich würde mich mehr entspannen. Ich wäre ein bisschen verrückter, als ich es gewesen bin, ich würde viel weniger Dinge so ernst nehmen. Ich würde mehr riskieren, würde mehr reisen, Sonnenuntergänge betrachten, mehr bergsteigen, mehr in Flüssen schwimmen.
Ich war einer dieser klugen Menschen, die jede Minute ihres Lebens fruchtbar verbrachten; freilich hatte ich auch

Momente der Freude, aber wenn ich noch einmal anfangen könnte, würde ich versuchen, nur mehr gute Augenblicke zu haben. Falls du es noch nicht weißt, aus diesen besteht nämlich das Leben; nur aus Augenblicken; vergiss nicht den jetzigen.

Wenn ich noch einmal leben könnte, würde ich von Frühlingsbeginn bis in den Spätherbst hinein barfuß gehen. Und ich würde mehr mit Kindern spielen, wenn ich das Leben vor mir hätte. Aber sehen Sie ... ich bin fünfundachtzig Jahre alt, und ich weiß, dass ich bald sterben werde.

Das hatte mich natürlich alarmiert, und ich hatte mich nach meinem Besuch auf der Toilette den ganzen Abend schlecht gefühlt, weil ich noch nie in einem Fluss gebadet habe und selbst im Sommer am liebsten Schuhe trage.

Mein Leben, bis hierher, war verpfuscht, keine Frage.

Und das von Jorge Luis Borges war es auch gewesen, aber das hatte er nicht rechtzeitig gemerkt.

Denkt man denn beim Sterben automatisch an das, was man im Leben verpasst hat?

Ich verstehe ja, dass man ungern stirbt, denn im besten Fall hat man was Besseres vor. Aber es scheint irgendwie die Regel zu sein, dass man nicht nur ungern, sondern auch ausgesprochen unzufrieden aus dem Leben scheidet.

«Die meisten Sterbenden haben anderes zu tun, als ihr Leben zu bereuen, denn Abschiednehmen ist eine schwere Aufgabe», sagt Schwester Jeanette, die seit drei Jahren im Haus Hörn Menschen in den Tod begleitet.

Reue erlebt sie selten, wenn sie an den Sterbebetten sitzt. Aber in völligem Einvernehmen mit sich und der Welt sterben auch nur wenige. «Kaum einer geht gerne», sagt Schwester Jeanette. «Es ist schwer, loszulassen, und auch wenn das Leben unerträglich geworden ist, hängen die meisten an ihm. Einige wenige sterben weise und voll innerem Frieden. Das sind die großherzigen Menschen, die in sich selber ruhen. Sie haben sich ihren schönen Tod schon während ihres Lebens verdient. Man stirbt so, wie man gelebt hat. Manche Mütter gehen genau in dem Moment, in dem die Tochter, die seit Tagen am Sterbebett wacht, auf der Toilette ist, weil sie ihrem Kind den eigenen Tod ersparen wollen. Andere können erst gehen, wenn der Sohn endlich aus Übersee eingetroffen ist. Eine Frau, die ihr halbes Leben lang obdachlos war, wollte sich auf keinen Fall von uns waschen lassen. Sie wollte so ungewaschen sterben, wie sie gelebt hatte. Bei uns darf jeder seinen eigenen Tod sterben.»

Im Hospiz liegt ein dickes Gästebuch mit vielen dankbaren Einträgen von Gästen und deren Angehörigen. Einer schrieb: «Lebe jeden Tag, soviel du kannst, alles andere ist ein Fehler.»

Er ist schon lange tot.

Schwester Jeanette sagt, sie habe durch ihre Arbeit gelernt, direkter zu sein, Prioritäten anders zu setzen und den einzelnen Moment mehr zu genießen. Sie sagt: «Es gibt kein Später, das uns erlauben wird, unser Leben zu korrigieren. Es sind aufgeschobene Absichten, die einen Menschen verzweifelt sterben lassen.»

Angst vor dem Tod hat sie nicht mehr, denn sie glaubt, dass jeder seinen Frieden finden wird, spätestens wenn er gestorben ist. «Das», sagt die fromme Frau, «kann ich in jedem Gesicht lesen.»

Aber der Weg dahin kann schrecklich steinig sein und schrecklich lang.

Im ersten und zweiten Stock des Hospizes sind die Langzeitpflegefälle untergebracht.

Eine Mutter besucht hier jeden Tag ihren Sohn, der im Wachkoma liegt. Bei schönem Wetter schiebt sie ihn im Rollstuhl festgeschnallt zum nahen Sportplatz, wo Jugendmannschaften Fußball trainieren.

Ihr Junge zeigt keine Regung. Sein Mund und seine Augen stehen weit offen. Er kann nicht sehen, nicht hören, nicht sprechen, und niemand kann sagen, was in seinem Kopf vor sich geht.

Ist noch jemand da? Und wenn ja, möchte er noch da sein?

Kann man auch zu viel Respekt vor dem Leben haben?

Manchmal schläft die Mutter nachts im Stuhl neben ihrem Sohn ein.

Sie besucht ihn jeden Tag.

Seit zwanzig Jahren.

Magda Schneider ist vergangene Woche achtzig geworden. Sie wird demnächst sterben und hat nicht das Gefühl, viel verpasst zu haben.

Rom hätte sie vielleicht ganz gerne gesehen. Und die Altertums-Museen in Kairo. Muss aber nicht. Da der Krebs ihren Sehnerv zerfressen hat, kann sie ohnehin nicht mehr viel sehen.

Frau Schneider thront in ihrem Krankenbett huldvoll wie eine Königin. Auf dem Nachttisch stehen kleine Silberrahmen mit Fotos ihrer Kinder und Enkelkinder, und weil heute einer ihrer Söhne zu Besuch kommt, hat sie ihren Schmuck angelegt und die rotweißen Plastikarmbänder, die ihre Enkelin für sie geflochten hat.

Offene Wünsche? Ungelebte Sehnsüchte?

«Frau Schneider?»

Ihre Augen beginnen zu leuchten.

Ja, sagt sie leise, einen Wunsch hätte sie noch.

Na also.

«Ob Sie mir wohl die Fingernägel lackieren könnten? In Rosé. Der Lack ist in meiner Nachttischschublade.»

Die Nächte sind lang im Hospiz. Manche Türen stehen halb offen. Das sind die Zimmer, in denen Sterbende liegen.

Oft kann man den Tod hören, wenn er kommt. Und wenn es so weit ist, soll hier niemand alleine sein müssen, der nicht alleine sein will.

«Das rasselnde Geräusch aus der Tiefe des Brustkorbes, mit dem das Leben den Körper verlässt, vergisst keiner, der es mal gehört hat», sagt die Nachtschwester. «Ich glaube, Frau Abel macht sich langsam auf die Reise.» Die Schwester befeuchtet der im Sterben liegenden Frau die Lippen mit einem Wattestäbchen und bettet ihren Kopf bequemer.

Lebe jeden Tag, soviel du kannst, alles andere ist ein Fehler.

Lebe jeden Tag, soviel du kannst, alles andere ist ein Fehler.

Lebe jeden Tag, soviel du kannst, alles andere ist ein Fehler.

«Kann ich noch etwas für Sie tun?»
Frau Abel antwortet nicht.

Ich bleibe noch eine Weile bei ihr auf der Bettkante sitzen, neben mir der Tod, der so spürbar ist wie eine weitere Person im Zimmer.

Es ist, als könnte ich seinen Atem hören.

Das Gesicht von Frau Abel ist bereits ein Gesicht aus dem Jenseits. Der Mund steht halb offen, die Haut liegt so dünn über den Wangen, dass die Knochen hervortreten. Unter dem letzten Rest verblühten Lebens zeigt sich bereits, was sie bald sein wird: ein Haufen Knochen auf dem Weg zum Staub.

Jeder Tod ist immer wieder ein ungeheuerlicher Skandal, eine Tragödie, die sich nur ertragen lässt, wenn man annimmt, dass das Gute, was Frau Abel ausgemacht hat, sie in irgendeiner Form überdauern wird.

Manchmal dreht sich mir der Magen um bei dem Gedanken, was der Tod alles vernichtet hat: das große Wissen meines Vaters und die ungebrochene Intensität, mit der er immer noch mehr wissen wollte, bis zum Schluss. Die Sanftmut meiner Mutter und ihre unerschütterliche Güte, die die Welt nicht nur für mich zu einem deutlich angenehmeren Ort gemacht hat.

Alles dahin. Alles vergeben, letztlich.

Frau Abels Augenlider flattern, und ihr Atem wird zu einem Röcheln.

Ist er das?

Der Tod?

Kommt er jetzt?

Mir wird angst und bange. Und die Vorstellung, was hier gerade vergeht, schnürt mir den Hals zu.

Ein ganzes Leben.

Leise spreche ich die letzte Strophe des Gedichtes, das meine Mutter in den Tod begleitete:

Alles ist freundlich wohlwollend verbunden,
Bietet sich tröstend und trauernd die Hand,
Sind durch die Nächte die Lichte gewunden,
Alles ist ewig im Innern verwandt.

Sprich aus der Ferne,
Heimliche Welt,
Die sich so gerne
Zu mir gesellt.

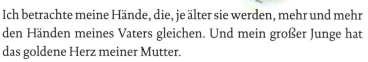

Ich betrachte meine Hände, die, je älter sie werden, mehr und mehr den Händen meines Vaters gleichen. Und mein großer Junge hat das goldene Herz meiner Mutter.

Alles ist ewig verbunden.
Nichts geht verloren.
Auch ich nicht.
Frau Abels Atem hat sich beruhigt.
Es ist noch nicht so weit.

Einmal im Jahr veröffentlicht die Stadt Aachen eine Todesanzeige für die, um die niemand getrauert hat und die niemand vermisst.

Das waren einhundertvierundzwanzig Menschen im letzten Jahr. Einige von ihnen sind hier im Hospiz gestorben.

«Das geht uns jedes Mal unter die Haut», hat mir ein Pfleger erzählt. «Da werden persönlichste Dinge, die noch vor wenigen Stunden für einen Menschen sein ein und alles waren, in Kisten verpackt, in die nie wieder ein Mensch einen Blick werfen wird. Fotos der Liebsten, Bücher mit Widmungen, Stofftiere aus der Kindheit: Von einer Sekunde zur anderen ist alles nur noch bedeutungsloser Müll, der im nächsten Container landet. Der Bestatter nimmt den Leichnam mit, und das Einzige, was an diesen Menschen dann noch erinnert, ist die Kerze, die wir jedes Mal anzünden, wenn jemand gegangen ist.»

Über der Traueranzeige der Stadt Aachen steht: *Was ist der Mensch, dass du an ihn denkst?*

Und dann folgen hundertvierundzwanzig Namen von Männern und Frauen, an deren Grab keiner geweint hat.

Alexander van Düren, Georg Zimmermann, Reinhard Rein, Wilhelm Siemons, Elesteria Demertzi, Hans-Dieter Peters, Louis Houben, Theodor Jansen, Henrik Skonieczni, Alexander Martin, Ursula Benscheidt, Loganathan Kumarasingan, Lina Dolfen, Marianne Gülpen, Maria Savelsberg, Gabriele Gillissen, Miroslaw Najman, Gertrud Olivier, Fritz Grosselke, Hans-Peter Capallo, Lieselotte Sadowski, Josef Pley, Josephine Königshoven, Gertrud Voss, Jan Kosstra, Detlef Heinrich, Manfred Klimpel, Jürgen Hermann, Elisabeth Flocke, Paul Krischewski, Siegfried Hagen, Heinrich Vonderhagen, Wilhelm Mager, Edeltraud Koziol, Saied Salamian, Harry Nieswandt, Katharina Bürgerhausen, Thomas

Lannes, Luzia Eichling, Waldemar Sabic, Leonard Decker, Antoinette Romkema, Nikolaus Jansen, Elisabeth Meiniger, Margareta Salber, Peter Bubala, Heinz Dödner, Elisabeth Hartmann, Peter Herbst, Jürgen Mingers, Hermann Gilles, Josef-Dieter Schmoll, Heinrich Hellmonds, Paul Merk, Sehriban Özubek, Eduart Kabat, Klaus Christ, Herbert Winkel, Paul Wipperfürth, Josef Hilgers, Klaus Weinand, Günther Wuttke, Bernhard Schneider, Franz-Josef Hebben, Irene Duwe-Schmidtel, Klaus Hesseken, Joses Grzybowski, Ernst Mommertz, Helmut Runge, Andreas Bartha, Stefan Lausberg, Helmut Dickhof, Jürgen Wiebe, Aleksandar Begnisic, Christine Legrand, Michael Feltein, Josef Römer, Christos Manolakis, Klaus Wolfschlag, Manfred Wenzel, Hans-Hermann Zindler, Peter Hermann, Harry Schulz, Georgios Dedoussis, Wolfgang Schneider, Marie Bonnie, Karl-Heinz Konzer, Elke Sandlöbes, Hedwig Gust, Maria Cousin, Franz Thelen, Adelheid van Frosch, Elga Rüßler, Walter Breitkopf, Udo Birke, Helmut Nobis, Werner Thoma, Norbert Bockers, Elfriede Abrahams, Günter Wagner, Boro Bogeljic, Günther Birkigt, Barbara Kommol, Hans Hub, Ottfried Sturm, Uwe Küven, Maria Waden, Anna Rütters, Friederike Dahmen, Heinrich Göge, Elise Leeuw, Josef Küpper, Gerhard Kluth, Werner Osthold, Reinhold Schwung, Hasena Rahmani, Karl-Heinz Kronenberg, Hans-Jürgen Schmidt, Guido Schiewer, Manfred Benik, Christian Roth, Willibald Haussmann, Doris Maassen, Horst Idzikowsky.

Bei der Gedenkfeier für die Vergessenen, die nicht vergessen werden sollen, sagte der Aachener Oberbürgermeister Marcel Pilipp: «Mit dieser Trauerfeier zeigen wir, dass es uns nicht egal ist, wenn jemand gestorben ist. Wir stemmen uns mit unserem Gedenken gegen Verlassenheit und Vergessenheit. Wir dokumentieren, dass wir nicht einverstanden sind mit immer stärker um sich greifender Einsamkeit und Isolierung. Wir wollen nicht, dass Menschen mitten unter uns allein leben und allein sterben. Wir treten ein für gute Nachbarschaften, für soziale Netzwerke, in denen Menschen einander tragen und auch ertragen können.»

Das ist wirklich schön gesagt.

Glücklich leben und glücklich sterben kann man nicht in Einsamkeit.

Und wenn ich mir etwas wünschen dürfte für meinen Tod, dann ist es, dass ich meinen Namen hinterher nie auf dieser Liste lesen möchte.

12. Mai

Als ich das Haus der Sterbenden nach dem Frühstück verlasse, scheint die Sonne. Die Maikönigin sitzt rauchend auf der Terrasse und winkt mir fröhlich zum Abschied zu.

In der Nacht musste keine Kerze angezündet werden. Frau Abel braucht noch etwas mehr Zeit.

Das Handy brummt. Mein Frisör hat mir ein Foto von meinen Extensions gesandt, die heute in Brasilien losgeschickt werden. «Du wirst wunderbar aussehen! Kiss you, Amore!»

Auf dem Spielplatz neben dem Hospiz schaukelt eine Frau ihren dementen Vater und singt ihm ein plattdeutsches Liebeslied vor.

Dat du min Leevsten büst,
dat du wohl weeßt

Dass du mein Liebster bist, das weißt du wohl.
An das Lied kann sich der Mann, der fast nichts mehr von seinem Leben weiß, erinnern. Er lacht.
Seine Tochter wird er vergessen, sobald sie ihm den Rücken zudreht.

13. Mai

Ich bin tief enttäuscht. Ich habe mir meinen Besuch bei Dr. med. Thomas L. Hartmann, Facharzt für Plastische und Ästhetische Chirurgie, anders vorgestellt. Vor allem viel kürzer.
Heimlich hatte ich gehofft, der Mann würde mich nach einem kurzen Blick in mein Gesicht gereizt wegschicken mit den Worten: «Sie verschwenden meine Zeit! Kommen Sie in zehn Jahren wieder.»
Aber so war es nicht gewesen.
Stattdessen hatte mir der sachkundige Arzt ganz ohne Vergrößerungsspiegel sofort ein Acht-Punkte-Lifting nahegelegt. Dabei werden acht Schlüsselpunkte auf jeder Gesichtshälfte mit Hyaluronsäure unterspritzt, «was für ein natürliches, jugendlicheres Äußeres sorgen und einen Lifting-Effekt ohne Skalpell und ohne OP erzeugen soll». Habe ich im Internet nachgelesen.
Hyaluronsäure ist, zunächst die gute Nachricht, ein körpereigenes Naturprodukt, das in unserem Bindegewebe steckt und unsere Haut prall und elastisch hält.
Die schlechte Nachricht: Bereits mit fünfundzwanzig Jahren beginnt der Körper ungefragt und unaufhaltsam damit, Hyaluron abzubauen, und nach vierzig Lebensjahren ist die Hälfte dieser kostbaren Säure einfach weg. Und entsprechend sieht die zurückbleibende Haut aus. Es kommt zu, ich zitiere wieder das Internet, «Haut-Aussackungen, Gesichts-Absackungen, Bäckchenbildung und verschwommenen Gesichtskonturen».

Die Natur gibt sich ab einem gewissen Zeitpunkt einfach nicht mehr besonders viel Mühe mit uns. Warum auch? Evolutionär gesehen ist man als Frau ab Mitte vierzig nutzlos.

Das Kapitel Arterhaltung ist abgeschlossen, die Eierstöcke sind, bis auf ein paar unzuverlässige Restposten, leer, und das Bindegewebe sieht nicht ein, warum es sich noch länger anstrengen soll, jetzt, wo es nahezu ausgeschlossen ist, dass das Erbgut noch an den Mann gebracht werden kann.

Im Grunde ist es eine biologische Entgleisung, wenn eine Frau jenseits der Menopause überhaupt noch ein interessiertes Männchen findet und an der Bar auf einen Drink eingeladen wird.

Als wir erfunden wurden, war es nicht vorgesehen, dass eine Frau ihre Wechseljahre überlebt und jenseits der fünfzig eine Ausbildung zur Heilpraktikerin beginnt oder an der Volkshochschule kubanische Tänze erlernt.

Männer hingegen, diese Sperma-Milliardäre, werden von der Evolution deutlich länger einigermaßen in Schuss gehalten, damit sie sich – ich denke, Mutter Natur hat hier Männer wie Mick Jagger, Franz Beckenbauer, Rod Steward und Mel Gibson im Sinn gehabt – möglichst lang und möglichst weitreichend vermehren.

Aber dank künstlichem Hyaluron steht den Frauen ihre biologische Nutzlosigkeit nicht mehr länger ins Gesicht geschrieben.

Wer es sich leisten kann, macht einen auf ewig fruchtbar, lässt sich die Hängepartien an der Kinnlinie und die Nasolabial-Falten auffüllen und behauptet auf Nachfrage, die wundersame Straffheit läge einzig an guten Genen, drei Litern Wasser pro Tag und ausreichend Schlaf.

Ich will die jetzt auch, die guten Gene aus der Spritze, und aussehen wie ein skandinavisches Au-pair-Mädchen.

Dr. Hartmann zeigt mir ein paar Vorher-nachher-Fotos aus seinem Leistungsspektrum. Ich zeige mich beeindruckt und verlasse die Praxis mit einem Termin für den ersten Juni.

Mein ganz persönlicher Frühlingsanfang.

23. Mai

ORT: Mallorca. Fitness Camp!
GEWICHT: Muskeln sind schwerer als Fett!
STIMMUNG: Bestens! Bewegung, Sonne und endlich eine Yoga-Stunde, bei der ich nicht lediglich herausfinde, was ich alles nicht kann. Ich fühle mich so fern jeglicher Sorgen, könnte die ganze Welt und jeden Idioten umarmen.

Glück ist Geborgenheit und Zuversicht. Das Gefühl, Bedeutung zu haben und zu geben. Verbundenheit, Sinn und Stabilität zu empfinden. Stimmt alles.
Aber weißt du, was auch Glück ist?
Mit einer Freundin im Doppelbett übernachten. Und im Dunkeln flüstern. Gemeinsam auf Mückenjagd gehen. Am Pool liegen, Orangenhäute vergleichen und dann über die Dünnen lästern oder sich selbst.
Vera (versunken): «Meine Oberschenkel sehen aus, als hätten sie einen Hagelschaden.»
Ich (energisch): «Quatsch, schau dir meine Bauchdecke an: als sei ich von frühester Jugend an mit Tennisbällen beworfen worden.»
Vera: «Du bist schon ganz schön braun geworden.»
Ich: «Ich war wieder unter der Sonnendusche. Ist diesmal leider in Teilen schiefgegangen. Hast du die unschönen Schmutzränder an meinen Füßen gesehen?»
Vera (ungebeten offen): «Jetzt, wo du's sagst. Sieht aus, als seiest du mit Flip-Flops in einen sehr großen Haufen Hundescheiße getreten. Gehst du gleich zum Mädchen-Boxen?»
Ich (in meiner Ehre gekränkt): «Das heißt nicht Mädchen-Boxen, das heißt Tae Bo, und es handelt sich um ein wahnsinnig anstrengendes, choreographisch anspruchsvolles Cardio-Training,

das Elemente aus allen asiatischen Kampfsportarten enthält. Du könntest ruhig mal mitmachen.»

Vera (einen Hauch gelangweilt): «Ich hab dir doch gesagt, dass ich meine Turnschuhe zu Hause vergessen habe.»

Ich (belehrend): «Ich finde, wenn man einen ausgewiesenen Sporturlaub bucht und dann seine Turnschuhe vergisst, lässt sich eine gewisse unbewusste, negative Grundeinstellung der ganzen Unternehmung gegenüber nicht wegdiskutieren.»

Vera (durchschaubar ablenkend): «Wie war denn der Salsa-Kurs gestern Abend?»

Ich: «Durchwachsen. Erst habe ich mit Malte getanzt und kam mir unheimlich kubanisch vor, mit schwenkender Hüfte, glühenden Augen und allem, was dazugehört. Es geht eben nichts über einen Partner mit Rhythmusgefühl und Führungsqualitäten. Ich fühlte mich wild und sexy und hatte innerlich bereits meinen Mann für einen Straßenkünstler aus Rio verlassen.»

Vera (insistierend): «Und dann?»

Ich (ernüchtert): «Dann gab es einen Partnertausch, bei dem ich aus unerfindlichen Gründen übrig blieb. Und dann musste ich vom Rand der Tanzfläche aus zusehen, wie mein Malte mit dieser unnatürlich dünnen, zierlichen, langhaarigen, jungen Schnepfe...»

Vera (gemein): «Du meinst Emma? Die ist total nett.»

Ich (resigniert): «Danke, Vera, das weiß ich selbst. Jedenfalls habe ich so getan, als würde ich einen Anruf kriegen und bin gegangen. Ich muss den Tatsachen ins Auge sehen, aus mir wird nie eine glutäugige Kubanerin. Und wenn ich Salsa tanze, dann sieht es nicht erotisch aus und so, als ob man davon Kinder bekommen könnte, sondern als würde jemand einen vollen Einkaufswagen übers Parkett schieben.»

Vera (beschwichtigend): «Jetzt bist du aber viel zu streng mit dir, das ist doch sonst nicht deine Art. Die Hauptsache ist, es macht dir Spaß. Man muss immer optimistisch bleiben und darf nicht aufgeben. Pass auf, in zwei Tagen wirst du vom Salsa schwanger.»

Ich (maulig): «Warum sollte ich nicht etwas aufgeben, was ich sowieso niemals lernen werde? Da bin ich doch lieber Realist als Optimist. Hasta la vista, Salsa!»

Vera: «Vielleicht hast du ja auch nur Salsa getanzt, weil du dachtest, das müsste man so machen in einem Sporturlaub, in dem alle unheimlich aktiv, bewegungsbegabt und locker in der Körpermitte sind. Vielleicht verleugnest du damit dein inneres Selbst. Ich lese dir mal vor, was ich gerade in *Geo Wissen* gelesen habe: ‹Man sollte sich fragen, weshalb man sich überhaupt ändern möchte. Denn das bedeutet ja im Kern, dass man sich selber fremd werden will – dass man einen Teil von sich aufgibt. Bevor man sich überhaupt daran macht, Wege zur Veränderung zu suchen, sollte man sich fragen: Möchte ich das wirklich aus innerem Antrieb? Oder stecken vielmehr die Erwartungen anderer dahinter, der soziale Druck? Wäre es nicht klüger, die Kraft darauf zu verwenden, zu akzeptieren, wer ich bin, die eigenen Grenzen anzuerkennen und zu lernen, damit umzugehen? Das gelingt, indem man sich eine Umgebung schafft, die zur Festigung der Persönlichkeit beiträgt. Wählen Sie einen Beruf, der Ihnen wirklich liegt, einen Partner, der zu Ihnen passt, Freunde, die Sie bestätigen. Meiden Sie nach Möglichkeit Menschen, die wollen, dass Sie sich ändern – und vor allem: Verleugnen Sie nicht, wer Sie sind!›»

Ich (nach ein paar Sekunden nachdenklichen Schweigens): «Weißt du was, ich glaube, das stimmt. Ich werde nicht länger verleugnen, wer ich bin, und erwarte von dir als meiner besten Freundin, dass du mich darin bestätigst und bedingungslos unterstützt.»

Vera (argwöhnisch): «Und wer bist du? Beziehungsweise, wer glaubst du zu sein?»

Ich (euphorisch, beglückt von der neu gewonnenen Erkenntnis): «Man muss etwas nicht unbedingt gut machen. Hauptsache, man macht es gern. Zu dieser Seite meines Wesens werde ich in Zukunft stehen. Ich bin eine leidenschaftlich schlechte Salsatänzerin, und das will ich auch bleiben!»

Mit einer entsprechend leidenschaftlich-südamerikanischen Bewegung schwinge ich mich in eine aufrechte Sitzhaltung, und meine unteren Lendenwirbel gehen knirschend und erschrocken in Deckung.

Vera: «Ach nee, und jetzt ist Schluss mit der Suche nach dem neuen Ich? Und was wird aus deinem Buch? *Neuland* kannst du es ja schlecht nennen, wenn deine Erkenntnis schon weit vor Fertigstellung lautet, dass du lieber so bleiben möchtest, wie du bist, und dir gezielt eine Umwelt schaffen willst, die sich nicht daran stört, dass du dich für unverbesserlich hältst.»

Ich: «Es liegt kein Heil darin, den Wesenskern verändern zu wollen. Unsere Persönlichkeit besteht zu fünfzig Prozent aus Biochemie. Erbmasse, Veranlagung, daran gibt es nichts zu rütteln. Und es ist wichtig, herauszufinden, welcher Teil von dir unveränderlich ist. Sonst dokterst du ein Leben lang an der falschen Stelle rum. Im Grunde ist es wie mit den naturgegebenen Körperformen. Ich bin ein klassisches *H*, und das werde ich auch bleiben, egal, wie viel Sport ich mache oder wie viel Fett ich mir absaugen lasse.»

«Was soll das heißen, du bist ein *H*?»

«Ich war letzte Woche bei einem Workshop, der *Stil und Image* hieß, sehr aufschlussreich. Wusstest du zum Beispiel, dass die Farbe Gelb appetitanregend und die Farbe Lila appetithemmend ist?»

Vera: «Komm bitte zur Sache!»

Ich: «Also ein *H* bedeutet, dass du im Grunde aussiehst wie ein hochkant aufgestellter Sarg: oben so breit wie unten.»

Vera: «Aha, und was gibt es sonst noch für Körperformen?»

ICH: «Das *O*. Erklärung überflüssig, oder? Dann haben wir das *V*: breite Schultern, schmale Hüften. Dann das *A*: schmale Schultern, breite Hüften. Und schließlich das *X*: schmale Taille, breite Schultern, runder Po. *X* ist natürlich optimal.»

Vera (schaut deprimiert an sich runter): «Ich bin als *A* geboren und werde als *A* sterben. Ich sehe aus, als hätte der Schöpfer bei mir oben herum noch mit ziemlich guter Laune angefangen, aber dann ist ihm irgendwo in Bauchnabelhöhe eine Laus über die Leber gelaufen, und er hat seine Aggressionen an meiner unteren Körperhälfte ausgelassen. Meine Beine sehen aus wie eine fleischgewordene Existenzgründungsbeihilfe.»

Vera und ich schweigen einen Moment und sehen verbiestert einem perfekten X hinterher, das sich gerade anmutig und stolz in Richtung Pool bewegt.

«Die zwei Bs», sage ich fachkundig.

«Wie bitte?»

«Habe ich auch bei *Stil und Image* gelernt: Du musst die zwei Bs verinnerlichen: Brasilien und Ballett. Sobald du deinen Körper in Bewegung setzt, musst du den Hintern schwingen, die Wirbelsäule langmachen und die Schultern zusammendrücken.»

«Sonst noch Erkenntnisse in Sachen Stil?»

«Wenn dein Gesicht bereits zerknittert ist, solltest du nicht auch noch knitterige Stoffe tragen. Glänzende Strumpfhosen sind tagsüber verboten, farbige generell – es sei denn, du möchtest bewusst provozieren. Wickelkleider wirken weiblich, verzeihen aber nichts, weil sie sich wie eine zweite Haut über deinen Körper legen. Als V-Typ trägst du besser keine Schulterpolster und als H keinen sichtbaren Gürtel unterhalb der nicht vorhandenen Taille. Bauchfrei, Zöpfe und Hot Pants trägst du ab dreißig besser gar nicht. Ab vierzig solltest du mit nacktem Arm niemandem mehr zuwinken. Und bevor du dich auf High Heels in Bewegung setzt, solltest du lernen, darin zu gehen.»

«Ich habe gehört, dass sich die Frauen in Hollywood die Füße mit Betäubungscreme einschmieren, bevor sie in hohen Schuhen losziehen.»

«Das könnte ich nächsten Monat bei der Filmpreisverleihung ausprobieren. Ich hoffe nur, dass man mit anästhesierten Füßen noch einigermaßen elegant vorankommt. Es wäre schon blöd, wenn man mich über den roten Teppich tragen müsste.»

«Hast du schon ein Kleid?»

Ich nicke, von mir selbst ergriffen, und sage einen Satz, den ich mich immer schon mal sagen hören wollte: «Letzte Woche war die Anprobe.»

Das Wort Anprobe hängt wie ein glitzernder Stern in der imaginären Sprechblase über meinem Kopf, und ich habe den Eindruck, dass selbst Vera einen Moment lang von Ehrfurcht ergriffen ist.

Leider kennt sie mich zu gut, um von mir beeindruckt zu sein. Aber ich bin jetzt eine Frau, die eine *Anprobe* hat. Und da darf man sich schon mal ein paar Sekunden lang toll vorkommen und bewundern lassen.

Vor zwei Wochen war ich im Atelier der Modedesignerin Anja Gockel gewesen und hatte mich gefühlt wie eine königliche Braut, der ihr Hochzeitskleid auf den Leib geschneidert wird.

Mein erstes Maßkleid!

Ich hatte in einem Rausch von Stoffen, Modellen und Farben geschwelgt und lediglich prinzessinnenhaft auf das zeigen müssen, was mir gefiel.

Und genau das hatte ich nicht bekommen.

Denn zielsicher und charaktertypisch hatte ich mich auch modemäßig kein Zentimeterchen aus meiner Komfortzone herausgewagt und mir ein locker fallendes, schwarzes Abendkleid mit halblangem Arm und moderater Länge zusammengestellt, das sich harmonisch in meinen ungewagten Kleiderschrank eingefügt hätte.

Die Fotografen am roten Teppich hätten mich gebeten, Platz für die Stars zu machen, und von Menschen, die ich kenne, hätte ich freundliche Komplimente gehört wie: «Du sieht wunderbar natürlich aus.» Oder: «Du ziehst dich immer so typgerecht und authentisch an.»

Aber mal ehrlich: Scheiß auf natürlich! Und authentisch ist out! Marlene Dietrich hat auch nicht natürlich ausgesehen. Und sie hätte es mit Sicherheit nicht als Kompliment empfunden, hätte ihr ein Verehrer zugeraunt: «Du, Marlene, es macht mich unheimlich an, wie authentisch du heute wieder rüberkommst.»

Für natürlich brauche ich keine Anprobe und kein Maßkleid, das kann ich alleine, und die fragwürdige Karriere des Wortes authentisch kann ich ohnehin nicht nachvollziehen.

Was bedeutet Authentizität, dieser Zungenbrecher, der es in den letzten Jahren zu spätem und zweifelhaftem Ruhm gebracht hat?

In der Kunst und in der Musik ist etwas authentisch, wenn es keine Fälschung ist, wenn es auch wirklich von dem ist, dessen Name drüber- oder druntersteht.

Bei Menschen, ich habe das mal im Lexikon nachgelesen, «beinhaltet Authentizität die Bereitschaft, seine negativen Seiten nicht zu verleugnen; real, urwüchsig, echt und ungekünstelt zu sein. Authentisch ist, wenn der unmittelbare Schein und das eigentliche Sein in Übereinstimmung sind.»

Auf dem roten Teppich – und ehrlich gesagt auch in einigen anderen Situationen in meinem Leben – möchte ich eines ganz bestimmt nicht sein: echt und urwüchsig.

Bei der Filmpreisverleihung will ich eine überzeugende und überzeugte Fälschung sein! Von den getuschten Wimpern bis zu den betäubten Füßen, von den bis dahin blond gefärbten und künstlich verlängerten Haaren bis zum Bauch, der entweder mühsam flach gehungert oder mühsam flach gedrückt wird.

Und ich finde es auch absolut richtig und wichtig und möchte alle Menschen herzlich dazu auffordern, negative Seiten situationsbedingt zu verleugnen und sich nicht andauernd authentisch zu benehmen und nicht stets das zu tun, wonach einem gerade ist.

Ansonsten gäbe es sicherlich eine enorme Menge mehr an öffentlichen Beleidigungen und Ärgernissen, vor dem Altar geplatzten Ehen und selbstgefälligen Typen, die fremde Frauen ungebeten in Parklücken einwinken.

Bitte, seid eine Fälschung eurer selbst!
Wenn es geht, die bestmögliche.

Auf meine Kleiderauswahl bezogen bedeutete das, dass ich mich schließlich nach sanftem Drängen der Designerin, einer flammenden Rede der Schneiderin und der überzeugenden Einmischung einer Kundin unfreiwillig entschieden hatte für: ein orangefarbenes Corsagenkleid mit Schleppe!

Es würde perfekt sitzen.

Aber es würde alles andere als komfortabel sein.

Im Grunde genommen das modische Pendant zur maßgefertigten Laubhütte im Dschungel bei Bremen.

Der stoffgewordene Abenteuerurlaub.

Ein Kleid wie ein Stratosphärensprung!

Barfuß im Bach.

Botox in der Stirn.

Im Bett mit einer fremden Blondine.

Kann die Haarfarbe den Charakter verderben?

Ein roter Teppich, Glamour, Gala, Gel-Fingernägel und folgende Fragen: Wie schön willst du wirklich sein?

Machen Falten glücklich?

Wie komme ich auf diesen Absätzen heil bis zum roten Teppich?

1. Juni

> ORT: Wartezimmer der Praxis Goldbek Medical mit Blick auf den Hamburger Goldbekplatz, wo Menschen unbeeindruckt ihren Geschäften nachgehen, während ich meine Falten zu Grabe trage.
>
> KÖRPER: Top in Schuss nach einer Woche Sporturlaub mit Tae Bo, Yoga, Salsa, Wassergymnastik und eisenharter Disziplin am Buffet. Bin allerdings mit elf veganen Schokoriegeln im Gepäck angereist, die bereits nach vier Tagen ohne fremde Unterstützung verzehrt worden waren.

Während der Woche war mir immer klarer geworden, dass Vera und ich die ältesten mitreisenden Frauen waren. Deutlich wurde das in bedenkenswerten Situationen, beispielsweise an der Bar, wo ich im Kreise meiner jungen, größtenteils blonden, sportlichen neuen Freundinnen von einem deutlich nach Begattung strebenden Triathleten als Einzige nicht gefragt wurde, ob ich noch etwas trinken wolle.

Dabei habe ich durchaus noch regelmäßige Eisprünge, ehrlich, aber das wollte ich ihm vor all den Leuten auch nicht auf die Nase binden.

Vera hatte sich derlei Demütigungen des Präklimakteriums erspart, indem sie stets früh ins Bett gegangen war. Ich hingegen hatte an drei Abenden bis nachts halb drei ausgeharrt, bloß um am nächsten Morgen todmüde zu erfahren, dass ich das Beste verpasst hatte, weil es gegen vier noch mal so richtig abgegangen war.

Trotzdem, ein super Urlaub. Irgendwie ist es ja auch entlastend, wenn man nur Leute um sich hat, mit denen sich, jedenfalls wenn man bei gesundem Menschenverstand ist, ein Vergleich verbietet.

Während die noch nach Beischläfern für eine Nacht oder für

ein ganzes Leben suchen, sich über das erste graue Haar, die Andeutung eines winzigen Hauchs von Orangenhaut oder die verblüffende Erkenntnis ärgern, dass Männer einem das Leben nicht durchweg versüßen, kann man sich selbst den Vorzügen des Alterns hingeben: nur noch mit interessanten Typen reden, keine Zeugungsabsichten mehr hegen, die das Leben ungleich komplizierter und anstrengender machen. Ins Bett gehen, wenn man müde ist. Aufhören, wenn man keine Lust mehr hat, und die Übungen für die schrägen Bauchmuskeln einfach weglassen. Ich habe zwei Kinder, wozu brauche ich schräge Bauchmuskeln? Mir reicht, dass ich keine geraden habe.

Es ist doch unheimlich doof, sich zu beklagen, dass man ab einem gewissen Alter für gewisse Männer durchsichtig wird. Hätte man lieber frühzeitig dafür sorgen sollen, dass man Männern, die auf mehr als Optik Wert legen, auch mehr zu bieten hat.

An hochwertiger Fortpflanzung habe ich kein Interesse mehr. An hochwertiger Unterhaltung schon. Insofern könnte man sich doch eigentlich mit einem von selbstverdientem Geld bezahlten Drink in der Hand zurücklehnen, die jüngeren Mitglieder der Gesellschaft gelassen beim Paarungsverhalten beobachten und ab und zu aus dem Zuschauerraum einen wohlwollenden Ratschlag absondern, von dem man genau weiß, dass er nichts bringen wird.

In langen Jahren harter Selbsterfahrungen mühsam erkämpfte Weisheiten wie: «Nein, es ist kein stummer Schrei nach Liebe, wenn ein Mann dich nicht anruft. Er ruft dich nur aus einem einzigen Grund nicht an: Er hat keinen Bock auf dich.» Oder: «Vergiss es, er wird sich nicht ändern. Akzeptier ihn oder verlass ihn und hör auf, darauf zu warten, dass er Emoticons benutzt.» Oder: «Hör endlich auf, den Bauch einzuziehen!»

Und ja, ich bin mir durchaus bewusst, dass ich mit dieser inneren Haltung im Wartezimmer eines plastischen Chirurgen ein wenig fehl am Platze bin.

Ich habe, um ehrlich zu sein, Angst, mein Gesicht zu verlieren.

In den nächsten Tagen werde ich viel dafür tun, um jünger auszusehen, als ich bin. Um die Zeichen der Zeit zu mildern, um wieder sichtbarer zu werden an den Bars dieser Welt, um fragwürdige Signale der Fruchtbarkeit und Jugendlichkeit auszusenden, bei denen es ja unter Umständen auch zu unschönen Missverständnissen kommen kann, weil man die Geister, die man ruft, ja dann schließlich auch an der Backe hat, mit all ihrem Verlangen nach Fortpflanzung und Jugend und ihrem mangelnden Schlafbedürfnis.

Ich war immer eine Frau für den zweiten Blick. Oder auch für den dritten oder vierten, je nachdem, wie verblendet mein Gegenüber durch konventionelle Schönheitsideale war.

Und selbst wenn ich gewollt hätte und mit Modelmaßen, Power-Bindegewebe und hohen Wangenknochen gesegnet gewesen wäre, hätte ich der Optik niemals eine Priorität in meinem Leben verleihen können.

Äußere Schönheit braucht Zuschauer. Zum Aussehen gehört es, gesehen zu werden.

Und ich wurde nicht gesehen.

Als Tochter eines blinden Vaters ist es egal, wie lang und glänzend deine Haare, wie rosig deine Wangen sind, wie voll dein Mund, wie kokett dein Lächeln, wie anrührend dein Augenaufschlag ist.

Für einen Blinden bist du nie ein Hingucker.

Für mich wurde Sprache zu meinem wichtigsten Schönheitsmerkmal.

Denn der erste und wichtigste Mann in meinem Leben war kein Zuschauer. Er war ein Zuhörer.

Ich mache ein paar Abschiedsfotos von meinem Gesicht.

Ob man glücklicher wird, wenn man nicht mehr unglücklich gucken kann?

Es gibt Studien, die zum Ergebnis kommen, dass Botox in der Stirn gegen Depressionen hilft. Wahrscheinlich gibt es auch Studien, die belegen, dass Butterkekse gegen Stottern und French Nails gegen Cellulitis helfen.

Bin angespannt und nervös und blättere fahrig in einer Zeitschrift.

Carla Bruni macht Werbung für sehr teuren Schmuck.

Ein Doppelseiten-Gesicht, so ebenmäßig und ausdrucksstark wie ein weißes Blatt Papier. Nun weiß wohl jeder mittlerweile genug über die Möglichkeiten von Fotografie und Retusche, dass hoffentlich keiner mehr annimmt, Carla Bruni sähe morgens vor dem Zähneputzen auch nur ansatzweise so aus wie Carla Bruni nach der Behandlung durch Visagisten, Coiffeure, Beleuchter, Fotografen und einer nicht allzu zimperlichen digitalen Nachbearbeitung. Fotos haben nichts mehr mit der Wirklichkeit zu tun.

Falls dringend erforderlich und vom Kunden erwünscht, könnten auch Hans-Dietrich Genscher oder Benjamin Blümchen aussehen wie Carla Bruni.

So gesehen setzt sich das, was auf Fotos begann – hier eine Falte weniger, hier mehr Po, dafür eine schmalere Hüfte und größere Augen –, konsequent auf den roten Teppichen dieser Welt fort und überall da, wo man es für nötig hält und es sich finanziell leisten kann, die Natur mit einigen nachdrücklichen Hilfestellungen der ästhetischen Chirurgie zu korrigieren.

Was dann tatsächlich ästhetisch ist, liegt selbstverständlich in den Augen der Betrachter. Immer wieder zeugen üble Entgleisungen und zu starren Masken verunstaltete Gesichter vom Unterschied der Geschmäcker und dem Profitwillen der Schönheitschirurgen.

Solche Schönheits-Unfälle ziehen Kommentare nach sich, und die waren auch im Falle von Carla Bruni nicht sonderlich wohlwollend:

«Total entstellt! Nicht erschrecken: Die ehemalige Super-Beauty Carla Bruni könnte glatt als Vogelscheuche durchgehen. Was ist nur mit ihrem Gesicht passiert?», fragte sich die *Bunte* voll ehrlicher und Anteil nehmender Betroffenheit und berichtete: «Beim Anblick von Carla Bruni konnte einem ein kalter Schauer über den Rücken laufen. Was ist nur mit ihr passiert? Hat sich die Endvierzigerin in einem Jugendwahn verloren? Will sie um jeden Preis jung und schön bleiben? Schade eigentlich, denn wenn eine Frau in Würde hätte altern können, dann wäre es mit Sicherheit Carla Bruni gewesen.»

Ach ja, der viel gehänselte Jugendwahn und das viel gelobte Altern in Würde – zum Kotzen!

In Zeitschriften und Fernsehformaten, in denen kein einziger naturbelassener Mensch vorkommt, wird jede prominente Hauterschlaffung genauso gnadenlos kommentiert wie jedes gestraffte Kinn.

Über jede Falte wird exakt so hämisch berichtet wie über den Versuch, dieselbe loszuwerden.

Wer kann denn hier noch in Würde alt werden, wenn keine Endvierzigerin mehr aussieht wie eine Endvierzigerin?

Neulich wurde ich von einer Frau gebeten, ihr Alter zu schätzen. Ich vermutete, sie sei eine sehr gut gemachte Fünfzigjährige. Dabei war sie ungemachte vierzig.

«Würden Sie mir bitte folgen, Frau von Kürthy?», sagt Dr. Thomas Hartmann.

Ich tapse hinter ihm her in den Behandlungsraum, die Todeszelle für Falten und Tränensäcke, und denke ein wenig beschämt: Sagen Sie ruhig Bruni zu mir, Herr Doktor, Carla Bruni.

Nach zwanzig Minuten ist alles vorbei. Mit vier Ladungen Botox in der Stirn und sechzehn Portionen Hyaluron-Fillern in Wangen, Lippen und Kinn verlasse ich die Praxis.

Die Wirkung des Nervengifts wird erst in den nächsten Tagen einsetzen. Den Lifting-Effekt der Filler kann man bereits erkennen – ebenso wie die blaue Lippe.

Leider hatte Dr. Hartmann mit einer der feinen Nadeln ein Gefäß in der dünnen Haut oberhalb meiner Lippe getroffen. Das kann passieren, das ist nicht schlimm, aber es sieht schlimm aus.

Mit einem schauderlichen Knacken, als würde ein Schuljunge absichtlich auf eine Weinbergschnecke treten, hatte sich die Spritze immer wieder durch das Bindegewebe meines Gesichts gebohrt, nicht wirklich schmerzhaft, aber dennoch unangenehm genug, um sich ein baldiges Ende der Prozedur zu wünschen.

«Was ich heute in Ihrem Gesicht gemacht habe, ist bloß Kindergarten», hatte der Chirurg zum Abschied gesagt und mich daran erinnert, telefonisch einen Termin zum *Cool Sculpting* zu vereinbaren, dem professionellen Vereisen von Fettzellen. Der letzte Schrei in Sachen figurformender Maßnahmen, die keinerlei Selbstdisziplin erfordern.

Die Chance, im Zuge meiner Recherche über innovative Methoden für ein erfülltes Leben die Neuigkeiten auf dem Markt der Schönheit zu testen, wollte ich mir selbstverständlich nicht entgehen lassen.

Und leider hatte Dr. Hartmann, nachdem er sich kurz einen Eindruck meines Ganzkörperzustandes verschafft hatte, befunden, dass an Bauch und Beinen durchaus Experimentalfett für einen waghalsigen Selbstversuch vorhanden sei. Die Hüften, immerhin ein kleiner Lichtblick, gäben diesbezüglich nicht genug her.

Zu Hause angekommen, sage ich alle aushäusigen Termine für die kommenden drei Tage ab, versichere meinen erschrockenen Kindern, dass ich nicht verprügelt worden sei, und erinnere meinen Mann daran, dass diese blaue Lippe im Zuge beruflicher Ermittlungen entstanden und somit ein Beitrag zur Finanzierung unseres Lebensunterhaltes sei.

Einen Gutenachtkuss auf meinen geschwollenen Mund will er mir trotzdem nicht geben. «Mein Arzt sagt, in ein paar Tagen wird die Schwellung verschwunden sein», flüstere ich aufmunternd in die Dunkelheit.

Kein Kommentar. Der Mann stellt sich schlafend. Ein sachdienlicher Hinweis darauf, dass ihm an einer weiteren Erörterung des Themas nicht gelegen ist.

Eines habe ich gelernt im Laufe meiner Existenz als Hälfte eines Paares: Wenn er so tut, als ob er schläft, dann sollte selbst Carla Bruni so tun, als würde sie ihm glauben, dass er schläft, und nicht mehrfach mit der Lautstärke eines Stadionansagers der New York Yankees fragen: «Bist du noch wach?»

Das ist unter keinen Umständen der Beginn einer konstruktiven Auseinandersetzung.

Ich starre also lediglich böse vor mich hin und hole das meiste raus aus meinen beiden Zornesfalten, die mir so lange gute Dienste geleistet haben und nicht ahnen, dass sie gerade schleichend vergiftet werden.

4. Juni

ORT: **Ferienhof Wilstedter Mühle, Seminar *Kunst mit Kindern*.**
ALLGEMEINZUSTAND: **Selig mit schwarzen Füßen und blauer Lippe.**

Es gibt Dinge, die man zwar vergessen hatte, die aber in dem Moment, in dem sie ins Leben zurückkehren, so intensiv und vertraut sind, dass man sich nicht vorstellen kann, wie es passieren konnte, dass man es die letzten zwei, zwölf oder zwanzig Jahre ohne sie ausgehalten hat.

Mir erging es so, als ich neulich heimlich und strikt gegen meinen aktuellen Ernährungsplan ein Softeis gegessen habe.

Dieser unbeschreiblich üppige Geschmack in Kombination mit dem Gefühl von Sorglosigkeit und Schulschluss.

Möglich, dass ich die nächsten Jahrzehnte kein weiteres Softeis essen werde, aber mit siebzig werde ich es wieder tun, und es wird immer noch nach dem Nachhauseweg meiner Kindheit schmecken.

Und jetzt erwacht gerade wieder Vergessenes zum Leben: das Fell eines Pferdes striegeln. Das vorsichtige Kreisen mit der Bürste über dem kurzen Haar auf dem Bauch. Lange, kräftige Striche am Hals und an den Beinen. Hufe auskratzen. Eine Stallgasse fegen. Zwischendurch immer wieder den Mund an die warme Pferdenase legen, den Geruch und diese mit nichts zu vergleichende Weichheit spüren, besser und beruhigender als alles andere auf der Welt, besser sogar als heiße Pfannekuchen, frisches Popcorn und frisch gemähtes Gras.

Und dann: Aufsitzen. Atem anhalten. Das vertraute Knarren des Sattels und das gute Gefühl im Zügel, wenn das Pferd entspannt und konzentriert auf dem Mundstück kaut. Leichtes Traben.

Ich bin seit dreiunddreißig Jahren nicht mehr geritten, und in dem Moment, als ich zum ersten Mal seit dieser Ewigkeit wieder angaloppiere, muss ich laut lachen vor lauter Glück und mir ein paar Tränen der Wiedererlebensfreude aus den Augen wischen.

Es lohnt sich, auf der Suche nach dem Glück auf Bewährtes zu schauen, zurückzugreifen auf vergessene Naturtalente und sich zu fragen: Was hat mich früher glücklich gemacht? Wobei habe ich als Kind die Zeit vergessen und die Sorgen?

Man muss auf der Suche nach dem besseren Leben nicht unbedingt zu neuen Ufern aufbrechen. Manchmal reicht die Rückkehr in altvertraute Gegenden: ins Freibad an einem frühen Sommermorgen, auf einen Pferderücken, auf eine Obstwiese spätnachmittags oder an einen Abendbrottisch mit fingerdicken Salamischeiben, Graubrot und Hagebuttentee.

Wenn ich mich frage, wo ein Glück zu finden ist, dann gibt der Blick auf meine glücklichsten Erinnerungen wertvolle Hinweise. Zwar lässt sich nicht jede Kindheitsromantik beliebig ins Erwachsenenalter übertragen, aber ich denke, die Saiten für das, was unsere Seelen zum Klingen bringt, werden früh gestimmt.

Am Abend des zweiten Tages auf dem Hof Wilstedter Mühle in Niedersachsen sind meine Füße so schmutzig, dass sie mit herkömmlichen Mitteln nicht sauber zu bekommen sind.

Meine Söhne haben im sonnengetränkten Atelier des Gutshauses Bilder gemalt und mit Speckstein gearbeitet. Sie sind auf den hofeigenen Ponys geritten, haben Hufe ausgekratzt und sich gegenseitig mit dem Holzboot über den kleinen See gerudert.

Wir haben zusammen mit den anderen Gästen und deren Kindern in der Sonne gefrühstückt, den Teig für Stockbrot zubereitet und einen Staudamm im Bach gebaut.

Zwei wunderbar wilde Zwillingsmädchen machten meinen Söhnen frühzeitig klar, wie aufregend das Leben mit eigensinnigen Frauen wird, und ich verschreckte eine alleinerziehende Mutter von drei Kindern, die gerade eine Eurythmie-Ausbildung abgebrochen und auf ihrem Auto einen dieser antiquarischen «Atomkraft? Nein danke!»-Aufkleber hatte.

Zunächst war sie mir noch leidlich wohl gesinnt, wahrscheinlich weil sie vermutete, meine geschwollene Lippe sei auf einen

Zusammenstoß mit einem patriarchalischen Unterdrücker zurückzuführen.

Als ich jedoch am Lagerfeuer eine Tüte Marshmallows öffnete und mit den Kindern zum Rösten auf Stöcke spießte, starrte sie mich an, als wolle ich ihren rein biologisch und größtenteils zuckerfrei aufgezogenen Nachwuchs vergiften. Und als ich dann auch noch den wahren Grund für die blaue, mittlerweile ins Grünorange changierende Schwellung erwähnte, fanden ab sofort keine weiteren gemeinsamen Mahlzeiten mehr statt.

Botox meets Eurythmie.

Zwei fremdere Welten können sich kaum begegnen.

Am Abend bekamen die Kinder Reitunterricht von einer jungen Schönheit mit herrlichem echtem, langem, blondem Haar, die ich interessiert nach den Nebenwirkungen ihrer Haarfarbe und ihres Aussehens befragte.

Ja, gab sie zu, sie sei es nicht gewohnt, in Schlangen vor Diskotheken zu warten, und nein, sie könne sich nicht erinnern, jemals einen Drink selbst bezahlt zu haben.

Ich überschlage im Kopf, wie viel Geld ich hätte sparen können, wenn ich mir die Haare frühzeitig blond gefärbt hätte. Zum Glück kann ich nur sehr schlecht rechnen, aber ich bin sicher, es handelt sich um einen hohen fünfstelligen Betrag.

Außerdem wären mir womöglich traumatische Erlebnisse vor dem *P1* in München, der *Bar Tausend* in Berlin und dem *Golden Cut* in Hamburg erspart geblieben.

Türsteher sind meist Männer, und die, das ist bedauerlicherweise statistisch erwiesen, bevorzugen Blondinen.

Hirnforscher vermuten allerdings, dass es den Türstehern und ihrer Spezies nicht in erster Linie um die Haar-, sondern um die Hautfarbe geht. Die ist bei blonden Frauen heller, und helle Haut steht für Gesundheit, also Fruchtbarkeit. Zudem sind die Anzeichen von Krankheit auf heller Haut leichter zu erkennen.

Männer scheinen die Möglichkeit zur Fortpflanzung regelrecht zu wittern, wie Gnus die Wasserquelle in der afrikanischen Steppe.

Eine seriöse Studie, die dem Zusammenhang von Trinkgeldern und Menstruationszyklen nachgeht, hat ergeben, dass Stripperinnen während ihrer fruchtbaren Tage doppelt so viel Trinkgeld bekommen wie sonst.

Da eröffnen sich mir für die nächsten Monate ganz neue Verdienstmöglichkeiten!

«Meine Urlaube habe ich auch noch nie selber bezahlt», hatte die schöne Reitlehrerin gesagt. Und die Türen, die sie sich selbst aufgemacht hat, kann sie wahrscheinlich an einer Hand abzählen.

«Kann schon sein, dass die Haarfarbe den Charakter verdirbt», hatte sie lachend hinzugefügt. «Ich habe schon mit fünfzehn angefangen, bei meinen Verehrern sehr strenge Auswahlkriterien anzulegen.»

Und warum auch nicht? Wenn ein Markt existiert, existieren auch Marktgesetze.

Es ist empörend und altmodisch, eine Beleidigung für den Verstand, aber es ist nicht zu ändern: Schönheit ist ein unverdientes Privileg, das über unser Leben entscheidet.

Wir werden aufgrund unseres Aussehens ganz automatisch ungleich behandelt. Die Vorteile, die ein ansprechendes Äußeres verschaffen, sind so gravierend, dass es in den USA Überlegungen gibt, dass Angeklagte nicht mehr persönlich vor Gericht erscheinen müssen oder eine Vertretung schicken dürfen. Der Grund dafür sind Statistiken, die belegen, dass hässliche Angeklagte härtere Strafen bekommen als gutaussehende. Demnach wäre es für alternde Serienschauspieler lukrativ, sich als Gesichtsvertretung für Kriminelle anmieten zu lassen.

Wer schöner ist, hat es leichter. In den Warteschlangen stehen immer die anderen.

Man möchte protestieren und für ein Gesetz zur Wahrnehmung innerer Werte auf die Straße gehen. Demonstrieren gegen die Diskriminierung von Leuten, deren Gesicht nicht symmetrisch ist, deren Brustwarzen und Bauchnabel kein gleichseitiges Dreieck bilden, deren Beine nicht halb so lang sind wie der ganze Körper, deren Kopflänge nicht ein Siebtel der gesamten Köperlänge beträgt – die also nicht den Maßen des klassischen Schönheitsideals genügen.

Der erste Eindruck, sagen Forscher, hängt nur zu sieben Prozent von dem ab, was ein Mensch sagt. Den größten Teil unserer Wirkung macht unsere Oberfläche aus, und das von Anfang an.

Da früh geborene Babys noch viele Monate schmal und ein wenig greisenhaft aussehen, werden sie häufiger vernachlässigt und können schwerer an Pflegeeltern vermittelt werden.

Hübsche Babys werden von ihren Müttern häufiger angelächelt als weniger hübsche, und je mehr ein Baby dem Kindchenschema entspricht – große Augen, kleiner Mund, Stupsnäschen, rundes Gesicht –, desto fürsorglicher und liebevoller wird es behandelt.

Barbiepuppen, Arielle die Meerjungfrau, Pokémons und amerikanische Serienschauspielerinnen werden nach diesem Vorbild gebaut.

Und wann immer wir die Augen weit aufreißen, den Mund spitzen und unsere Stimme zum einem Stimmchen machen, versuchen wir, unser Gegenüber zu manipulieren und dazu zu bringen, uns wie ein Kindchen zu behandeln, das Zuneigung verdient.

Und wie gut das funktioniert, kann man nicht nur in Dorfdiskos und bei *Germany's Next Topmodel* studieren.

Aber nicht nur Schönheit wird einem in die Wiege gelegt, sondern auch der Sinn für Schönheit. Neugeborene blicken länger und lieber in schöne Gesichter. Die eigene Mutter, biologisch natürlich sehr sinnvoll, schauen sie am allerliebsten an, und dabei ist egal, wie sie aussieht.

Der Attraktivitätsforscher Karl Grammer sagt: «Wir beurteilen Menschen hauptsächlich nach ihrem äußeren Erscheinungsbild, nicht nach ihren inneren Werten. Attraktivere Kinder kriegen die besseren Noten, attraktivere Studenten machen die besseren Abschlüsse, und attraktivere Uni-Absolventen bekommen die besseren und höher bezahlten Jobs.»

Wolfgang Joop sagt es ein wenig drastischer: «Innere Werte? Zum Onanieren benutze ich doch keine Röntgenbilder!»

Schönheit ist ein Skandal!

Studien belegen: Hübsche Kellnerinnen bekommen mehr Trinkgeld, ansehnliche Verkäufer machen mehr Umsatz, und sogar Hühner, diese Schweine, bevorzugen im Experiment attraktive Menschen. Das zum Trost all jenen, die glauben, sie seien die Einzigen, an denen trotz inständigen Winkens das Taxi vorbeirauscht, nur um zwanzig Meter weiter vor sehr langen Beinen zum Stehen zu kommen.

«Männer sind immer auf der Suche nach dem besseren Sex. Das gilt auch für Taxifahrer.» Das sagt mein Freund Daniel.

Der Forscher Karl Grammer sagt: «Männer wählen Frauen letztendlich aufgrund ihrer Attraktivität und ihres reproduktiven Wertes aus. Auch die Emanzipation kann diese Konditionierung nicht ändern.»

Ulrich Renz schreibt in *Schönheit, eine Wissenschaft für sich*: «Mit Körbchengröße C lassen sich durchaus ein paar Jahre Studium ersetzen.»

Das funktioniert, wie wir leider alle wissen, nicht andersherum: Bildung ersetzt keine Brüste. Nur weil du dein Studium mit summa cum laude abgeschlossen hast, lädt dich garantiert kein Unbekannter mit Hintergedanken auf ein alkoholisches Kaltgetränk ein. Und deine rausgewachsene Dauerwelle kannst du nicht mit deinen profunden Kenntnissen in Altgriechisch ausgleichen.

Schönheit zählt. Und man fragt sich da schon ab und zu verzweifelt: Herrje, wo sind wir denn? Etwa im Neandertal?

Die Antwort lautet: ja.

Der Mensch ist, biologisch betrachtet, auch nur ein Tier. Und ob Fadenwurm, Hängebauchschweinchen oder Bundestagsabgeordneter, alle Tiere haben nur eins im Sinn: satt zu werden und sich zu vermehren.

Im männlichen Gehirn, das Mutter Natur ja übersichtlich und platzsparend eingerichtet hat, wurden beide Bedürfnisse in einem Bereich angesiedelt. Wenn ein Mann also eine attraktive Frau sieht, wird der Teil seines Gehirns aktiviert, der ansonsten für Hunger zuständig ist.

Und das ist Biologie, nicht Phantasie.

Ein Mann, der Falten attraktiv fände, könnte sich nicht fortpflanzen.

Männer hüten sich vor faltigen Frauen, weil Schönheit und Jugend, glatte Haut und glänzendes Haar ein Versprechen sind für ein paar appetitliche Gene.

Und auf der Jagd nach dem optimalen Erbgut verliert das Männchen gerne mal seinen Verstand, seine Würde oder die Kontovollmacht. Bei einem Experiment wurden männliche Testpersonen angewiesen, ihre Hand so lange wie möglich in eiskaltes Wasser zu tauchen. Die Probanden hielten fast doppelt so lange aus, wenn die Versuchsleiterin eine schöne Frau war. Ein paarmal musste das Experiment sogar abgebrochen werden, weil die Typen sich sonst die Flosse abgefroren hätten, bloß um dem Weibchen zu imponieren.

In jedem Mann steckt ein beknackter Affe. Richtig. Aber jedem beknackten Affen steht ein dummes Huhn gegenüber, das sich beeindrucken lässt. Ich kann nur sagen, was das angeht, passen Männer und Frauen hervorragend zusammen. Die einen lieben die Schönheit, die anderen den Status. Und beide hoffen so auf das bestmögliche Fortpflanzungsergebnis.

Bei einem Versuch hat man Frauen dieselben Männer einmal im Anzug und einmal in einer Burger-King-Uniform gezeigt. Das peinliche Ergebnis: Derselbe Mann im Anzug wurde von den

Steinzeit-Weibchen deutlich attraktiver gefunden als mit Burger-Bräter-Mützchen.

Und spielt man den Damen vor dem Experiment die Information zu, bei einem der Anzugträger handele es sich um einen Arzt, gibt es überhaupt kein Halten mehr.

Sie wittern das Alphatier.

Und man sieht es an Flavio Briatore und Boris Becker, was Frauen gewillt sind, für sexy zu halten, wenn sie bloß eine solide finanzielle Grundversorgung ihres potenziellen Nachwuchses wittern.

So treffen auf den Motorjachten und in den Besenkammern dieser Welt zwei niedere Instinkte aufeinander, um sich fortzupflanzen und anschließend zu behaupten, dass wahre Schönheit von innen käme.

Im Gespräch mit der Reitlehrerin hatte ich gemerkt, wie meine Stirn langsam abstarb. Vielleicht war sie auch schon vor längerem von uns gegangen, und ich hatte es nicht bemerkt, aber es wurde mir in dem Moment bewusst, als ich meinen Sohn, der gerade mit Pferdeäpfeln auf mich zielt, längst nicht so drohend anschauen kann, wie ich gerne will.

Kurz durchzuckte mich ein Gefühl von Panik. Ich komme mir vor wie gefesselt, als wollte ich winken und hätte Handschellen an, als kämpfte ich gegen einen unsichtbaren Feind in meinem Gesicht.

Aber das Gefühl vergeht nach wenigen Sekunden – schließlich bleibt mir ja noch die untere Gesichtshälfte für uneingeschränkte Emotionen. Und so belle ich meinen Sohn böse an, er solle bitte sofort den Pferdeapfel aus der Hand legen und sich an den Aufräumarbeiten im Stall beteiligen.

Nach dem Reiten zählen wir unsere Flohstiche und essen Kekse am Ufer des Sees, und die goldene Abendsonne legt sich auf meine schmutzigen, glücklichen Söhne, wärmt ihre schwarzen Füße, und obschon mich die Strahlen ein wenig blenden, konnte ich die Augen kein bisschen zusammenkneifen.

Auf der Rückfahrt am nächsten Tag entdecken wir ein Freibad mitten im Wald.

Es gibt eine Rutsche, eine Münzdusche und einen umgebauten Wohnwagen, in dem Fritten, Würstchen und Eis verkauft werden.

Meine Söhne sitzen, in Handtücher gehüllt, mit blauen Lippen und schrumpelig gebadeten Fingern auf der Wiese, stecken sich gegenseitig Pommes in die Nase, und ich kann fast sehen, wie bei ihnen glückliche Erinnerungen entstehen.

Erinnerungen, die sie ihr Leben lang begleiten, die sie vielleicht

vergessen werden, aber zu denen sie zurückkehren können wie in ein immerwährendes, warmes Zuhause.

Das ist wohl das Wichtigste, was man Kindern auf ihrer Reise durchs Leben mitgeben kann: gute Erinnerungen.

Meine guten Erinnerungen sind zwei Tage lang auf einem niedersächsischen Bauernhof zu mir zurückgekehrt und mit ihnen das Glück: Galopp, Pferdenasen küssen, durch einen Bach waten, über einen Zaun klettern und auf einer Rutsche ins Freibadbecken rutschen. Am Lagerfeuer sitzen, bis es dunkel wird, und am frühen Morgen barfuß durch hohes Gras gehen.

7. Juni

Korrekturtermin bei Dr. Hartmann. Die Lippenkontur spritzt er etwas nach, und unter den Augen füllt er noch mehr auf.
Ansonsten ist er zufrieden mit mir.
An meinen Schuhen entdecke ich einen Rest Pferdemist.

8. Juni

Die blaue Lippe ist weg.
Dafür habe ich jetzt ein blaues Auge und orange Haare.
Ich muss feststellen, dass das Projekt Selbstverschönerung etwas holperig gestartet ist.

11. Juni

So kann ich das Haus nicht verlassen.
Zunächst ist da die eitrige Nasennebenhöhlenentzündung, die ich mir im Waldfreibad zugezogen habe und die mein Gesicht auf

etwa doppeltes Volumen hat anschwellen lassen. Keine Chance für Botox und Hyaluron, in diesem verquollenen Gebilde für Jungendlichkeit und natürliche Frische zu sorgen.

Die kränkliche Aufgedunsenheit und Blässe verleiht mir in Kombination mit dem blauen Auge – leider hatte der Arzt beim Auffüllen der Konturen erneut ein Gefäß getroffen – die Anmutung einer misshandelten Wasserleiche mit einer Haarfarbe, die als Mordmotiv allein absolut ausreichend wäre.

Nach der ersten mehrstündigen Blondierungsbehandlung in unserem Badezimmer ist das Ergebnis nicht vorzeigbar.

Meine eigenen Haarpigmente scheinen sich wacker gegen das Bleichmittel zu wehren, was man ihnen ja nicht übel nehmen kann, was jedoch zu einer äußerst unansehnlichen grünstichigen Orangefärbung mit leichtem Einschlag ins abgestandene Beige geführt hat.

Marcio, mein wunderbarer brasilianischer Frisör, hatte bereits angedeutet, dass es nötig sein könne, die Haare mehrfach aufzuhellen, bis der gewünschte Blondton erreicht sei.

Der Haarkünstler hatte unser Badezimmer in einen voll ausgestatteten Frisörsalon verwandelt, ein tragbares Waschbecken aufgebaut, einen Hochleistungsföhn angeschlossen und eine schlagkräftige Armee von Fläschchen, Tinkturen und Schälchen zum Anrühren der Farbe in Stellung gebracht.

Stunde um Stunde trug Marcio immer neue Tinkturen auf, wickelte meinen Kopf in Alufolie oder in Platiktüten und erzählte dabei aus seinem Leben und aus dem seiner Kundinnen, die ihn regelmäßig nach Düsseldorf, München und in die Schweiz einfliegen lassen.

Mir wird klar, dass ich die Bedeutung von Haaren für Frauen naiv unterschätzt habe, als Marcio von der Dame mit den dunkelbraunen Extensions berichtet, die zehn Tage nicht aus dem Haus ging, weil er mit einem Magen-Darm-Infekt daniederlag und ihre Haare nicht föhnen konnte.

Ich lächelte mitleidig.

Ein Lächeln, das mir bald vergehen sollte.

Nach sieben Stunden hatte Marcio ein letztes Mal irgendeine übelriechende Creme auf meinem Kopf verteilt.

«Ist das schon wieder Bleichmittel?», hatte ich gefragt, allmählich um das schiere Überleben meiner Haare besorgt.

«Aber nein, mio Amore, meine Schatziiii!», hatte Marcio empört über so wenig Sachverstand gerufen. «Das ist nur Säure!»

11. Juni

Katastrophenalarm!
Ich habe die letzten Tage – unfreiwillig – ausschließlich mit Heimarbeit verbracht. Gestern Morgen, mein Mann war bereits beruflich unterwegs, sah ich mich gezwungen, meine Nachbarin zu bitten, meinen kleinen Sohn in den Kindergarten zu bringen.

Für das Schulfest am Samstag hat der Rest meiner Familie beschlossen, mich nur mit einer gut schließenden Kopfbedeckung und einem gut deckenden Make-up daran teilnehmen zu lassen.

Mein großer Sohn hat seinen Vater bei meinem Anblick gefragt: «Papa, kannst du uns eine neue Mama kaufen?», und ich selbst trete meinem Spiegelbild nur mit Mütze gegenüber.

Und als sei das nicht alles schon schlimm genug und als sei ich innerlich nicht bereits komplett aufgewühlt über meinen erbarmungswürdigen äußeren Zustand, erreichen mich im Minutentakt Kurznachrichten von Marcio, der drauf und dran ist, sein zuständiges Hamburger Postamt in Schutt und Asche zu legen.

Man muss leider sagen, dass die Lage, in der ich und mein Frisör uns befinden, sich auf sehr unschöne Weise zugespitzt hat.

Es ist, als würde ein launisches Schicksal mir gezielt Steine in den Weg legen, damit ich bloß nicht blond und schön werde. Die Post streikt, und meine edlen, sanft gewellten brasilianischen Echthaarextensions in drei verschiedenen Blond-Nuancen sind irgendwo zwischen Rio de Janeiro und Hamburg-Eimsbüttel hängengeblieben, weil die Tarifverhandlungen dauern und dauern und die Briefe und Pakete sich in den Ämtern bis unter die Decken stapeln.

Am Vormittag hatten Marcio die Emotionen überwältigt, und er hatte direkt vor der Paketausgabe einen hysterischen Anfall bekommen, begleitet von Luftnot und Schwindel. Eine Postbedienstete hatte ihn daraufhin in einen Nebenraum geführt, ihm ein Glas Wasser gereicht und geraten, die Füße hochzulegen.

«Ich brauche meine Haare!», hatte Marcio mehrfach gerufen und sich dramatisch an die Stirn gefasst. Aber Streik ist Streik.
Marcio erwägt die Einnahme eines Stimmungsaufhellers.

13. Juni

7 Uhr 30

Es ist Samstag, und ich stehe im Nachthemd unter dem Schlafzimmerfenster meiner Nachbarin Frauke, die auch blond ist. Wir Blondinen müssen zusammen halten, und ich brauche jetzt dringend Hilfe von einer Leidensgenossin.

Denn über Nacht hat sich mein Zustand tatsächlich noch verschlechtert. Nachdem ich gestern mit nassen Haaren, so wie ich es früher immer gemacht habe, ins Bett gegangen war, hatte mich mein Anblick heute Morgen wie ein Schlag getroffen.

Offenbar hatten meine eigenen Haare über Nacht erneut gegen das Bleichmittel mobilgemacht, und das Schlachtfeld der Pigmente präsentiert sich heute in einer Art Honig-Orange, das selbst Lady Gaga zu aufdringlich wäre.

Außerdem hatte sich mein ehemals gesundes, kräftiges und unkompliziertes Haar in eine Art Riesen-Ako-Pads verwandelt, mit dem man auch die hartnäckigsten Verschmutzungen aus Pfannen und Töpfen lösen könnte.

Meine Haare, die mir stets gute Dienste geleistet haben, zeigen sich nicht mehr kooperativ. Ich könnte heulen.

«Frauke!», zische ich verzweifelt. Ich möchte den kleinen Sohn der Nachbarin nicht wecken. «Frauke, bist du wach?»

Endlich regt sich etwas hinter den Vorhängen. Frauke öffnet verschlafen das Fenster. «Was ist denn los?»

Sie reibt sich die Augen und schaut auf eine unglückliche Gestalt in Nachthemd, Pantoffeln und mit einer Kindermütze mit Superman-Emblem auf dem Kopf. «Ist was passiert?»

«Ja! Ich brauche eine Kurspülung für blondes, brüchiges Haar.»
«Und wozu?»

Ich nehme die Mütze ab, die ich seit Tagen trage, und lasse mein Haar für sich sprechen.

«Verstehe», krächzt Frauke entsetzt. Ein paar Sekunden später wirft sie mir eine Feuchtigkeitspackung für angegriffenes Haar runter.

«Ich bewundere deinen Mut!», ruft sie mir noch hinterher, aber das ist nicht das, was ich in meiner verzweifelten Situation hören will.

8 Uhr 15
Während ich die Packung einziehen lasse – zur Intensivierung der Wirkung habe ich mir, wie mir Marcio über WhatsApp geraten hatte, eine Frischhaltefolie um den Kopf gewickelt –, tausche ich mich über die neuesten Entwicklungen mit Vera per SMS aus.

Ich: Nerven liegen blank. Extensions immer noch auf dem Postweg verschollen. Ich sehe aus, als hätte mir jemand, der vorher ein Pfund Spargel gegessen hat, auf den Kopf gepinkelt. Bin insgesamt mit der Gesichts- und Kopfsituation mehr als unzufrieden. Aktuelles Foto von heute Morgen anbei. Hoffe jetzt auf beruhigende Wirkung der Kurpackung und erwäge ein Schlückchen Valium zum Frühstück.

Vera: Du siehst aus wie eine Putzfrau, die zum Opfer häuslicher Gewalt wurde! Okay, das Schlückchen Valium ist genehmigt.

Ich: Unheimlich witzig. Die Sprechstundenhilfe meines Orthopäden hat mich gestern auch für die neue Reinigungskraft gehalten.

Vera: Warum gehst du in deinem Zustand überhaupt aus dem Haus???

Ich: Ich hatte einen Termin. Der Orthopäde fand mein Aussehen befremdlich. Er sprach von der «archaischen Sehnsucht nach ewiger Blüte» und was für kuriose Blüten die treiben würde. Das Botox in meiner Stirn erinnerte ihn an das Vorstadium von Parkinson. Diese Krankheit würde ebenfalls mit einer Gesichtslähmung beginnen. Den Fachausdruck dafür hat er mir auch genannt: Maskengesicht.

Vera: Ich finde auch, dass dein Gesicht etwas Undurchsichtiges bekommen hat.

Ich: Mein Mann sagt, ich sähe aus wie fünfzehn.

Vera: Toll! Was will man mehr?!

Ich: Na ja, genau genommen hat er gesagt, ich sähe aus wie eine tote Fünfzehnjährige.

Vera: Irgendeinen Preis zahlt man eben immer. Kannst du das

blaue Auge überschminken? Du hattest dich doch für das heutige Schulfest als freiwillige Helferin gemeldet. Ich an deiner Stelle würde einen Turban tragen. Sonst wird dein Sohn noch gemobbt.

Ich: Habe übrigens das Geheimnis der stets perfekt frisierten Frauen gelüftet. Marcio hat etliche Kundinnen, die ihn mindestens dreimal die Woche für anderthalb Stunden zum Föhnen nach Hause bestellen.

Vera: Danke. Jetzt weiß ich immerhin, warum immer mehr Frauen schon morgens um neun vor dem Kindergarten aussehen, als hätten sie gleich einen Fototermin. Dieses elastische Wippen ihrer perfekt gestylten Haare macht mich irre aggressiv. Tja, und nun wird auch dein Haar bald provokant im Morgenwind wippen …

Ich: Möchte ich ein Leben haben, in dem mir fünf Stunden Föhnen pro Woche als sinnvoll verbrachte Zeit erscheinen?

Vera: Schönsein ist eine Vollzeitjob. Das hätte dir klar sein müssen.

Ich: Heute Nachmittag will die Post endlich meine Extensions rausrücken. Morgen kommt Marcio und macht aus mir eine langhaarige Blondine. So, Einwirkzeit ist vorbei. Bis morgen!

Vera: Simse mir bitte den Kontakt von deinem Schönheits-Doc. Ich will jetzt auch mal was für meine Schönheit tun. Adios, Hängebacke!

15 Uhr 30

Sommerfest der Grundschule.

Ich habe das Gestrüpp auf meinem Kopf in einer Art Zweikampf niedergerungen und mit dem Föhn und mehreren Portionen *Leave in Conditioner*, die mir Marcio per Kurier geschickt hat, ruhiggestellt.

Marcio selbst ist ans Haus gefesselt, weil er jede Minute mit der Anlieferung der Extensions rechnet.

Das blaue Auge, das wie hinfälliges Fallobst in meinem Gesicht wirkt, habe ich mit einer stark deckenden Grundierung verspachtelt. Um den Kopf habe ich mir ein Tuch gebunden, das weite Teile meines fehlfarbenen Haares verdeckt, außerdem trage ich eine große, dunkle Sonnenbrille, um wenigstens ansatzweise an Grace Kelly zu erinnern.

Leider habe ich bisher bei niemandem diese Assoziation wecken können, sondern nur zweifelhafte Komplimente gehört wie: «Das wächst ja wieder raus.» Oder: «Toll, was du dich alles traust.» Oder: «So schlimm ist es doch gar nicht.»

Nachdem ich an einem der Stände eine Stunde lang für das Einfüllen von Erbsen in ein Fallrohr zuständig war, bekam ich eine jubilierende SMS von Marcio: «Amore mio, Haare sind da! Komme morgen früh um neun. Du wirst eine Göttin sein!!!»

Ich schlendere hoffnungsfroh über den Schulhof und esse ein XXL-Stück Sandkuchen mit Smarties-Verzierung.

Ich finde, bei dem, was ich derzeit nervlich durchmache, muss eine süßwarentechnische Ausnahme erlaubt sein. Zucker für die gebeutelte Psyche und die angegriffenen Haare.

«Weißt du eigentlich, dass du die Einzige bist?», spricht mich Birte an. Ihre Tochter Fee und mein Sohn gehen in dieselbe Klasse.

«Wie meinst du das?», antworte ich mit vollem Mund.

«Du bist die einzige Mutter, die ein Stück Kuchen vom Buffet gegessen hat.»

Ich versuche, neutral zu gucken, da ich mir nicht sicher bin, ob Birte diese Feststellung als Lob oder Tadel meint.

«Bei Fees Geburtstag hat mein blauäugiger Mann den Müttern, die ihre Töchter abholen wollten, ein Mini-Magnum-Eis in die Hand gedrückt. Du hättest mal sehen sollen, wie die sich gewunden haben – als würden sie Dynamit in Händen halten. Keine hat ihr Eis gegessen. Vier Mütter gaben das Eis an ihre Töchter weiter, die anderen sagten, sie hätten leider eine Laktose-Intoleranz, und gingen Richtung Mülleimer. Wenn ich Leute zum Essen einlade, biete ich keinen Nachtisch an, um niemanden in Verlegenheit zu bringen und mir keine dämlichen Ausreden anhören zu müssen.»

Ich ließ meinen Blick über die wohlgestalteten Mütter auf dem Schulhof schweifen. Der vorherrschende Blondton, dieses wunderbare helle, sonnenverwöhnte Goldblond mit dunklem Ansatz und aschigen Strähnen, hatte so gar nichts mit dem gemein, was sich unter meinem Tuch verbarg.

Ich sah drei perfekt unperfekt sitzende Frisuren, bei denen ich die Handschrift von Marcios Föhn erkannte.

Was für ein Luxus, wenn man das unfassbare Glück hat, in einem der schönsten Stadtteile Hamburgs zu leben, wo die Häuser und die Zähne strahlend weiß und die Geländewagen metallicschwarz und meist in zweiter Reihe geparkt sind.

Der BMI ist hier deutlich niedriger als in anderen Gegenden, dafür ist das Durchschnittseinkommen deutlich höher.

Ein Wohlstandsbäuchlein hat hier längst niemand mehr. Die Zeiten, in denen Leibesfülle Rückschlüsse aufs Konto zuließ, sind lange vorbei.

«Für unvollkommene Körper schwindet die soziale Akzeptanz», schreibt Waltraud Posch in *Projekt Körper*. «Die sogenannte Creme der Gesellschaft ist heute nicht immer, aber tendenziell fit, schlank und attraktiv. Mit anderen Worten: Die Elite des beginnenden 21. Jahrhunderts oder wer zu ihr gehören will, ist tendenziell schön. Heute ist ein dicker Bauch Ausdruck falschen Konsumverhaltens, falscher Lebensweise, falscher Entscheidungen, mangelnder Kontrollfähigkeit und damit mangelnder Managementfähigkeit. Schlanksein steht demnach nur allzu schnell für Wendigkeit, Fleiß und Flexibilität … Im Vergleich zum Durchschnitt der weiblichen deutschen Bevölkerung findet sich unter den weiblichen Führungskräften ein fast doppelt so hoher Anteil untergewichtiger Frauen. Ein Teil der untersuchten Frauen zeigt deutliche Hinweise auf sehr restriktives Essverhalten.»

Ich schiebe mir den Rest des Kuchenstückes mit gemischten Gefühlen in den Mund. Übergewicht steht heute für Disziplinlosigkeit, Dummheit, Armut. Die Armen, das sind die Dicken und die Hässlichen, die sich nicht um gesunde Ernährung und genügend Bewegung scheren, die sich die Haare mit Produkten aus dem Supermarkt färben, wenn überhaupt, und nicht das Geld haben für Zahnersatz, Botox und teure Föhnfrisuren.

Wer etwas auf sich hält, achtet auf Körpergewicht, Fitness, Jugendlichkeit und ein betörendes Zahnpanorama.

Und das gilt nicht länger nur für Frauen, die seit jeher als schmückendes Beiwerk für den mächtigen Mann dienen und deren Schönheit das Statussymbol der Spitzenverdiener ist.

Auch Männer müssen sich ihren Körper untertan machen und aller Welt zeigen, dass ihr Ehrgeiz keine Öffnungszeiten kennt. Studien zeigen, dass der Aktienkurs steigt, sobald ein Unternehmen einen gut aussehenden Manager einstellt.

Männer bei Schönheitschirurgen und in Kosmetikstudios sind heutzutage keine Seltenheit mehr – wobei sich einige von ihnen dort noch recht schwertun. Meine Freundin Carola ist Kosmetikerin und hatte neulich einen Herrn zum Ganzkörperpeeling mit anschließender Rücken-Ausreinigung da.

Sie drückte ihm einen Einweg-Slip aus Papier in die Hand, das sind, ich muss es sagen, entstellende kleine Läppchen, und bat ihren Kunden, sich auszuziehen, sie sei in wenigen Minuten zurück. Als sie in das Behandlungszimmer zurückkam, saß der Mann nackt auf der Massageliege mit dem Einweg-Slip auf dem Kopf.

Es gibt da also noch Aufholbedarf beim souveränen Umgang mit Schönheitsmaßnahmen, aber der moderne, erfolgreiche Geschäftsmann verschließt sich nicht länger der Benutzung von Haarfärbemitteln und Einmal-Unterhosen und hat nicht nur seinen Job, sondern auch seinen Körper unter Kontrolle, arbeitet elf Stunden, sieht nie erschöpft aus, steht um halb fünf auf und läuft natürlich Marathon.

Auch dazu eine aussagekräftige Studie: Läufer mit mehr als fünfhunderttausend Euro Jahreseinkommen laufen im Schnitt fünfzehn Minuten schneller als Läufer, die lediglich fünfzehntausend Euro im Jahr verdienen.

Disziplin ist die Kardinaltugend des Wohlstands. Im Vorstandsbüro und am Kuchenbuffet. Leider habe ich wenig gemein mit jenen kernigen Langstrecken-Existenzen, die sich etwas vornehmen und *asap* umsetzen. Kein Gejammer, keine Umwege, keine Rückfälle. Ziel formulieren, Ziel anpeilen, Ziel erreichen. Sehr beeindruckend.

Das sind Menschen, die keine Ausnahmen zulassen, weil sie wissen, dass Ausnahmen schwach machen. Das sind Frauen, und zunehmend auch Männer, die keine Gewichtsschwankungen kennen und sich nicht jeden Tag aufs Neue vornehmen, heute nur Obst zu essen, um bereits am späten Vormittag haltlos über ein Marmeladenbrot herzufallen.

Entscheidungen werden durchdacht getroffen und dann nie mehr in Frage gestellt, denn das Zweifeln kostet unheimlich viel Energie und endet im Zweifelsfall doch wieder vor dem Kuchenbuffet statt vor der Salatbar.

Am Abend nach dem Schulfest trete ich betreten vor meinen Kleiderschrank, in dem schon seit zwanzig Jahren zwei Größen hängen: eine für die Durchhaltephasen und eine für die *Ach-darauf-kommt-es-jetzt-auch-nicht-mehr-an-*Zeiten.

Und ich bemerke wieder diese tiefsitzende Zerrissenheit, die alle plagt, die sich nicht entscheiden können oder wollen: Ich will schlank sein wie die, die nie Kuchen essen, aber ich will trotzdem Kuchen essen.

Ich will genauso trainierte Bauchmuskeln haben wie die, die am Tag fünfundvierzig Sit-ups machen, aber ich will keine Sit-ups machen. Oder höchstens vier. Aber nicht täglich.

Ich will so ausgeschlafen aussehen wie die, die sich abends um halb elf nüchtern schlafen legen, aber ich will erst um eins ins Bett gehen. Mit ein paar Promille im Arm.

So wird das nichts, ich weiß.

Die Entscheidung für Kleidergröße achtunddreißig ist die Entscheidung gegen das Süßspeisenbuffet.

Die Entscheidung für Kleidergröße sechsunddreißig ist die Entscheidung, sich voll inhaltlich der Aussage von Marlene Dietrich anzuschließen: «Seit zwanzig Jahren stehe ich hungrig von jedem Tisch auf.»

Und die Entscheidung für Kleidergröße zweiundvierzig und größer ist die Entscheidung für das Schlemmen und gegen das Gefühl, schlank zu sein, Versuchungen widerstehen zu können und konsequent zu bleiben, wenn einem jemand ein Eis in die Hand drückt.

Die Entscheidung für Botox ist die Entscheidung gegen aussagekräftige, lebendige Mimik.

Wer blondiertes Haar haben will, kann kein gesundes Haar haben, wer Klavier spielen will, muss auf lange Fingernägel verzichten, und wer eine spitzenmäßig geföhnte Frisur will oder einen durchtrainierten Körper, der muss eine Menge Zeit opfern, die er anderweitig investieren könnte, beispielsweise in die Betrachtung neuer Netflix-Serien oder das Backen von Vanillekipferln.

Welchen Preis bist du bereit zu zahlen?

Morgen werde ich lange, blonde Haare haben.

Vielleicht wird das Leben dann leichter.

19. Juni

ORT: **Berlin, Palais am Funkturm, Verleihung des Deutschen Filmpreises – und ich auf dem roten Teppich! Na ja, okay, sagen wir, am Rand des roten Teppichs.**
STIMMUNG: **Aufgeregt und damit beschäftigt, den Bauch**

einzuziehen, die Frisur würdevoll zu tragen, den Rücken gerade zu halten und aufzupassen, dass mir niemand auf die Schleppe tritt. Oh mein Gott, ich bin eine Frau mit langen Haaren und langer Schleppe!!!

Gewicht: Bin leider gestern auf Patenonkel Purzels Geburtstag von einer Pizza regelrecht angefallen worden. Hätte nicht gedacht, dass sich das nach all den Monaten Reduktionskost so schnell auf der Waage und auch beim Bauchumfang bemerkbar macht. Gut, dass die Designerin meines Kleides ein Herz hat für Frauen, die einen Bauch in ihrem Kleid mitführen möchten, ohne auf Umstandsmode zurückgreifen zu müssen. Deswegen ist meine Robe am Rücken zu schnüren, was zwei Vorteile hat. Was an Fett vorhanden ist, kann festgezurrt werden, während gleichzeitig Stoffreservoir für drei, vier Pizzas vom Vorabend vorhanden ist.

Haare: Ich habe zum ersten Mal in meinem Leben eine ernstzunehmende Frisur! Nach dem zehnstündigen (!!!) Besuch von Marcio am vergangenen Sonntag sowie drei weiteren Färbe-, Korrektur- und Schneideterminen bin ich jetzt Besitzerin und Trägerin von Extensions. Dreihundertfünfzig einzelne Haar-Strähnen hat Marcio mit einer Wärmezange an meinen eigenen Haaren, wenige Zentimeter von der Kopfhaut entfernt, festgeklebt. Insgesamt siebenundvierzig Stunden Haar-Arbeit und zweitausendeinhundert Euro hat die Verwandlung gekostet – die Tage des bangen Wartens auf das Ende des Poststreiks und den Verdienstausfall durch psychisch bedingte Arbeitsunfähigkeit nicht mitgerechnet.

18 Uhr 30 Uhr
Heute ist mein großer Tag, und ich bin wirklich unheimlich schön geworden!

Ich komme frisch vom Styling bei Berlins angesagtestem Frisör. Selbstredend müssen Haare wie meine professionell frisiert werden und dürfen nicht den Machenschaften von Laien wie mir überlassen werden. Ich trage eine aufsehenerregende Flechtfrisur, bei der mir die Haare zu einer Seite lang über die Schulter fallen, und ich fühle mich, als sei ich für einen Oscar nominiert, als ich mich in Richtung des roten Teppichs aufmache.

Leider führt der Weg für die weniger prominenten Gäste der Preisverleihung über etwa achtzig Meter Kopfsteinpflaster. Und das könnten sehr teure achtzig Meter werden, wenn ich mit einem Absatz meiner Fünfhundert-Euro-Nude-Pumps von Jimmy Choo steckenbleibe, die ich extra passend zum Kleid angeschafft habe.

Man macht sich ja vorher über die Folgekosten von Schönheit keinerlei Gedanken. Aber du kannst schlecht im edlen Zwirn gehen und dir die Haare professionell in Form bringen lassen, um dann untenrum an ungemachten Füßen ramponierte Schluppen von Deichmann zu tragen.

Der Gesamteindruck zählt, und was ich seit letzter Woche in Haarpflegeprodukte, Haarspangen, Rundbürsten, Sonnendusche, Fußpflege, schimmernde Körperlotion und hautfarbene Pflaster zum Schutz der Zehen investiert habe, beläuft sich auf den stattlichen Betrag von zweihundertsiebenunddreißig Euro.

Ich setze also das Gesamtkunstwerk in Richtung des roten Teppichs in Bewegung, wobei mein Gang über das tückische Pflaster leider eher dem eines Besoffenen ähnelt als einer Diva mit Aussicht auf die Trophäe für die beste Hauptdarstellerin.

Es gelingt mir aber, mich und meine Schuhe unbeschädigt bis zum Beginn des Teppichs zu transportieren, wo ich augenblicklich eine laufsteghafte Haltung annehme, die den anwesenden Fotografen signalisieren soll, dass ich zu einem kleinen *Red carpet photo shoot*, wie wir im Filmbusiness sagen, durchaus bereit wäre.

Das interessiert jedoch keinen der anwesenden Fotografen.

Um es kurz zu machen: Nach einigen beschämenden Minuten am Teppichrand, in denen mir tatsächlich einer der Fotografen zuruft, ich solle beiseitetreten, damit er Maren Gilzer ungestört ablichten kann, bietet mir mein Begleiter, der Patenonkel meines älteren Sohnes, an, ein paar Schnappschüsse von mir mit seinem Handy zu machen.

So würde mein sagenhafter und lange vorbereiteter Auftritt wenigstens irgendwie für die Nachwelt festgehalten werden.

Aber das geht mir strikt gegen die verbliebene Restwürde.

Außerdem müssen wir uns in Sicherheit bringen, weil Til Schweiger die Szenerie betreten hat und ich beinahe von einem schnaubenden RTL-Kamerateam niedergetrampelt werde.

Wir fliehen ins Innere des Gebäudes, wo wir endlich im Promi-

Gedränge landen. Herrlich! Ich liebe Stars und fühle mich einigen der in der Menge auftauchenden Gesichter so freundschaftlich verbunden, als seien es die von Nachbarn oder Kellnern aus meinen Stammlokalen.

Wir schlendern vorbei an dem hinreißenden Dominic Raake, dem bezaubernden Henry Hübchen, der anbetungswürdigen Bibiana Beglau sowie Elyas M'Barek, den ich jedoch nicht erkenne und für den Bodyguard von Til Schweiger halte.

Als ich Dieter Hallervorden sehe, stimmt mich das kurz wehmütig. Ich denke an *Nonstop Nonsens* und möchte ihm am liebsten ein von Herzen kommendes «Palim! Palim!» zurufen, weil ich mich an frühe Fernsehabende in meinem rosafarbenen Frotteeschlafanzug erinnert fühle.

Der Patenonkel findet das unpassend und regt an, unsere Plätze einzunehmen, die leider im hinteren Teil des Festsaales liegen.

Es folgen zweieinhalb der Welt entrückte, glamouröse Stunden. Auf der Bühne erscheinen Preisträgerinnen in atemberaubenden Roben, und mit berührenden Fotos wird der Filmgrößen gedacht, die in den letzten zwölf Monaten gestorben sind. Ich bin zu Tränen gerührt.

Der Patenonkel reicht mir dezent ein Taschentuch, das ich aber ablehne, weil ich nicht weiß, ob ich mir damit womöglich ein paar meiner künstlichen Wimpern abwischen würde.

Dann halten Iris Berben und Monika Grütters, Staatsministerin für Kultur und Medien, eine gemeinsame Rede.

Die Ministerin ist eine aparte Frau Anfang fünfzig. Das dezente dunkelblaue Kleid bedeckt ihre Oberarme und kaschiert ihre Figur.

Ihre Stirn ist, wir erkennen das selbst von unseren billigen Plätzen aus, offensichtlich naturbelassen, und auch das Gesicht wirft Falten, die man aus dem normalen Leben kennt.

Eine für ihr Alter gutaussehende Frau.

Würde man meinen.

Stünde sie nicht direkt neben Iris Berben.

Die ist gut zehn Jahre älter, sieht aber deutlich jünger aus mit ihrem Traum-Dekolleté und einem Gesicht, an dem die Jahre seit Jahren spurlos vorüberziehen.

Der Ausdruck *für ihr Alter gutaussehend* klingt bei direktem Vergleich mit Personen, die für ihr Alter unglaublich alterslos aussehen, geradezu abfällig.

Laut eigener Aussage verdankt Iris Berben ihr Aussehen guten Genen und guten Gesichtscremes. Vielleicht stimmt das. Und selbst wenn nicht, es gibt ja keine Verpflichtung, sich öffentlich dazu zu bekennen, wenn man der Natur mit medizinischer Hilfe etwas auf die Sprünge hilft.

Aber Gesichter, schon gar Fernsehgesichter, sind keine reine Privatsache. Ob man will oder nicht, das eigene Aussehen ist immer ein Statement, es setzt Maßstäbe.

Und auch wenn alle hartnäckig behaupten, sie wollten lediglich sich selbst gefallen und hätten sich die Lippen bloß für ihr persönliches Wohlbefinden aufspritzen lassen, so ist das erstens falsch und zweitens gelogen. Denn der Wunsch nach mehr Schönheit entsteht durch den Vergleich mit Schöneren und durch das Diktat einer Gesellschaft und ihrer Schönheitsindustrie, die uns und unseren Hirnen vorschreibt, was wir als schön empfinden sollen.

Orangenhaut zum Beispiel war mal etwas ganz Natürliches, etwas, das achtzig Prozent der Frauen haben. Dann erfand die amerikanische *Vogue* einen Namen dafür und *Cellulite* wurde zu einem Schönheitsmakel, den wir seither, unser Leben lang, vergeblich mit albernen Zupfmassagen und teuren Cremes zu bekämpfen versuchen.

Der Druck, straff, schön und jung zu sein, ist riesig. Aber ästhetische Schönheitskorrekturen sind irgendwie unfair den anderen gegenüber, die es sich nicht leisten können oder wollen, den natürlichen Alterungsprozess zu verzögern, und die so alt aussehen, wie sie sind, mit ihren Hamsterbacken und Zornesfalten. Die sich der an ihnen nagenden Zeit stellen und Gesicht zeigen.

Es ist verdammt schwer, die eigenen Falten auszuhalten und womöglich wertzuschätzen. Und ich verstehe die aufsteigende Panik, die sich manchmal einstellt, wenn es irgendwo in deinem Gesicht oder an deinem Körper quasi über Nacht wieder ein wenig weiter bergab gegangen ist.

Ich verstehe die Sehnsucht nach straffer Haut, nach rosigem Teint, nach klaren, offenen Augen und roten Lippen.

Es ist doch nichts anderes als die Sehnsucht, am Leben bleiben zu dürfen, während du im Spiegel mit ansehen musst, wie dein Ende Tag für Tag näher rückt.

Aber auch ein Lifting macht dich nicht unsterblich. Und weil du jünger aussiehst, als du bist, heißt das nicht, dass du auch nur einen einzigen Tag länger leben darfst als ursprünglich vorgesehen.

Lebt es sich besser mit weniger Falten? Ach, ich weiß nicht, jener bezaubernde Schmelz der Jugend kehrt doch nie wieder zurück, auch nicht mit dem kunstvollsten Lifting.

Es wird jedenfalls immer schwerer, den eigenen Alterungsprozess auszuhalten, wenn in der Nachbarschaft auf Botox-Partys Jugendlichkeit ausgeschenkt wird wie Cuba Libre.

Das ist, wie bei der Tour de France als Einziger nicht gedopt zu sein. Oder am Pool keinen Platz zu finden, weil man in den frühen Morgenstunden keine Sonnenliege mit Handtüchern reserviert hat. Wenn alle anderen mit unlauteren Mitteln kämpfen, sieht man alt aus.

Botox ist asozial.

Und was noch schlimmer ist: Künstliche Schönheit verändert allmählich die Sehgewohnheiten aller, ob man will oder nicht.

Der Anblick der unnatürlich glatten Stirnen, der hochgezogenen Augenbrauen in seltsam unbewegten Gesichtern schleicht sich durch unsere Synapsen, nistet sich in unserem Hirn ein, lässt uns glauben, was wir sehen, sei normal und erstrebenswert.

Denn wir finden das schön, was uns als schön verkauft wird und uns ständig begegnet.

Als auf den Fidschi-Inseln 1995 das Fernsehen eingeführt wurde, waren drei Jahre später zwölf Prozent der Mädchen bulimisch. In Brasilien galten ein breiter Hintern und kleine feste Brüste als sexy – bis das Satellitenfernsehen kam. Nach ein paar Jahren mussten die Schönheitschirurgen von Brustverkleinerungen auf Brustvergrößerungen umsteigen.

Po-Implantate boomten, nachdem Jennifer Lopez sich mit ihrem Hintern in den Hitparaden breitgemacht hatte, und Schamlippenstraffungen kamen erst in Mode, als Intimrasuren schick wurden und Körperteile zutage förderten, die bis dahin zugewachsen waren und keinen ästhetischen Ansprüchen Genüge tun mussten.

Die Dauerstimulation durch schöne Gesichter, schöne Körperteile und seidiges Haar ist etwas völlig Neues in der Menschheitsgeschichte. Unsere jagenden und sammelnden Vorfahren lebten in kleinen Gruppen zusammen. Sie lernten in ihrem Leben nicht mehr als fünfhundert unterschiedliche Gesichter kennen und darunter nur sehr wenig schöne.

Wir lieben, was wir sehen.

Mogli findet Affen schön.

Eidechsen stehen auf Eidechsen, Opossums auf Opossums.

Und ich bin kurz davor, Ugg-Boots nicht länger für eine absurde Geschmacksentgleisung zu halten.

So weit ist es schon gekommen!

«Sie können nicht verhindern, dass Sie mit der Zeit Toleranz entwickeln gegenüber gebotoxten und gelifteten Gesichtern», hat mir Ulrich Renz prophezeit. Ich habe den Schönheitsexperten, Arzt und Autor vergangene Woche getroffen, damit er mir alles über mein neues Aussehen erklärt, was ich wissen muss. «Natürlich setzt es jeden von uns unter Druck, wenn es normal wird, mit fünfzig auszusehen wie mit vierzig. So alt auszusehen, wie man ist, wird dann zum Stigma, und das Alter zu einem behandlungsbedürftigen Zustand. Ein Hängebusen wird uns vorkommen wie früher ein Kropf. Wir steuern auf ein Rattenrennen zu, in dem es keine Sieger geben wird.»

Bei unserem Gespräch – die Botox-Wirkung hatte sich in meinem Gesicht bereits voll entfaltet – hatte mich der Schönheitsexperte auf Anfang dreißig geschätzt. Das hatte mir nicht geschmeichelt, weil ich nichts dafür getan habe. Außer jemanden zu bezahlen.

In den ersten Monaten dieses Jahres, als sich mein Gesicht glättete und meine Augen klarer wurden, nachdem ich auf Alkohol verzichtet, ausreichend geschlafen, viel Sport gemacht und mich gesund ernährt hatte, waren mir Komplimente sehr willkommen gewesen.

Ich kann gern was dafür, wie ich aussehe.

Die Komplimente zu meinem jetzigen Aussehen kann ich direkt an meinen Arzt weiterreichen. Sie bedeuten mir genauso wenig wie die vielen, sicherlich freundlich gemeinten Facebook-Kommentare zu meinem neuen Look:

«Du siehst aus wie deine eigene Tochter!»

«Du siehst aus wie Sylvie Meis!»

«Toll, du siehst zwanzig Jahre jünger aus!»

Einer der Patenonkel fand, ich erinnere an eine versaute Immobilienmaklerin mit hohen nymphomanischen Persönlichkeitsanteilen, und als Meister Marcio mich zum ersten Mal mit neuem Gesicht sah, schrie er brasilianisch ergriffen: «Amore mio! Fantastico!! Du bist jetzt eine ganz andere Person!!!»

Das sollen Komplimente sein, aber mir kommt es vor, als würde man meine Verkleidung loben und die Maske schöner finden als das Gesicht darunter.

«Ihr Botox-Gesicht schaltet im Gehirn Ihrer Mitmenschen negative Signale aus, und Ihre blonden Haare verstärken den Eindruck von Jugendlichkeit», hatte mir Ulrich Renz die Sache aus wissenschaftlicher Sicht erklärt. «Es dauert hundertfünfzig Millisekunden, bis wir wissen, ob ein wildfremdes Gesicht schön ist oder nicht. Um es Ihnen anschaulich zu machen: Hundertfünfzig Millisekunden liegen bei einem Sprintwettbewerb zwischen dem Startschuss und dem ersten Zucken der Muskeln. Wir können gar nicht anders, als in einem symmetrischen, glatten Gesicht ein Versprechen zu sehen. Es verheißt Gesundheit, Fruchtbarkeit und gute Erbanlagen. Wir sind als Spezies den Gesichtssignalen unseres Gegenübers hilflos ausgeliefert, und Männer sind durch Schönheit verführbarer als Frauen. Im Klartext heißt das: Wenn Ihnen ein Mann gegenübersitzt, taxiert sein Stammhirn automatisch Ihren reproduktiven Wert. Mit Körbchengröße C lassen sich durchaus ein paar Jahre Studium ersetzen.»

Ich hatte ertappt an mir hinuntergeschaut.

Mein Dekolleté schreit förmlich nach einer Promotion.

«Du hast jetzt eine deutlich erhöhte Fuckability.» So hatte es, völlig unwissenschaftlich, mein Personal Trainer Marco ausgedrückt.

Und tatsächlich hatten einige Probeläufe vorbei an Baustellen schöne erste Ergebnisse erzielt.

Meine bisherigen Erfahrungen haben gezeigt, dass Männer und kleine Mädchen wie gebannt auf meine blonde Mähne blicken. Der Barbie-Effekt. Als ich, von Marcio frisch geföhnt, ins Flugzeug nach München stieg, winkte mir der Pilot aus dem Cockpit heraus zu. Ich dachte, ich seh' nicht richtig.

Mir hat noch nie einer zugewinkt. Nicht mal mein eigener Mann.

Meine Haare sind ein Signal und kennzeichnen mich deutlich als eine Frau, die auffallen und gefallen will.

Ein tiefer Ausschnitt, rot geschminkte Lippen, hohe Schuhe und eine knalleng sitzende Hose geben sachdienliche Hinweise auf die Persönlichkeit der Inhaberin, genauso wie ein Irokesenschnitt oder ungefärbte Haare.

Blond sein ist, wie oben ohne zu gehen.

Meine Freundin Kerstin hat mir mal zum Geburtstag einen lässigen Parka geschenkt, auf den sie ein paar Badges von englischen Punk-Bands angebracht hatte, deren Namen ich weder kannte noch aussprechen konnte.

Wenn ich den Parka trug, wurde ich in den Augen anderer zu einem anderen Menschen. Mir wurden Flyer mit Ankündigungen von Punk-Festivals und Techno-Raves in die Hand gedrückt. Ein schwer tätowierter Mittzwanziger wollte von mir wissen, ob ich beim letzten Konzert von The Bones gewesen wäre, und fragte freundlich, ob ich zufällig etwas Gras dabeihätte.

Ich war eine Enttäuschung für sie, denn ich hatte mich ohne Absicht verkleidet. Ich trug ein Kostüm, dem man nicht ansah, dass es ein Kostüm war.

Und jetzt trage ich lange, blonde Haare. Und die locken arglose Männer und Mädchen auf die falsche Fährte.

«Was hast du denn davon, wenn dich jeder Kanalarbeiter flachlegen will?», hatte mich Vera in ihrer direkten Art gefragt, und ich war ihr eine Antwort schuldig geblieben.

Will ich möglichst vielen gefallen? Oder nur denen, die mir gefallen?

Das wären allerdings sehr wenige.

Auf der Party nach der Filmpreisverleihung muss ich mehrere mir gut bekannte Journalistenkolleginnen auf mich aufmerksam machen, weil sie mich sonst nicht erkannt hätten. Mich treffen begehrliche Blicke von Männern, die sich für unwiderstehlich halten, und mich treffen abschätzende Blicke von Frauen, die meinen, ich sei in ihr streng gehütetes und schwer umkämpftes Revier eingedrungen.

«Du erinnerst mich an irgendjemanden», hatte Vera vor meiner Abfahrt nach Berlin gesagt und mein Gesicht studiert. «Jetzt weiß ich's! Du siehst jetzt aus wie alle.»

«Wie meinst du das?», hatte ich leicht gekränkt gefragt. Nur weil ich nicht mehr wie ich selbst aussehe, kann man ja trotzdem Rücksicht auf mich nehmen. Auch unter falschen Haaren steckt schließlich ein echter Mensch.

Aber Vera nahm keine Rücksicht: «Die leicht angehobenen Brauen, die weit geöffneten Augen, die glatte Stirn, die Wölbung der Wangenknochen: Das kenne ich von Gesichtern, mit denen das gemacht wurde, was du hast machen lassen. Das Typische aus deinem Gesicht ist weg. Wenn du früher gelacht hast, dann hat dein ganzer Kopf mitgelacht, von der Gurgel bis zum Haaransatz. Jetzt ist oberhalb der Nase Schluss mit lustig.»

2 Uhr 15. Berlin. Hotel Bleibtreu.
Die Preisverleihung ist vorbei, und der Lack ist ab.

Meine künstlichen Wimpern schwimmen im Waschbecken wie Spinnenbeine. Das beste Styling Berlins hat sich aufgelöst, Spuren davon sind noch im weißen Handtuch zu sehen. Meine falschen Haare, eben noch kunstvoll frisiert, hängen nun wie nasse Schnürsenkel von meinem Kopf herab.

Im Badezimmerspiegel des Hotels betrachte ich, was nach Abschminken und Haarwäsche von mir noch übrig ist.

Geschminkte Frauen werden für selbstbewusster gehalten, und man traut ihnen anspruchsvollere Berufe zu als ungeschminkten Frauen.

Denselben Frauen, die in einer Studie mit Make-up für Anwältinnen oder Ärztinnen gehalten wurden, traute man nach dem Abschminken bloß noch Berufe wie Putzfrau oder Kindermädchen zu.

Und wer schön ist, beeindruckt nicht nur andere, sondern auch sich selbst. Wenn Frauen ohne Make-up vorm Spiegel sitzen, lächeln sie sich in zehn Sekunden 0,9-mal zu.

Haben sie sich selbst geschminkt, lächeln sie sich immerhin fünfmal zu. Hat sie ein Profi gestylt, lächeln sie sich achtmal zu.

Ich hatte gestern Nachmittag dank meiner Freundin Tania einen der heiß begehrten Termine bei Shan Rahimkhan bekommen.

Shan Rahimkhan ist der Schönmacher der Prominenz.

Er sieht selber aus wie gemalt, er föhnte in England Tony Blair, in Berlin gehören Ursula von der Leyen und etliche Topmodels zur Stammkundschaft.

Und in den Stunden vor der Filmpreisverleihung hatte er im Hotel *Waldorf Astoria* gleich eine ganze Etage belegt, um mit seinem Team drei Dutzend Damen für den Abend zurechtzumachen.

Man muss sich das so vorstellen: riesige, prächtige Räume mit hohen Decken und dicken Teppichen, in denen Menschen mit Pinseln, Bürsten und Glätteisen herumschwirren wie schillernde Fliegen um dampfende Kuhfladen.

Ich kam mir auf der Stelle vor wie ein Altbau mit Reparaturstau. Ich hatte nämlich fälschlicherweise angenommen, dass man ungestylt zu einem Styling-Termin kommt.

Ich trug ein zerknittertes Kleid, bequeme Zehensandalen und eine vollkommen naturbelassene Gesichtsfarbe, durch die immer noch der Hauch eines blauen Auges durchschimmert.

So wie ich in Hamburg ins Auto gestiegen war, stand ich nun im *Waldorf Astoria* und wurde von einer bezaubernden Mitarbeiterin gebeten, noch einen Moment zu warten, bis ein Styling-Platz frei wurde.

Dieser Moment sollte einer der längsten meines Lebens werden. Denn niemandem außer mir fiel es ein, hier ungeschminkt zu erscheinen.

Fast alle Damen um mich herum trugen bereits ihre Abendroben. Ihre Frisuren und ihre Gesichter bekamen hier noch den letzten Schliff. Jasmin Tabatabai schwebte in einem Traum in Weiß an mir vorbei.

In den zwanzig Minuten, in denen ich auf mein rettendes Styling wartete, kam ich mir vor wie eine Qualle unter Flamingos.

Ich lernte: Wenn du eine Schöne unter ihresgleichen sein

willst, verlasse niemals ohne Make-up das Haus! Auch nicht, wenn du zum Visagisten gehst. Die Blicke der anderen werden sich mit einer nur schwer aushaltbaren Mischung aus Erschrecken, Mitleid und Irritation auf dich legen, und du wirst dich nach einer deckenden Foundation und etwas Wimperntusche sehnen, wie du dich noch nie in deinem Leben nach etwas gesehnt hast.

Endlich war ich dran. Und innerhalb von dreißig Minuten wurde ich Zeuge einer zauberhaften Verwandlung. Meine Haare, eben noch verfilzt wie die eines alten Lamas, umspielten in sanften, schwingenden Locken mein Gesicht. Meine Augen sahen geheimnisvoll aus und riesig, und meine Lippen glänzten verführerisch wie ein junger, gespritzter Apfel.

«Ich wünschte, das wäre ich», flüsterte ich ergriffen bei meinem Anblick.

«Ich ist ein relativer Begriff», sagte der Zauberer mit Pinsel und Glätteisen.

Und während der Stylist noch einen letzten Hauch Puder über mein neues Ich stäubte, fragte ich mich beklommen, wie ich jemals mit meinem ursprünglichen Aussehen hatte leben konnte.

2 Uhr 20

Ich lächele mir noch 0,9-mal zu. Dann gehe ich ins Bett.

Mit einer fremden Blondine.

2 Uhr 30

Ich stehe genervt auf und tapse ins Badezimmer, um mir meine Mütze aufzusetzen und die blonde, strohige Mähne darunter zu verstauen.

Ich ekele mich ein wenig vor den Haarverlängerungen.

Tote Fremd-DNA.

Wenn mir die Strähnen nachts wie Tintenfisch-Tentakel übers

Gesicht kriechen, liegt der Gedanke nahe, sich zu fragen: Wem haben diese Haare wohl mal gehört? Und warum befinden sie sich nicht mehr auf dem Kopf dieser Person?

Und mir fallen da leider einige sehr unappetitliche und gruselige Möglichkeiten ein.

Irgendwann bin ich dann wohl eingeschlafen. Ich träumte, dass ich mit meinen eigenen Haaren und meiner ursprünglichen Haarfarbe aufwache, in den Spiegel schaue und mich nicht mehr erkenne.

Ausflug in die Führungsetage: «Aber ist ein Minuswort!»

Ausflug zum Laufsteg: ein beneidenswerter Platz in der ersten Reihe.

Und schließlich ein Drama: Der tragische und viel zu frühe Tod einer unglücklichen Blondine.

1. Juli

«Der erste Eindruck ist der entscheidende! Und der letzte bleibt!» Ich betrachte den Mann, und mein erster Eindruck ist, dass er irgendwie mehr Zähne hat als andere Menschen.

Wenn er lacht, sieht er aus wie ein Haifisch auf Beutezug. Viele dieser Leute, die sich *Erfolgstrainer* oder *Mental Coach* nennen, scheinen mit einem ausgeprägten Gebiss ausgestattet zu sein. Und weil Rolf H. Ruhleder der härteste und teuerste unter ihnen ist, ist es nur logisch, dass er auch die meisten Zähne hat.

«Sie dürfen mich ruhig anschauen, das stört mich nicht», ruft er einer eingeschüchterten Teilnehmerin zu, die den Blick gesenkt hält, und sein Charisma fällt über sie her wie ein Jagdhund über einen flüchtigen Fasan.

Die Frau erschrickt und sagt: «Aber ich ...»

«*Aber* ist ein Minuswort!», tönt es aus Herrn Ruhleder heraus. «*Aber* schafft Distanz. Ersetzen Sie es durch *allerdings*, *obwohl* oder *jedoch*. Durch diese Worte entsteht Gemeinsamkeit. Vergessen Sie nie: Sie wollen etwas verkaufen. Sie wollen sich verkaufen. Hühner gackern, und Enten verkaufen keine Eier. Und Sie» – Herr Ruhleder fährt herum wie ein Bluthund, der Witterung aufgenommen hat, und schaut mich strafend an –, «Sie bekommen die erste gelbe Karte dieses Seminars. Kopfschütteln und Dazwischenreden gibt es bei mir nicht! Ihr Umfeld hat sich vielleicht an Ihr Benehmen gewöhnt, aber hier zahlen Sie sehr viel Geld dafür, dass ich Ihnen sage, was Sie alles falsch machen.»

Aber ist ein Minuswort, denke ich bockig und schüttle, diesmal nur innerlich, den Kopf darüber, wie jemand in kürzester Zeit so viel gackern kann, ohne ein einziges Ei zu legen. *Ein Feuerwerk der Rhetorik* war mir angekündigt worden, aber ich fühle mich, als sei ich in einen Kugelhagel aus Worthülsen geraten.

Das Seminar heißt *Rhetorik und Körpersprache – Redegewandtheit und Souveränität*. Es richtet sich an das gehobene und höhere Management, dauert zweieinhalb Tage und kostet 2990 Euro. Dazu kommen die Mehrwertsteuer und die Übernachtung im Romantik Hotel Braunschweiger Hof in Bad Harzburg.

Souveränität.

Ach, was für ein vielversprechender Begriff!

Souverän gehört zu diesen Wunder-Wörtern wie schlank, gelassen, empathisch, fit.

Damit kann man mich in jedes Seminar in jedem Winkel dieser Erde locken.

Souverän ist das elegante Wort für cool, das edle Wort für lässig. Souverän, das sind die, die gelassen und besonnen reagieren, die über den Dingen stehen, die sich nicht einschüchtern lassen, aber dennoch nicht einschüchternd sind, die sich nicht aufregen, sofern man es auch einfach lassen kann, und die stets die richtige Erwiderung finden, und wenn nicht, dann ist es ihnen auch egal.

Souverän sind die, die man bewundert, ohne dass sie besonderen Wert darauf legen würden, bewundert zu werden.

Souverän wäre ich auch sehr gern.

Und wenn ich es für 2990 Euro zuzüglich Mehrwertsteuer werden kann, dann ist es mir das wert.

Ich bin ja eigentlich durchgängig unsouverän, und über irgendwas rege ich mich immer auf.

Und wenn aktuell nichts vorgefallen ist, greife ich auf unverarbeitetes Material aus der Vergangenheit zurück. Über was ich zum Beispiel bis heute nicht hinweggekommen bin, ist die ausgesprochen vielschichtige Beleidigung, die mir vor etwa zwei Monaten widerfahren ist: Ich steige in mein Auto, das zugegebenerweise bevorzugt von Frauen gefahren wird, die es nicht selbst finanziert haben, und will ausparken. Auf dem Parkplatz neben mir versucht eine Frau um die dreißig, sich in ihren nagelneuen Mini zu quetschen. Ich lasse mein Fenster runter und sage: «Warten Sie doch einen Moment. Ich bin sofort weg. Dann können Sie leichter einsteigen.»

Und sie keift zurück: «Ich hab aber keine Zeit zu warten, du dämliche Hausfrau!»

Bis heute bin ich sprachlos.

Und der freundliche Hinweis, dass es sich bei *aber* um eine abständige Wortwahl handelt, die keine Gemeinsamkeit schafft, und es doch viel verbindlicher wäre, in Zukunft *allerdings* oder *jedoch* zu sagen, wäre auch keine Entgegnung gewesen, die mich erleichtert hätte.

Die Frau hatte mich kalt erwischt. Erstens hatte ich nicht ge-

wusst, dass *Hausfrau* mittlerweile ein anerkanntes Schimpfwort ist, und zweitens hatte ich nicht geahnt, dass es mich derart kränken würde. Am liebsten hätte ich dem bösen Weib meine Einkommensteuererklärung gezeigt, auf meine langjährige Tätigkeit als Schriftstellerin und Journalistin verwiesen und ihr versichert, dass ich
a) keine Hausfrau bin,
b) aber nichts gegen Hausfrauen habe und
c) sie mir mal den Buckel runterrutschen soll und sich in ihren affigen Mini verpissen soll, den ihr wahrscheinlich ihre Eltern gekauft haben.

Ich bin berufstätig, habe zwei Kinder und empfinde es als tief befriedigend, wenn ich abends die Wäsche abnehme und dabei vierundzwanzig einzelne dunkle Socken wieder zueinanderfinden.

«Halt den Schnabel und werd' erst mal erwachsen, bevor du es wagst, noch mal neben mir zu parken!», hätte ich ihr mannhaft entgegenschleudern sollen.

Aber ich starrte sie nur an mit dem doofen Ausdruck eines schockgefrosteten Karpfens und fühlte mich – wie leider oft in meinem Leben – hilflos, verletzt, unheimlich dämlich und exakt das Gegenteil von souverän.

Ich habe immer das Gefühl, als fehle mir eine Hautschicht. So als hätte ich einen zu niedrigen Sonnenschutzfaktor gewählt, hinterlässt jede Kränkung bleibende Schäden in meinen tieferen Schichten, und jeder maulfaule Taxifahrer ist Ballast auf meinem Seelchen.

Ich habe kein dickes Fell. Ich bin, emotional gesehen, eine Nacktschnecke, viel zu empfindlich, und auch die Postkarte an meiner Pinnwand hat daran nichts geändert. «Ehe ich mich aufrege, ist es mir lieber egal», steht da.

Dissens macht Falten.
Niemals sauer streckt die Lebensdauer?

Von wegen.

Ich will Rache!

Rache für die unzähligen Situationen, wo mir die passende Entgegnung nicht eingefallen ist und ich mir vorkam wie ein Volltrottel.

Ich will Rache für Dialoge wie diesen:

Ich: «Ist hier frei?»

Die andere: «Nein, hier sitzt meine Tasche.»

Oder:

Ich: «Haben Sie Eistee?»

Der Ober: «Schauen Sie doch einfach mal in die Karte.»

Trost und Rat hatte ich mir von der Kommunikationstrainerin Barbara Berckan erhofft.

Ich klagte der Frau mein Leid und rechnete mit Verständnis und aufmunternden Worten.

Aber die Expertin sagte unverblümt: «Sie reagieren wie eine verschnupfte Prinzessin. Haben Sie nichts anderes, worüber Sie sich aufregen können? Glauben Sie, jeder müsse Sie lieben und nett zu Ihnen sein, nur weil Sie nett sind? Sie haben hier die schlechteste aller Strategien gewählt: sich ärgern, sich erinnern, darüber reden, auf Rache sinnen. Richtig wäre: sich ärgern, vergeben und vergessen und sich den eigenen Anstand nicht madig machen lassen. Sie müssen nicht selber frech werden. Damit begeben Sie sich auf das Niveau von Menschen ohne Takt. Finden Sie zu einer neutralen, sachlichen inneren Haltung. Sie brauchen einen Airbag für die Seele.»

Ich brummte Zustimmung, und bei der Vorstellung, meine Seele mit einem Airbag zu schützen, musste ich lächeln.

«Dieses dauernde Habt-mich-alle-lieb-Lächeln sollten Sie sich auch abgewöhnen. Damit sehen Sie aus wie Bambi und werden auch so behandelt. Reden Sie Klartext, aber werden Sie nicht patzig. Seien Sie wie die Queen, wenn sie *not amused* ist. Warum gleich loslächeln, ohne dass der andere etwas geleistet hat? Frauen wollen geliebt werden und reagieren auf der Beziehungsebene, wenn es in Wahrheit um Sachfragen geht. Es ist vollkommen egal, ob der Schreiner, der Kfz-Mechaniker oder die Frau auf dem Parkplatz Sie mag. Bleiben Sie höflich, bleiben Sie nett. Und wenn jemand nicht nett ist, ist das sein Problem, nicht Ihres. Und vergessen Sie nicht, zu achtundneunzig Prozent reagieren die Leute so, wie wir es uns wünschen, nämlich freundlich. Aber über die restlichen zwei Prozent regen wir uns so auf, dass wir gleich meinen, eine Therapie zu brauchen. Vergessen Sie die Frau im Mini.»

Nach drei tiefen Atemzügen und der Erkenntnis, dass Barbara Berckan absolut recht hat, fragte ich sie noch zaghaft: «Gelingt es Ihnen selber, immer so souverän zu sein?»

«Natürlich nicht», sagte sie. «Das ist eine Lebensaufgabe. In Autowerkstätten stehe ich auch rum wie Bambi. Souveränität ist nichts Unumstößliches wie Augenfarbe oder Körpergröße. Im Reisepass steht unter *Unveränderliche Kennzeichen* nicht: *souverän*. Es ist nie unser Vater oder die Verkäuferin im Supermarkt, die uns fertigmachen. Wir erledigen das selber durch die Art, wie wir mit Kränkungen umgehen. Es geht darum, unseren inneren Kritiker in seine Schranken zu weisen und Situationen zu akzeptieren, in denen wir ohne Selbstvertrauen dastehen.»

«Ich soll auch noch akzeptieren, wenn ich mir mal wieder wie ein Volltrottel vorkomme?», hatte ich gemurrt und verstimmt an den Kollegen gedacht, der mal zu mir gesagt hatte: «Ich freue mich über deinen Erfolg – egal was alle anderen sagen.»

Das war vor dreizehn Jahren gewesen, und ich bin noch dabei, eine Erwiderung zu formulieren.

«Einen guten Rat habe ich noch für Sie», hatte Barbara Berkhan zum Abschied gesagt: «Selbstbewusstsein für Fortgeschrittene bedeutet, sich auch ohne Selbstbewusstsein zu mögen.»

Ich stehe im Tagungssaal des Romantikhotels vor den fünfzehn teilnehmenden Führungskräften, ringe um Contenance und Luft und versuche, mich zu mögen, auch wenn ich gerade völlig frei von Selbstbewusstsein bin.

Die Aufgabe am zweiten Tag des Rhetorik-Seminars lautet, einen fünf Minuten langen Vortrag zu halten, der auf Video aufgenommen und dann analysiert wird.

Das Thema lautet: Bevölkerungswachstum.

Wir hatten seit gestern Abend Zeit gehabt, uns vorzubereiten. Ich hatte entsprechend schlecht geschlafen, und während meiner Morgen-Meditation rauschte mir das Blut in den Ohren, und mein Atem ging schnell und flach.

Ich hatte versucht, die Angst als Kraftquelle zu sehen und das pochende Herz als meinen zuverlässigen, starken Partner. Ich hatte an Detlef Romeike gedacht, den Starkmacher, der weiß, dass Angst lebenswichtig ist, und an meinen Vater, dessen Leitspruch war: «Hab die Angst und tu es trotzdem!»

Verdammte Angst, wie konnte sie nur eine so große Bedeutung in meinem Leben gewinnen?

Und jetzt, vor Publikum, kurz bevor das erste Wort herausmuss, verliere ich völlig die Kontrolle.

Die Panikwelle schlägt über meinem Kopf zusammen, schwemmt Atemtechniken und Starkmachersätze hinfort wie ein Tsunami die Holzhütten vom Strand.

Aktion schlägt Reaktion. Der Präventivschlag ist deine Lebensversicherung. Der Erstschlag rettet dich.

Mich nicht.

Die Angst drängt mich in die Defensive. Ich bin nicht mehr Herrin im eigenen Haus.

Lampenfieber?

Dass ich nicht lache. Das ist Lampen-Ebola.

Ich überlebe den Vortrag mit Ach und Krach. Herr Ruhleder ist zufrieden, und ich bekomme gute Kritiken von den Teilnehmern, allenfalls sei ich manchmal etwas zu forsch gewesen.

Keiner hat bemerkt, dass sie Zeugen einer Katastrophe geworden sind.

Am nächsten Tag fahre ich nach Hause mit einer guten Bewertung, einem unguten Gefühl und etlichen, teuer erkauften, markigen Sätzen, die sich partout nicht mit Leben füllen wollen:

«Ein Dichter wird geboren. Ein Redner wird gemacht.»
«In dir muss brennen, was du in anderen entzünden willst.»
«Karriere beginnt vorm Kleiderschrank.»
«Sagen Sie nie: ‹Das ist mir egal›, sondern ‹Bitte entscheiden Sie›.»
«Perfektion weckt Aggression.»
«Niveau sieht nur von unten aus wie Arroganz.»
«Erfolg ersetzt alle Argumente.»
Und natürlich: «Der erste Eindruck zählt. Und der letzte bleibt.»

Mein Eindruck ist, dass die Welt des mittleren und gehobenen Managements nicht die meine ist. Zu viel Verkaufe. Zu viele Zähne. Zu wenig Humor und die Fähigkeit, sich selbst nicht ganz so ernst zu nehmen. Dazu beengende Etikette und stocksteife Konventionen, die für mich nicht sinnvoll sind.

Fünfzig Kilometer vor Hamburg habe ich eine Reifenpanne und schaffe es gerade noch bis zu einer Werkstatt.

Als ich auf den Hof rolle, höre ich förmlich Rolf H. Ruhleder rufen: «Um Erfolg zu haben, zählen zunächst nur Äußerlichkeiten. Machen Sie sich eine Nummer größer, als Sie sind!»

Jetzt ist meine Stunde gekommen!

Bevor ich aus meinem humpelnden Wagen steige, löse ich mit einem entschlossenen Griff mein blondes Haar und lasse es lang über meine Schultern fallen. Für irgendwas muss die irre teure Friese ja gut sein.

In der Sonne glänzen die Haare golden, und ich werfe sie mit jener Vamp-Geste in den Nacken, die schon Cary Grant, Gregory Peck und Lukas Podolski um den Verstand brachte.

Es wäre doch gelacht, wenn ich damit nicht einen Automechaniker im Landkreis Rotenburg (Wümme) um den Finger wickeln könnte.

Womöglich liegt es daran, dass ich noch eine Anfänger-Blondine bin, oder vielleicht steht man hier im nordöstlichen Niedersachsen eher auf den südländischen Typ – der Kfz-Meister ist jedenfalls ziemlich reserviert, und ich muss jeden der vier neuen Reifen, die angeblich notwendig waren, auch noch komplett bezahlen!

Eine Frechheit und ein Schlag ins Gesicht für alle Frauen mit stillgelegter Stirn und blonden Extensions am schütteren Eigenhaar. Nach meinem mehrtägigen Schönheits-Martyrium werde ich nun in einer popeligen Autowerkstatt auf dem Lande immer noch wie eine x-beliebige, faltige Brünette behandelt.

Ich muss mit Marcio dringend über eine Intensivierung der Blondierung sprechen.

Ich meine, wozu machen wir das denn alles?

Schon klar, die offizielle und politisch korrekte Antwort lautet: «Ich mache das ausschließlich für mich, um mir selber besser zu gefallen, um so jung auszusehen, wie ich mich fühle. Einfach, damit mein Inneres und mein Äußeres besser übereinstimmen.»

So ein Bullshit!

Gib es doch einfach zu: Du machst es für die anderen. Und zwar nicht für die Männer, sondern für die anderen Frauen.

Die Frauen sind die Unbarmherzigen. Die dich mit einem seismographischen Gespür für Unebenheiten und Makel taxieren wie die Ganzkörperscanner an Flughäfen.

Den Kritikerinnen aus den eigenen Reihen bleibt nichts verborgen.

Sie sind genauso streng mit dir wie mit sich selbst. Frauen wollen nicht in erster Linie Männern gefallen, sie wollen die direkte weibliche Konkurrenz beeindrucken.

Wie anders ist es zu erklären, dass Frauen im Schnitt vier Kilo leichter sein wollen, als Männer sie sich wünschen?

Mir ist kein Mann bekannt, der sich nach einem brettharten, austrainierten Frauenkörper in seinen Armen sehnt, und ich kenne auch keinen, der seine Frau mit weniger Falten mehr lieben würde oder der seiner Liebsten nahelegen würde, sich auf Schaufensterpuppen-Maße runterzuhungern.

Die britische Psychotherapeutin Susie Orbach, sie behandelte Lady Diana wegen ihrer Essstörung, sagt: «Es gab nie zuvor eine gesellschaftliche Norm, die Menschen aller Schichten zwischen sechs und achtzig Jahren Druck machte, makellos und gertenschlank zu sein. Das fing erst in den achtziger Jahren an, als Schönheit kommerzialisiert wurde. Die Wirtschaft versprach: Du kannst schön sein, wenn du bestimmte Dinge tust oder kaufst. Damals wuchsen die Mütter auf, die heute ihren inneren Druck an die Kinder weitergeben. Senioren in Altersheimen nehmen Appetitzügler. Und Sechsjährige fragen sich, ob ihre Körper in Ordnung sind. Die Amerikaner geben einhundert Milliarden Dollar im Jahr für Diätprodukte aus und sechzig Milliarden für Bildung. Wir sollten essen, wenn wir hungrig sind. Und aufhören, wenn wir satt sind. Und wir sollten das Essen lieben, statt Angst zu haben! Ich finde die Idee erschreckend, dass der eigene Körper etwas ist, an dem man immer arbeiten muss. Ich als Feministin sage: Dieser Schönheitszwang ist Gewalt gegen Frauen!»

Und ich als angehende Feministin sage: Keine Frau darf sich emanzipiert nennen, die mit hämischer Unerbittlichkeit ihren eigenen Körper und die ihrer Geschlechtsgenossinnen auf Abweichungen von einem Ideal hin untersucht, das mit einem gesunden, appetitlichen Erscheinungsbild nichts mehr zu tun hat und sich den willkürlichen Gesetzen einer Branche unterwirft, in denen eine Frau mit Kleidergröße achtunddreißig als dick gilt.

Emanzipation bedeutet: selber denken.

Hirn einschalten und vielleicht auch mal die Problemzonen im Kopf bekämpfen statt immer nur die am Arsch.

4. Juli

«Sie glauben gar nicht», sagt der Mann, der mir die Nägel macht, mit gesenkter Stimme, «was intelligente Frauen wider besseres Wissen so alles mit sich veranstalten. Aber ich will nicht meckern, Schönheit ist mein Geschäft, und weil das Gesicht und die Hände und im Sommer auch die Füße rausgucken, lässt sich damit das meiste Geld verdienen.»

Ich starre gebannt auf meine Fingernägel, die sich langsam in jene Art von Tussen-Krallen verwandeln, die auf der Tastatur oder der Registrierkasse Geräusche machen wie Pfennigabsätze in einer Unterführung.

Erst werden Plastiknägel auf meine eigenen geklebt, die dann mit hauchdünnen Fiberglasschichten verstärkt werden.

Nach zwei Stunden ist der Meister fertig, und ich habe perfekte, lange Fiberglasnägel im *french style*, also top glänzend mit betonten, weißen Spitzen, wie man sie bei Fußballerfrauen und Mädchen sieht, die ihre Freizeit bevorzugt vor McDonald's-Filialen verbringen.

6. Juli

Vor der Kasse bei Edeka fällt mir ein Zehn-Cent-Stück auf den Boden. Ich muss die Dame hinter mir bitten, es für mich aufzuheben.

Mit langen Nägeln ist es nicht möglich, flache, glatte Gegenstände von einer flachen, glatten Fläche aufzuheben. Erst jetzt wird mir klar, welche körperlichen Einschränkungen Frauen mit derart gestylten Nägeln bereit sind, auf sich zu nehmen.

Lange Nägel sind im Grunde genommen wie eine freiwillig herbeigeführte Körperbehinderung.

8. Juli

Kreisch!
Marcio ist unpässlich und kann nicht zum Föhnen kommen! In wilder Panik versuche ich, einen Ersatz-Frisör zu organisieren.
Ich will am Nachmittag nach Berlin fahren, wo heute die Fashion Week beginnt. Designer zeigen ihre neuen Kollektionen, und die Schönen und Modebewussten registrieren argwöhnisch, wer in der ersten Reihe sitzt und wer nicht.
Ein großer Zirkus, ein Schaulaufen der Schönheit.
Und ich kann dabei sein!
Durch eine wunderbare Fügung bin ich schon lange mit dem Designer Guido Maria Kretschmer bekannt, ein Seelenverwandter mit ähnlichen Gewichtsschwankungen und Neurosen wie ich, der heute Abend seine Mode vorführen wird.
Und ich bin eingeladen!
Meine erste Modenschau!
Und ich sehe aus wie ein sehr ungepflegtes Langhaar-Meerschweinchen eines halbkriminellen Hobbyzüchters.
Ich beginne, die dramatische Abhängigkeit einiger Frauen von ihren Frisören zu verstehen. Und die Kundin, die fünf Tage ihr Haus nicht verließ, weil Marcio mit einem Magen-Darm-Infekt im Bett lag, kommt mir auf einmal gar nicht mehr so absurd vor.
Es ist für mich schlicht nicht möglich, meine Haare alleine zu einer ernstzunehmenden Frisur zu stylen.
Trotz massiven Einsatzes von Zeit, Rundbürsten, Sprüh-Conditioner, Haarspray und gezielter Hitzeeinwirkung durch meinen neuen Profi-Föhn entstehen stets nur abschreckende Haar-Gebilde, die nichts mit der glänzenden Pracht gemein haben, die Marcio in einer Stunde auf meinen Kopf zaubert.
Meine Extensions kommen mir zunehmend vor wie ein lau-

nisches Haustier, aber zum Glück hatte mir einer der Stylisten in Berlin bestätigt, dass nur die wenigsten Frauen mit ihren Verlängerungen zurechtkommen: «Extensions erfordern aufwendige Pflege und professionelles Styling. Sie kosten Zeit und Geduld und sind teuer in Anschaffung und Unterhalt. Das hätten Sie vorher wissen können. Die meisten Frauen mit Haarverlängerungen tragen einen Zopf. Und wenn sie was anderes haben wollen, gehen sie zum Frisör.»

Der Mann hatte einen wunden Punkt berührt. Wenn man die Mähne nämlich lieblos zusammenrafft, so wie ich, und völlig talentfrei am Hinterkopf zu einem Büschel zusammenbindet, sieht man die *Bondings*, das sind die Stellen, an denen die Extensions am Echthaar festgeschweißt werden. Und das sieht dann aus, man muss es leider so sagen, wie üppig verteilte Läusenester.

Tatsächlich hatte mein jüngster Sohn einmal erschrocken auf mich gedeutet, weil er glaubte, kleine Maden würden über meinen Kopf kriechen. Man muss wirklich aufpassen, dass man Kinder nicht fürs Leben traumatisiert.

Ich denke, ich habe meinen Punkt klargemacht: ohne Styling keine Show.

Ich möchte auf keinen Fall, dass Guido Maria sich für mich schämen muss oder sich gar gezwungen sieht, mich zu verleugnen.

9. Juli

Guido hat sich nicht für mich geschämt. Und verleugnet hat er mich auch nicht.

Er hat mich nicht erkannt.

Ich hatte eine prachtvolle, wilde Farrah-Fawcett-Frisur, denn wie durch ein Wunder hatte ich beim Schönmacher Shan Rahimkhan noch einen Termin bekommen, und ich trug mein zweitbestes Kleid.

Meine erste Wahl, ein graublaues Etui-Kleid von Anja Gockel, hatte ich beim Anziehen über und über mit Schokoladenflecken beschmutzt. Ich hatte nämlich zur nervlichen Vorbereitung auf meine erste Schau mehrere Marsriegel gegessen und nicht bedacht, dass unter meinen langen *french nails* jegliche Art von Fingerfood Rückstände hinterlässt.

Wenn man sich die Speisereste nicht ständig rauskratzt, kommt es zu unschönen Verschmutzungen, was mir im Hotelzimmer klargeworden war, als ich die braunen Flecken auf meinem Kleid sah und das Taxi bereits bestellt hatte.

Ich kratzte im Eiltempo das Braune unter meinen Nägeln raus, stülpte mir mein Ersatzkleid über, bekam es nicht zu und rannte dann eilig, mir war jetzt auch schon alles egal, ins Hotelrestaurant und bat eine vertrauenswürdig aussehende ältere Dame, ob sie mir den Reißverschluss am Rücken schließen könnte.

Wieder etwas, was mit diesen verdammten Tussen-Krallen nicht möglich ist.

Das Taxi hupte bereits, während die ältere Dame und ein hinzugerufener Kellner immer noch an meinem Kleid zugange waren. Der Reißverschluss hatte sich im Futter verfangen und bewegte sich weder vor noch zurück.

«Lassen Sie mich mal», sagte in diesem Moment tiefster Verzweiflung eine mütterlich aussehende Kellnerin und schloss das Kleid mit einem resoluten Ruck, wobei das Futter, begleitet von einem kollektiven Aufschrei, zerriss.

Das tue ihr sehr leid, sagte die Frau, aber immerhin sei das Kleid nun zu. Und dank meiner wunderschönen langen Haare würde man das Loch neben dem Reißverschluss überhaupt nicht sehen.

Eine Viertelstunde später saß ich schweißgebadet auf meinem Platz.

In der ersten Reihe!

Ist das zu fassen?!

Ich dachte, mich träfe der Schlag, als ich meine Platzkarte in Empfang nahm und mich in unmittelbarer Nähe von Christine Neubauer, Jenny Elvers und Shaun Ross, dem derzeit angesagtesten Albino-Männermodel, niederlassen durfte. Ich zwischen den ganz Großen dieser Welt!

Kurz vor Beginn der Show huschte noch eine ganz in Schwarz

gekleidete Person an mir vorbei und ließ sich ein paar Plätze von mir entfernt nieder.

Ein Raunen ging durch die Reihen, und die Fotografen ließen ein Blitzlicht-Gewitter los.

Ich nahm einen tiefen Atemzug und genoss den Moment, für den ich mit fünfzehn alles gegeben hätte, und den ich jetzt dankend in Empfang nahm wie ein Geschenk, das über dreißig Jahre auf dem Postweg verschollen war.

Nena saß neben mir!!!

So gut wie.

Erinnerungen prasselten auf mich nieder wie warmer Regen: Tanzen in der Pfarr-Disko. Haare stylen mit Zuckerwasser. Persico-Apfelsaft und Blue Curaçao. Sweatshirts mit abgeschnittenen Ärmeln. Meine erste Liebe. Mein erster Liebeskummer.

Der Anfang vom Ende ist, dass man nicht vergisst.
Die Uhr, die nicht mehr läuft, will sagen, dass was zu Ende ist.
Schlechte Zeiten können auch mir den Kopf verdrehn,
jetzt will ich wieder mal die Sonne sehn.
Ich suche und ich finde kein Bild von dir,
anders halt ich das nicht aus!

Und eigentlich wollte ich Nena gern mal sagen, dass ihre Lieder und ihre Stimme mich oft beglückt und oft gerettet haben. Und dass sie ein fester Teil meiner Jugend ist, so wie Karottenjeans, Rick Astley und die ungarische Kartoffelsuppe meiner Mutter. Aber ich sagte lieber nichts. Und ich schaute sie mir auch lieber nicht so genau an, damit kein Traum zerplatzte, den ich gern behalten wollte.

Es ist nicht immer sinnvoll, die Helden der eigenen Jugend mit der Unerbittlichkeit des erwachsenen Ichs zu konfrontieren, und womöglich wäre auch die Kartoffelsuppe meiner Mutter eine Enttäuschung, würde ich sie heute noch mal essen.

Also sonnte ich mich einfach in Nenas Glanz und wärmte mich an meinen Teenager-Erinnerungen.

Und dann begann die Modenschau, und die war herrlich, auch wenn die neben mir sitzende Sarah Wiener und ich uns einig waren, dass man aus diesen Laufsteg-Hungerhaken kein nahrhaftes Mahl zubereiten könnte.

Beim Schlussapplaus betrat Guido Maria die Bühne, der zwischen seinen Models wirkte wie ein westfälisches Kaltblut unter Lipizzanern. Und natürlich flogen ihm genau deswegen die Herzen der Zuschauerinnen zu.

«Ich bin der Einzige, den die Leute lieben, weil ich so aussehe wie sie», hat mir Guido mal gesagt.

Wir Frauen lieben an ihm das, was wir an uns selbst nicht lieben können: das Unperfekte, die Röllchen über dem Gürtel und die runden Schenkel. Denn Guido Maria ist ein fleischgewordenes Versprechen dafür, dass das Leben jenseits winziger Konfektionsgrößen lebenswert und ein Mensch mit Realmaßen liebenswert sein kann.

Guido weiß, was Makel sind und wie schwer es manchmal ist, mit ihnen zu leben und sie gekonnt zu verstecken.

Guido weiß, was es heißt, den Bauch einzuziehen oder Mode zum Kaschieren von Problemzonen benutzen zu müssen. Da werden Kleider zu gnädigen Verdunkelungsvorhängen und Hosen zu genialen Mogelpackungen.

Guido kennt die Vorteile eines nennenswerten Stretch-Anteils sowie von Abnähern und Raffungen an delikaten Stellen, und er hat Verständnis dafür, dass auch Frauen mit Konfektionsgrößen über vierzig manchmal das Haus verlassen, ja, womöglich Abendveranstaltungen besuchen wollen, ohne dabei auszusehen wie lieblos verhüllte Litfaßsäulen oder Presswürste mit Pailletten.

Auf der After-Show-Party begegne ich Guido auf der Treppe.

Er wird von einem Filmteam begleitet, und Ordner ebnen ihm den Weg. Ich werde beiseitegeschoben. Kurz verfangen sich unsere Blicke.

Guido schaut mich an, stutzt, schaut wieder weg und hastet grußlos vorbei zu seinem nächsten Interview-Termin.

Er hat mich nicht erkannt. Ich kann es ihm nicht übelnehmen. Ich erkenne mich ja auch nicht mehr wieder.

Die Band Mia spielt.

Die Sängerin Mieze Katz geht durch das Publikum und singt:

> *Hast du ein schönes Rückgrat,*
> *lass es dir nicht verbiegen!*
> *Was auch immer da kommt!*

Mein Rückgrat fühlt sich krumm an.

Ich treffe einen alten Bekannten. Er sagt: «Du hast eine Stirn, hinter der man nichts vermutet.»

Und ich habe Heimweh nach mir selbst.

15. Juli

Heute ist der Tag, an dem die Blondine sterben muss.

Sie ist keine gute Gesellschaft für mich, und ich will mich nicht an sie gewöhnen. Ich mag es nicht, wenn sie gemocht wird. Die wenigen guten Momente mit ihr sind teuer erkauft, und sobald ich mit ihr allein bin, fühle ich mich hilflos und überfordert.

Nur fünfunddreißig Tage habe ich es mit ihr ausgehalten, dieser launischen Diva, die viel mehr Aufmerksamkeit verlangt, als ich zu geben bereit bin, und viel mehr Aufmerksamkeit bekommt, als ich haben will.

Meine Befreiung von ihr dauert neun Stunden.

Wieder einmal sitze ich im Berliner Salon von Shan Rahimkhan, und zwei Frisöre machen sich, zunächst nur leise fluchend, an die undankbare Aufgabe, die Extensions mit einer Speziallösung und einer Spezialzange von meinen eigenen Haaren zu trennen.

Endlich wird der Zwei-Klassen-Gesellschaft auf meinem Kopf ein Ende bereitet.

Büschel für Büschel fällt zu Boden, und nach vier Stunden sitze ich inmitten eines großen Haufens toter blonder Strähnen, fahre mir mit beiden Händen durch meine eigenen Haare und könnte heulen vor Glück.

Nach fünf weiteren Stunden – Färben, Waschen, Bleichen, Nachfärben, Kurpackung, Schneiden, Föhnen, Nachschneiden – verlasse ich mit einer Tüte voller Extensions und sehr hellblonden und sehr kurzen Haaren die Hauptstadt.

Auf dem Heimweg betrachte ich mich mehrmals ungläubig im Rückspiegel.

Durch die Frisur in Kombination mit dem Blond, das einer lauten Durchsage in Sachen Ego gleichkommt, sehe ich deutlich selbstbewusster und emanzipierter aus, als ich bin. Ich mache mir ein bisschen Angst.

Zusammen mit dem glatten, undurchdringlichen Gesicht wirke ich wie eine Frau, die weiß, was sie will und wie sie es bekommt.

Mit mir, denke ich, möchte ich keinen Ärger bekommen.

Die Falte, das fällt mir erst jetzt richtig auf, über dem rechten Auge ist mittlerweile auch verschwunden.

Sie hatte mich erbarmungslos darauf hingewiesen, dass ich immer häufiger dazu neige, die rechte Braue überheblich und abschätzig hochzuziehen. Sie war ein unschönes Zeichen meiner Neigung zu vorschnellen und abwertenden Urteilen gewesen.

Ich habe sie nicht gemocht. Jetzt fehlt sie mir trotzdem. Man sieht mir mich selbst nicht mehr an.

Ich sehe jünger aus, als ich bin, schöner, als ich bin. Der Preis dafür ist hoch – und das Preisschild klebt mir mitten im Gesicht.

Und plötzlich koche ich über.

Ich habe so derartig die Nase voll von mir – und von euch!

Wir mit unseren Lügen-Gesichtern!

Ein Horrorkabinett gekaufter Schönheit.

Wir sehen mit diesen Betonfratzen keinen Tag jünger aus. Wir sehen aus wie alberne Leute, die nicht alt werden wollen. Erbärmliche Kreaturen, die sich dem Lauf der Zeit widersetzen wollen, weil sie ihre eigene Endlichkeit nicht ertragen können.

Der Kampf um ewige Jugend und Schönheit ist naturgemäß verloren, bevor er begonnen hat. Und ab einem gewissen Alter, einem, in dem ich längst bin, gehört die freundschaftliche Akzeptanz der zeitbedingten Veränderungen des Körpers zur Basispfle-

Von hinten

ge, so wie die Nachtpflege für die reifende Haut und das Zupfen wuchernder Augenbrauen.

Man sieht es Gesichtern an, wenn sie sich gegen sich selbst wehren.

Mein Eindruck ist, dass Botox oftmals auch die Verzweiflung konserviert, mit der es konsumiert wird. Und geliftete Gesichter erinnern mich nicht selten an Schnappschüsse, wie sie in Achterbahnen von den Insassen gemacht werden, kurz bevor die Wagen in die Tiefe stürzen: schockgefrostete Mienen, die genau wissen, was ihnen gleich blüht.

Wenn du dir mit fünfzig noch Zöpfe flichtst und Blumen ins Haar bindest, Hot Pants trägst und dir die Lippen zu lächerlichen Enten-Schnuten aufspritzen lässt: schau dich doch mal an mit Sinn und Verstand! Du musst nicht jede Hose tragen, bloß weil du noch reinpasst.

Hör auf mit dem Scheiß!

Leb gefälligst so, dass dir dein Gesicht zum Schluss gefällt. Eines, mit dem du in Würde leben und sterben kannst. Sonst siehst du noch auf deinem eigenen Totenbett aus wie eine Comic-Figur und trägst ein ärmelloses Nachthemd, bloß weil du es dir leisten kannst.

Denn glaube bloß nicht, dass der Spuk irgendwann vorbei ist, dass du irgendwann alt genug, reif genug, lebensmüde genug bist, um dem Alter das Regiment in deinem Gesicht zurückzugeben.

Es geht immer noch mehr. Die Wechseljahre werden dich nicht erlösen. Denn sechzig ist das neue fünfzig. Hundert ist das neue neunzig. Und ab Mitte zwanzig beginnt der lebenslange Zwang, jünger auszusehen, als man ist.

Meine Freundin Petra hat einen Hang zu Hüft- und Bauchvolumen und sieht laut Selbstbeschreibung «nicht einmal annähernd gut genug aus, als dass ich in meinem Leben auch nur eine Sekunde lang erwogen habe, mich auf mein Äußeres zu verlassen». Sie sagte mir neulich mit einem Blick auf meine unbewegliche Stirn:

«Ich habe immer mit Typen geschlafen, die sich viel Mühe im Bett gegeben haben und mit denen die schönen Mädchen nichts zu tun haben wollten. Gezwungenermaßen habe ich mich frühzeitig auf mein Hirn statt auf meine Hülle konzentriert. Davon profitiere ich heute. Den Abschied, den die verwelkenden Schönheiten heute beklagen, habe ich nie nehmen müssen. Und den Kampf, den sie immer erbitterter kämpfen, um etwas zu erhalten, was nicht zu erhalten ist, habe ich nie gekämpft. Ob ich diese Frauen beneide? Nicht mehr. Von hinten sehen sie wunderbar aus: trainiert, schlank, mit einer Silhouette und definierten Oberarmen, von denen ich nicht zu träumen wage. Aber sobald sie sich umdrehen, sehe ich alterslose Fratzen.»

Man muss sich gut überlegen, in welche Abhängigkeiten man sich begibt, welche Dämonen man in sein Leben einlädt und ob nicht genau jetzt der Zeitpunkt ist, auf der Lebensleiter ein Stückchen hinaufzuklettern, Gewichtungen neu zu verteilen und die Jugend endlich loszulassen.

Dann hat man die Hände frei für das, was jetzt im Leben ansteht.

Es tut mir leid, aber ich muss an dieser Stelle einmal das Gedicht von Hermann Hesse zitieren, das an jedem Kühlschrank hängt und dadurch leider etwas verschlissen ist:

Wie jede Blüte welkt und jede Jugend
Dem Alter weicht, blüht jede Lebensstufe,
Blüht jede Weisheit auch und jede Tugend
Zu ihrer Zeit und darf nicht ewig dauern

Das Gedicht heißt *Stufen*. Also nehmen wir doch die nächste Stufe, statt uns verzweifelt am Geländer festzuklammern und uns in die Scheiß-Zero-Jeans von unseren Töchtern zu zwängen.
 Ich lese immer wieder, dass alternde Schauspielerinnen sich darüber beklagen, dass sie nur noch alternde Frauen spielen sollen. Ja und? Warum sollten alternde Frauen nicht alternde Frauen spielen? Was wollt ihr stattdessen spielen? Pippi Langstrumpf? Ihr seid nicht mehr die jugendliche Liebhaberin, überlasst anderen die Rollen, die nicht mehr zu euch passen. Das Leben geht weiter.
 Spielt doch, verdammt noch mal, die Rollen, die es jetzt zu spielen gilt. Und spielt sie gut!
 Seid wunderbare alte Frauen, seid für uns alle Vorbilder, an denen es so deutlich mangelt. Zum Glück kenne ich einige alte Damen, die in Würde und mit Humor ins letzte Lebensviertel gehen. Die ernst und wehmütig und spitzbübisch in den Spiegel blicken. Die mir etwas Neues über das Leben erzählen können und in deren Gesichtern ich wahre Geschichten lesen kann.
 Ich bin erschöpft und mag nicht mehr in den Spiegel sehen.
 Ich mag keine Komplimente mehr hören für diese Hülle, mit der ich so wenig zu tun habe.
 Blond und schön zu sein ist wirklich unheimlich anstrengend.
 Und nur weil man besser aussieht, heißt das nicht, dass man sich auch besser fühlt. Ab morgen sind Ferien. Und ich bin urlaubsreif.

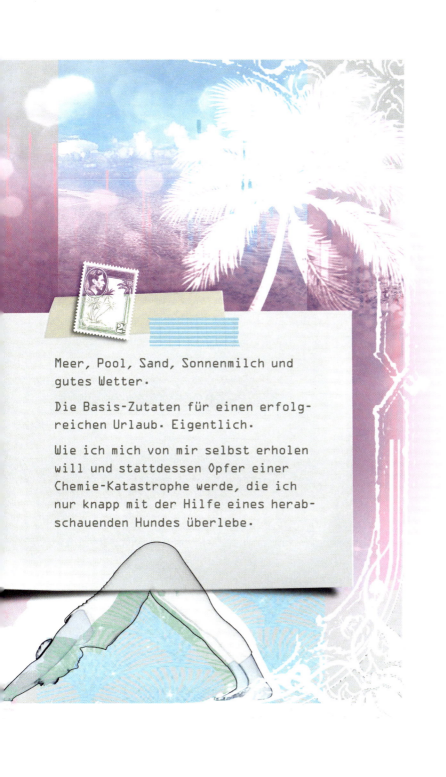

Meer, Pool, Sand, Sonnenmilch und gutes Wetter.

Die Basis-Zutaten für einen erfolgreichen Urlaub. Eigentlich.

Wie ich mich von mir selbst erholen will und stattdessen Opfer einer Chemie-Katastrophe werde, die ich nur knapp mit der Hilfe eines herabschauenden Hundes überlebe.

15. August

Ich liege am Strand und denke, alles sei gut.

Meine Kinder sind sorgfältig eingecremt und buddeln ihren Vater ein.

Das Meer rauscht, die Sonne scheint, und nach einer Woche herrlichem Wetter und anspruchsloser Lektüre haben sich meine Nerven leidlich beruhigt.

Ich laufe ins Meer, tauche unter, und als ich mir durch die kurzen Haare fahre und mich gerade mal wieder darüber freuen will, dass sie nicht mehr lang sind, geschieht etwas Schreckliches.

Irgendwie scheint sich das Salzwasser in Kombination mit der Sonneneinwirkung nicht gut mit der Farbe auf meinem Kopf zu verstehen. Meine Haare sind von einem ekeligen Schleim überzogen, fühlen sich an wie überdehnte Gummibänder und kräuseln sich an einigen Stellen widernatürlich. Etliche Bruchstücke dieser seltsamen Gebilde bleiben mir zwischen den Fingern hängen.

Ein Horrorfilm, denke ich.

Ach nee, Quatsch, das ist ja mein Leben.

22. August

Unter der spanischen Sonne haben die Haare, die mir noch verblieben sind, einen unappetitlichen Beige-Grün-Stich bekommen.

Der aufkeimenden Verzweiflung über meinen optischen Zustand versuche ich mit regelmäßigen Yoga-Übungen zu begegnen.

Und tatsächlich kann ich im herabschauenden Hund, den mir Ursula Karven jeden Morgen auf meiner Handy-App *Yoga Everyday* vorturnt, das Elend auf meinem Kopf vorübergehend vergessen.

Ich bin fest entschlossen, mich selbst von jetzt an weitestgehend in Ruhe altern zu lassen. Wenn nichts Gravierendes dazwischenkommt.

23. August

In Barcelona treffe ich mich mit einem alten Freund aus Kindertagen. Ich sehe sein Erschrecken bei der Begrüßung, und er gibt zu, außerordentlich erleichtert zu sein, dass es sich bei dieser Frisur und Haarfarbe um ein missglücktes Experiment handelt.

Im Gesicht meines Freundes sehe ich, wie unsere Zeit vergangen ist.

Es ist schön, dass das Alter den vertrauten Zügen nichts anhaben kann. Und ich hoffe sehr, dass er bei mir auch noch Spuren des Menschen sieht, der ich vor vielen Jahren war und immer noch bin.

Wir hatten eine gemeinsame Freundin. Sie starb vor zwei Jahren. Kurz vor ihrem Tod schrieb sie mir: «Heute kamen wir an eurem alten Haus vorbei. Im Garten blühte der Magnolienbaum in einer Schönheit und Üppigkeit, die mich berührt hat. Was für ein toller Baum. Er muss sich bei euch immer sehr wohl gefühlt haben.

Ich habe mir vorgestellt, wie ihr als Kinder und Jugendliche miteinander groß geworden seid und welche Vertrautheit entstanden ist, die später vielleicht ein wenig verblasst ist, aber vermutlich nie ganz verschwindet.»

Einen Monat später bekam ich ihre Todesanzeige, darauf ein Zitat von Joseph Beuys.

Mehr muss man eigentlich nicht wissen über das glückliche Leben und wie es gelingt:

lass dich fallen lerne schlangen beobachten pflanze unmoegliche gaerten lade jemanden gefaehrlichen zum tee ein mache kleine zeichen die ja sagen und verteile sie ueberall in deinem haus werde ein freund von freiheit und unsicherheit freue dich auf traeume weine bei kinofilmen schaukle so hoch du kannst mit deiner schaukel bei mondlicht pflege verschiedene stimmungen verweigere verantwortlich zu sein tue es aus liebe glaube an zauberei lache eine menge bade im mondlicht traeume wilde phantasievolle traeume zeichne auf die waende lies jeden tag stell dir vor du waerst verzaubert kichere mit kindern hoere alten leuten zu spiele mit allem unterhalte das Kind in dir du bist unschuldig baue eine burg aus decken werde nass umarme baeume schreibe liebesbriefe

24. August

Grüne Schleimfrisur.
Ich fühle mich derzeit nur mit Badekappe wohl. Die Erfahrung, so richtig scheiße auszusehen und nichts dagegen tun zu können, ist irgendwie existenziell.

25. August

Ferienende. Rückflug.
Der Pilot winkt mir nicht zu.
Morgen habe ich mal wieder einen Frisörtermin.
Ich will endlich wieder so aussehen wie ich selbst!

27. August

Ich schaue in den Spiegel und komme mir bekannt vor.
Ich habe jetzt wieder Haare, an denen mir etwas liegt, die ich bereit bin, zu hegen und zu pflegen und als Teil meiner selbst anzuerkennen.
Sie sind zwar total kaputt und stumpf, aber sie sind braun.
Die dafür notwendige Prozedur nennt sich *Repigmentierung*. Dauerte natürlich wieder Stunden. Aber ich bin fast ganz die Alte!
Ich bin sehr erleichtert – und mein Mann ist jetzt wieder deutlich netter zu mir.
Blond ist mehr als eine Haarfarbe. Blond sein ist eine Lebensaufgabe.
Am Abend sitze ich auf dem Balkon und genieße die Übereinstimmung zwischen Person und Frisur.

Ich bin übermütig, freue mich, mich wiederzusehen, und denke auf einmal, dass jetzt doch der richtige Moment wäre, oder? Wie aus dem Nichts überkommt mich die Sehnsucht. Ich frage Frauke, ob sie rüberkommen mag und ob sie Zigaretten mitbringt. Ich freue mich meistens darüber, wieder Nichtraucher zu sein. Aber es wäre falsch zu behaupten, dass mir nichts fehlt.

Auf quietschende Lungen, Mundgeruch und Krebserreger kann ich gut verzichten, aber zwei-, dreimal am Tag habe ich Zigaretten geraucht, die wunderbar waren, ein großartiges, kleines Erlebnis. Kleine Pause im Alltag. Mini-Verschwörung mit Gleichgesinnten. Krönung eines besonderen Augenblickes. Ein kurzes Feiern der Unvernunft, verbunden mit dem Gefühl, all den Gesundheits- und Moralaposteln fröhlich den Stinkefinger zu zeigen und auch dem Tod, der letztlich doch auf uns alle wartet, ob wir rauchen oder nicht, ob wir das Dressing weglassen oder nicht, ob wir die Stirn runzeln können oder nicht.

In seinem Buch *Warum es sich zu leben lohnt* schreibt der österreichische Philosoph Robert Pfaller: «Dem Tod gegenüber gelassen zu sein, ist eine entscheidende Voraussetzung, um überhaupt zu leben. Jene Biopolitiken hingegen, die gegenwärtig unter dem Vorwand, das Leben zu schützen, jeglichen Genuss als gesundheitsschädlich dämonisieren und verbieten, machen schon dieses Leben selbst zum Tod, zu einer Art von vorzeitiger Leichenstarre ... Dann haben wir aus lauter Angst vor dem Tod schon das Leben preisgegeben.»

Frauke kommt, und ich rauche eine halbe Zigarette.

Sie schmeckt nicht.

Irgendwie schade.

30. August

Heute gab es einen kleinen Moment der Wehmut. Die leise Lust, wieder blond zu sein und aufzufallen. Komplimente zu bekommen und vielsagende Blicke. Haare zu haben, die eine Verlockung und ein Versprechen sind. Es wäre mal wieder schön, schöner zu sein, als ich eigentlich bin, dachte ich für ein paar Augenblicke.
    Vorbei.
    Ich betrachte die toten Haare in der Tüte.
    Gut, dass ich mich nicht an euch gewöhnt habe.

Jetzt kann ich was erleben!

Wie ich fliegen lerne und ein Verbrechen begehe.

Außerdem: Erotischer Selbstversuch mit Federboa.

Heroischer Selbstversuch mit gefrorenen Oberschenkeln.

Und: Ein Rückfall kann kein Zufall sein.

«Zum Wohl! Hast du mal Feuer?»

2. September

ORT: Ecksofa. Sehr gemütlich.
ZEIT: Einundzwanzig Uhr, es wird allmählich dunkel, auch sehr gemütlich.
TÄTIGKEIT: Ich tue alles, was ich am liebsten tue, und zwar gleichzeitig: Chips essen (Gemüsechips statt Schokolade, siehe Neujahrsliste Punkt zwei: kein Zucker), Fernsehen gucken, Bier trinken (alkoholfrei, siehe Neujahrsliste Punkt eins: kein Alkohol) und Lesen. Multitasking, eigentlich verboten, aber dennoch: sehr gemütlich.
ANWESENDE: Ich. Beide Kinder übernachten bei Freunden, der Ehemann ist auf Dienstreise. So was von gemütlich!
STIMMUNG: Unheimlich entspannt, jedoch mit minimalen Irritationen.

21 Uhr 05

Der Spätsommerabend rauscht aufdringlich durch die weit geöffneten Fenster herein. Warme Luft, der Geruch von Holzkohle und Bratwürstchen, Fetzen von Gelächter. Irgendwo im Hinterhof sitzen Nachbarn draußen und feiern diesen ungewöhnlich warmen Septemberabend.

Das stört mich, sehr sogar.

Innerlich bin ich herbstlich gestimmt. Ich würde mir gerne eine warme Decke über die Füße und die Seele legen und mich nach all den Abenteuern, die ich seit Januar bereits bestanden habe, wohnlich auf meinem Ecksofa einrichten und dort den Rest des Jahres damit verbringen, das Erlebte sacken zu lassen, ein Resümee zu erarbeiten und gleichzeitig die neuen Staffeln von *The Good Wife*, *Newsroom* und *Orange is the New Black* anzuschauen.

Jedoch stören mich dabei sowohl die lauen Temperaturen als auch die Tatsache, dass ich völlig allein bin.

Herrje, nörgelt eine innere Stimme an mir herum, was könntest du an solch einem Abend nicht alles machen! Was könntest du alles erleben! Du könntest die Situation nutzen, um genau das zu tun, was du schon immer in einer lauen Spätsommernacht als Quasi-Single tun wolltest!

Ich lehne mich einen Moment zurück, schließe die Augen und atme tief ein.

Es stimmt, die Luft riecht nach Abenteuer.

Ich schließe entschlossen das Fenster und vertiefe mich wieder in meine Lektüre.

Ich habe genug erlebt.

Und außerdem fällt mir auch gar nichts ein, was ich erleben könnte oder wollte.

Ist ja auch schon recht spät. Bald zehn. Da kann man keinen mehr anrufen. Und eigentlich wollte ich den freien Abend nutzen, um früh ins Bett zu gehen und mich mal so richtig auszuschlafen, was, wie jede Mutter von relativ kleinen Kindern weiß, ein ungeheurer Luxus ist.

Nein, die Abenteuer da draußen müssen heute ohne mich stattfinden. Morgen ist ja auch noch ein Tag. Und übermorgen übrigens auch. Eile mit Weile. Und ich muss schon sagen, dieses Ecksofa ist wirklich sehr gemütlich.

Das Buch, das ich gerade lese, ist von Ben Fletcher und Karen Pine und heißt *Flex. Do Something Different* – und ich finde, die Tatsache, dass es auf Englisch ist und von der Überwindung alter Gewohnheiten handelt, ist für mich an diesem Abend Herausforderung und Abenteuer genug. Manchmal reicht es, außergewöhnliche Pläne zu schmieden, man muss sie dann nicht auch noch gleich in die Tat umsetzen.

In dem Buch steht, von mir sehr frei und meinen mehr als durchschnittlichen Englischkenntnissen entsprechend übersetzt:

«Natürlich hat es einige Vorteile, eine klar definierte, feststehende Persönlichkeit zu haben. Menschen mögen es, genau zu wissen, was sie von jemandem erwarten können. Sie lieben es, andere mit einem Etikett zu versehen und in Schubladen einzuordnen.

Aber ich glaube, dass wir alle die Möglichkeit haben, anders zu sein, als wir glauben. Wir nutzen nur einen Bruchteil unseres Persönlichkeits-Potenzials. Wir alle haben die Wahl, uns anders zu verhalten und damit andere und neue Ergebnisse zu erzielen. Unsere Automatismen und Gewohnheiten lassen eine Welt entstehen, die viel kleiner ist, als sie sein müsste.

Viele Menschen werden mit dem Alter weniger tolerant, haben weniger Lust auf Veränderung und sind weniger offen für Neues. Das liegt daran, dass sie schon lange ihre Verhaltensmuster wiederholen und dass ihre Gedanken und Handlungen sehr automatisiert sind und unbewusst stattfinden. Kein Wunder, dass die Zeit zu fliegen scheint, wenn wir alt werden. Altern ist so gesehen ein sich selbst erfüllender Prozess. Aber das muss nicht so sein. Die moderne Medizin erkennt immer mehr den gesundheitlichen Wert an, den es mit sich bringt, die Welt der alten Menschen zu erweitern. Fang an zu tanzen, kauf dir einen Hund, miete einen Schrebergarten!

Wir sind alle Gewohnheits-Maschinen. Aber wenn du so weitermachst wie bisher, wird sich nichts ändern.

Einstein hat Krankheit so definiert: Dasselbe immer wieder tun und darauf hoffen, dass etwas anderes dabei herauskommt.

Wie oft wünschen wir uns, die Dinge wären anders, aber tun nichts dafür, um sie zu ändern? Ist es nicht verrückt, etwas anderes zu wollen, aber nicht aufzuhören, dasselbe zu tun? Der einfachste Weg, mit alten Gewohnheiten zu brechen, ist, neue auszuprobieren. Versuch es noch heute!»

Ich schließe das Buch und öffne das Fenster.

Jetzt oder nie!

Wenig später kann ich fliegen.

23 Uhr 15

Wir kreischen wie zwei Teenager beim Justin-Bieber-Konzert. Ich breite die Arme aus, und Frauke legt sich waghalsig in die Kurve. Bergab bringen wir es mit ihrem Motorroller auf berauschende sechzig Stundenkilometer.

Die warme Nachtluft weht mir ins Gesicht, und wir brausen durch die vertrauten Straßen, die mir aus dieser neuen Perspektive eigenartig fremd erscheinen.

Rechts fliegt die chemische Reinigung an uns vorbei, links der Spielplatz, der Schlachter und die evangelische Familienbildungsstätte, bei der ich in den letzten Jahren zwei PEKiP-Kurse, mehrere Kurse für musikalische Früherziehung und das Wochenend-Seminar *Holzarbeiten mit Kindern* belegt habe.

Pah! Heute Nacht verdränge ich meinen Familienstand, mein Alter und die Tatsache, dass ich als Kontaktlinsenträgerin vorsichtig mit Zugluft sein sollte.

Heute mache ich mal lauter Sachen, die mir keiner zugetraut hätte – am allerwenigsten ich selbst!

Dabei fällt mir einer der dämlichsten Kommentare ein, den ich auf Facebook bekommen habe, nachdem ich dort kurz von meinem Botox-Blondinen-Experiment berichtet hatte.

Eine Astrid schrieb empört und versehen mit einem nach unten zeigenden Daumen: «Das hätte ich von jedem gedacht – aber von Ihnen nicht.»

Ach nee, sag bloß? Stell dir vor, du dumme Gans: Ich hätte das auch nie von mir gedacht!

Aber vielleicht zeichnet es mich gerade aus, dass ich manchmal Dinge tue, die ich nie von mir gedacht hätte?

Das gefällt dir nicht? Mir doch egal.

Dann bleib doch auf deinem Sofa hocken und empöre dich darüber, dass andere Experimente wagen, während du es bevorzugst, dich bloß nicht selbst zu überraschen.

Lass dir von mir erzählen, dass Glück und Mut nahe beieinanderliegen und dass das Abenteuer begann, als ich nachts das Haus verlassen habe und auf die Vespa meiner Nachbarin gestiegen bin und endlich das getan habe, was ich schon längst hätte tun sollen. Aber als ich fünfzehn war, war ich noch zu vernünftig, und nachher zu beschäftigt.

Wir parken die Vespa vor dem Holthusen-Freibad.

Ich bin noch nie nachts in ein Freibad eingebrochen und entsprechend aufgeregt. Frauke meint sich zu erinnern, dass es in der dichten Hecke, die das Schwimmbad zur Straße hin umgibt, bei ihrem letzten Einbruch vor fünfzehn Jahren eine schüttere Stelle gab.

Möglichst unauffällig suchen wir die Hecke nach einer geeigneten Einstiegsmöglichkeit ab. Mehrere Schilder weisen darauf hin, dass dieses Objekt durch einen Sicherheitsdienst überwacht wird.

Herzklopfen.

Ich frage Frauke kurz, ob wir es eventuell hierbei bewenden lassen, in der Öffentlichkeit und insbesondere unseren Ehemännern gegenüber jedoch behaupten sollten, der Einbruch hätte wie geplant stattgefunden. Ich hatte eigentlich bereits genug Aufregung.

Frauke will davon nichts wissen und sucht nach der undichten Stelle.

Die Hecke wirkt allerdings undurchdringlich, gut möglich, dass hier in den vergangenen Jahrzehnten gärtnerisch etwas nachgearbeitet und Schwachpunkte korrigiert wurden.

Ich schlage Frauke vor, uns zunächst den Eingang näher anzuschauen und uns einen Überblick über die Gesamtsituation zu verschaffen – auch um auszuschließen, dass das Bad womöglich außerplanmäßig noch geöffnet ist. Das wäre mir peinlich, durch die Hecke in ein Freibad zu kriechen – sehr zur Verwunderung der noch anwesenden Schwimmer.

Ich lungere also wie absichtslos vor dem verschlossenen Tor herum, bis mir – höchstwahrscheinlich ist eine hochspezialisierte

Einbruchsfachkraft an mir verlorengegangen – ein ziemlich großer Spalt unter einem der Gitter auffällt.

Wir schlängeln uns mit geradezu jugendlicher Grazie durch die Öffnung, wobei ein paar bange Sekunden vergehen, in denen Frauke mit ihrem großen Busen steckenbleibt.

Ich komme leider ohne jede Mühe durch.

Wir schleichen zur Wiese neben dem Becken, legen unsere Kleider ab und gleiten leise ins dunkle Wasser. Natürlich nicht nackt, denn die Vorstellung, von Sicherheitskräften mit scharfen Hunden und Taschenlampen gestellt und von oben bis unten abgeleuchtet zu werden, hatte uns beiden nicht behagt. Das hatten wir uns dann doch ersparen wollen. Und den Sicherheitskräften auch.

Wir schwimmen ein paar Bahnen. Es ist herrlich und ein bisschen unheimlich, und ich muss laut lachen, weil ich mir so ungewöhnlich vorkomme und so jung. Das ist viel besser als Botox und Extensions! Ich meine, meine letzte Straftat habe ich begangen, als ich vorgestern ein paar Minuten in der zweiten Reihe parkte. Ich bin es wirklich nicht gewohnt, derart massiv gegen das Gesetz zu verstoßen.

Noch mehr Herzklopfen.

Wir kichern und prusten, jubilieren leise und tauchen ins Schwarze, wobei ich eine Kontaktlinse verliere, aber das ist mir total egal. Habe ich doch neben Wasser auch die Zitate folgender Klassiker im Ohr.

Nietzsche: «Das Geheimnis, um die größte Fruchtbarkeit und den größten Genuss vom Dasein einzuernten, heißt: gefährlich leben! Baut eure Städte an den Vesuv! Schickt eure Schiffe in unerforschte Meere!»

Stendhal: «Wer zittert, langweilt sich nicht.»

Und ich höre schon die Pächter der Überheblichkeit, das Expertenteam der Madigmacher und politisch Korrekten sagen: «Schaut euch mal die Pissnelke an: Dreht des Nachts ein paar Runden auf der Vespa und im Pool und glaubt schon, ein gefährliches Leben zu führen. Wohlstands-Tussi auf Sensationssuche. Gefahren-Simulation für gelangweilte Besserverdienende mit zu viel Freizeit. Lächerliche Vorort-Abenteuer für Frauen, die keine echten Sorgen haben.»

Was soll ich sagen? Stimmt genau!

Und wisst ihr was? Ich bin jeden Tag dankbar dafür, dass die echten Gefahren in meinem Leben so selten sind, dass ich auf künstlichen Nervenkitzel zurückgreifen muss.

Wir fahren zitternd durch die Nacht nach Hause. In nassen Klamotten. Wir machen, wo wir schon mal dabei sind, noch einen Umweg und trinken einen Wodka Tonic vor einer Bar in der Schanze, wo selbst die Lustgreise jünger sind als wir.

Frauke trägt einen durchfeuchteten Jogginganzug, ich ein zerbeultes Leinenkleid, durch das sich der nasse Badeanzug deutlich abzeichnet. Wir sind ungeschminkt, und unsere Haare, die unter den Helmen luftgetrocknet sind, bieten auch keinen schönen Anblick.

Herrlich, wenn man so schlecht aussieht wie wir, braucht man sich über seine Außenwirkung schon mal keine Gedanken zu machen. Sehr entlastend.

Ein angetrunkener Typ, der mein Sohn sein könnte und meiner Ansicht nach bedenklich dünn angezogen ist, schaut uns beide an, stutzt kurz und lallt dann verdutzt: «O Mann, ihr seid aber alt!»

Während ich unheimlich gekränkt bin, erwidert Frauke vergnügt: «O Mann, du bist aber jung!»

So entsteht ein kurze, aber intensive Freundschaft.

Joey macht es sich auf dem Bürgersteig bequem und sagt, wir sollen uns zu ihm setzen. Während er einen Joint dreht, erzählt er, dass er Bio-Burger-Bräter ist und vorhat, mit Aktien zu spekulieren, sobald er «einen gewissen Vermögensstamm» aufgebaut hat.

Joey ist einundzwanzig.

Frauke sagt: «Du, Joey, ich glaub, ich kenn deine Mutter.» Aber das kommt, so mein Eindruck, nicht so gut an. Trotzdem bietet er uns an, mal an seinem Joint zu ziehen.

Als wir die Vespa um halb drei vor unserem Haus abstellen, ist mir ein wenig übel.

Fraukes Ehemann kommt uns entgegen und sagt aufgebracht: «Verdammt noch mal, wo wart ihr denn so lange!? Könnt ihr nicht mal an eure Handys gehen? Ich war kurz davor, die Polizei anzurufen.»

Ich sage: «Wer zittert, langweilt sich nicht.»

6. September

Eine Packung Zigaretten und eine Dose Bier von der Tankstelle.

Es ist Sonntagnachmittag, Vera und ich liegen im Park im Gras, unsere Pullover zusammengerollt unter unseren Köpfen.

Wir teilen uns ein Bier, und ich rauche eine Zigarette nach der anderen, als hätte ich nie aufgehört.

Wie alte Freunde stehen die Laster wieder bei mir auf der Matte, und erst, als ich ihnen die Tür aufmache, merke ich, wie sehr sie mir gefehlt haben.

Acht Monate lang habe ich so verdammt viel Richtiges getan und Falsches gelassen. Ich habe sieben Kilo abgenommen, war nachts auf jeder Party nüchtern und jeden einzelnen Morgen frisch und ausgeruht. Kein Rausch. Kein Kater. Kein schlechtes Gewissen.

Ich habe mich tadellos benommen, und die Tugendhaftigkeit war mir so sehr zur Gewohnheit geworden, dass ich bereits vor langer Zeit aufgehört habe, mich an ihr zu freuen.

Normalität ist niemals ein Grund zum Feiern.

Ich beglückwünsche mich ja auch nicht jeden Morgen und jeden Abend dazu, dass ich mir die Zähne geputzt habe.

Wer immer schlank ist, bekommt nie Komplimente dafür, dass er abgenommen hat. Ewige Nüchternheit gehört irgendwann zum Alltag wie Hintern abputzen oder Beine rasieren. Dafür gibt es keinen Applaus, denn kein Mensch, du eingeschlossen, interessiert sich für das, was du ständig tust.

Ich nehme einen großen Schluck Bier und blase den Rauch meiner Zigarette in die Abendsonne.

Letzte Woche hatte ich während meiner derzeitigen Lieblingsserie *House of Cards* auf die Pausetaste gedrückt, um mir einen Satz des Hauptdarstellers aufzuschreiben: «Wenn wir nie etwas tun würden, was wir nicht tun sollten, könnten wir nie stolz darauf sein, wenn wir das tun, was wir tun sollten.»

Ich zünde mir noch eine Zigarette an. Vera reicht mir die Bierdose.

Ich bin froh, weil ich meine eigenen Regeln über Bord geworfen habe, weil ein Bier mit Alkohol so unvergleichlich viel besser ist als eines ohne, und weil diese Zigarette so schmeckt, als hätte das Leben gerade erst begonnen.

«Vera, was soll ich tun?»

«Hast du das Gefühl, versagt zu haben? Der Plan war, ein Jahr lang keinen Alkohol zu trinken, und jetzt liegen wir hier saufend und rauchend im Gras. Von mir erfährt niemand was, wenn du nicht willst.»

«Nein, ich habe nicht das Gefühl, versagt zu haben. Komisch, oder? Das bessere Leben ist nicht das, in dem man nichts Falsches tut. Egal, ob das jetzt gerade ein Rückfall ist oder ein weiterer Schritt voran: Dieser Moment gehört zu den herausragenden in diesem Jahr.»

«Was waren die anderen herausragenden Momente?»

«Der erste Galopp. Im eigenen Bett schlafen nach der Nacht im Wildniscamp. Als die letzte blonde Haarsträhne zu Boden fiel. Das letzte Glas Wein und die letzte Zigarette um Mitternacht an Silvester. Das erste Glas Wein und die erste Zigarette.»

«Glück entsteht durch Kontraste. Mir ist klar, dass ich von Oktober bis April frieren werde, trotzdem möchte ich nicht in Kalifornien leben, wo es keine vernünftigen Jahreszeiten gibt und ein Sonnentag selbstverständlich ist. Ich will mich freuen, wenn es Frühling wird. Aber dazu muss vorher Winter gewesen sein.»

«Stimmt. Das erste Glas Wein ist nur dann ein Luxus, wenn du nicht noch blau bist vom Abend davor.»

«Wenn man sich nicht freiwillig beschränkt, werden Genussmittel zu Suchtmitteln. Der Cholesterinspiegel steigt, und die Leber verfettet. Wir müssen den Mangel künstlich herbeiführen, sonst werden wir dick und unglücklich.»

«Das klingt anstrengend.»

«Na und? Das Leben ist anstrengend. Sonst würde es keinen Spaß machen.»

«Spaß? Irgendwas fehlt mir immer, weil ich gerade mit irgendwas aufgehört habe. Reduzieren, minimieren, kontrollieren: Ich bin es so leid! Mein ganzes Leben besteht nur noch aus Mäßigung und Impulskontrolle.»

«Deine ewig gleiche Leier geht mir langsam auf den Keks! Seit ich dich kenne, behauptest du, du könntest nur mit Extremen leben, ganz oder gar nicht. Vielleicht stimmt das nicht. Vielleicht hast du dich längst weiterentwickelt, ohne es zu merken. Mäßigung muss nicht mittelmäßig sein, und mit Vernunft werden Weltkriege verhindert. Ich finde, du bist zu alt für diese pubertären Radikalpositionen. Wir alle verzichten ständig: Wir stehen früh auf, obwohl wir lieber liegen bleiben würden, wir räumen auf, machen unsere Steuer, bügeln und putzen das Klo. Wir tun es, weil man sich Unvernunft nur hin und wieder leisten kann. Rausch macht nur Spaß, wenn man sich den Kater am nächsten Morgen leisten kann und nicht um halb sieben der Wecker klingelt. Mittelwege sind Königswege. Geh sie suchen und werd erwachsen. Prost!»

22 Uhr 30

Mittelwege. Kann es die geben für die Getriebenen, für die Kuchenesser, die trotzdem schlank sein wollen? Für die Raucher und die Weintrinker, die ihre Laster lieben, sich aber nicht von ihnen beherrschen lassen wollen? Für die Unvernünftigen, die vernünftig sein wollen, denen aber nichts fremder ist, als ins Bett zu gehen, wenn noch ein Stückchen Schokolade übrig und noch ein kleiner Rest in der Flasche ist?

«Suchtmittel sind nur etwas für reife, gefestigte Persönlichkeiten», hat mir der Suchtexperte Michael Klein gesagt. «Die Lust an der Lust zu kontrollieren, ist schwierig, aber nicht unmöglich. Das Problem ist: Konsumreduktion verlangt mehr mentale Disziplin als Konsumverzicht. Deshalb ist hundertprozentige Abstinenz für viele der sicherste Weg. Gelingt es Ihnen allerdings, das rechte Maß zu halten, steigt mit jeder gelungenen Selbstkontrolle Ihr Selbstbewusstsein.»

Vielleicht bin ich ja mittlerweile eine reife Persönlichkeit?

Ich will nicht bei lebendigem Leib in Leichenstarre verfallen und, wie mein Journalistenschullehrer Wolf Schneider in seinem Buch *Glück* schreibt, jenes unfrohe Dasein führen, «das zwangsläufig die Folge ist, wenn man jede Stunde des Lebens in den Dienst der möglichst langen Vermeidung des Todes stellt».

Ich will nicht länger die raren, funkelnden Momente durch

Vernunft versauen. Ich will wieder sagen: «Ich sollte jetzt gehen» – und dann doch noch ein Glas Wein bestellen. Und dann noch eins.

Robert Pfaller schreibt: «Eines ist ganz offensichtlich: Wenn man ein Leben haben will, das seinen Namen verdient, dann darf man nicht unentwegt vernünftig oder erwachsen sein. Man muss vielmehr imstande sein, sich auch kleine Verrücktheiten oder kindische Dummheiten zu gönnen. Unsere besten Genüsse bestehen darin, dass wir für Momente unsere gewöhnlichen Prinzipien gesunder Ernährung, nüchterner Verfassung und sparsamen Haushaltens über Bord werfen und eine triumphal lustvolle, feierliche Überschreitung begehen.»

Maßlosigkeit in ein vernünftiges Maß bringen, aber trotzdem Dummheiten machen und Regeln brechen: Darum geht es.

Die Mischung muss stimmen zwischen Ordnung und Unordnung, zwischen Vernunft und Unvernunft, zwischen Gemüse und Nikotin, grünem Tee und grauem Burgunder.

Tom Hodgkinson schreibt in *Die Kunst, frei zu sein*, einem meiner Lieblingsbücher: «Entscheidend ist nicht, dass man alle Genüsse aufgibt, sondern dass man die Herrschaft über sie behält.»

Sucht beginnt dann, wenn man das Kommando über seine Genüsse verliert. Dieser Kontrollverlust war ja mal biologisch absolut sinnvoll. Die Lust auf mehr, das Unvermögen, aufzuhören, sicherte evolutionär gesehen das Überleben der Spezies Mensch. Die Natur hat den heutigen Überfluss nicht vorgesehen. Ein Steinzeitmensch musste dann essen, wenn es was zu essen gab, und zwar so viel wie möglich. Diese biologischen Anlagen brechen bei mir bei jedem All-you-can-eat-Buffet durch. Da benehme ich mich wie das steinzeitliche Weibchen beim Anblick eines frisch erlegten Mammuts. Heutzutage gibt es dreiundachtzig verschiedene Sorten Chips – und gegen dreiundachtzig von ihnen muss ich mich täglich neu entscheiden.

Du musst die Herrin im eigenen Haus sein. Du musst das Chaos beherrschen – und ab und zu ein Auge zudrücken.

8. September

Ich bin seit zwei Tagen Nichtraucher und Nichttrinker!
Und seit zwei Wochen sehe ich wieder so aus, wie ich bin, und genieße jeden Blick in den Spiegel. Mein Ausflug ins Land der Blondinen war eine Mischung aus Großwildsafari und Bildungsurlaub, und ich bin heilfroh, wieder zu Hause zu sein.

Große Erleichterung auch bei den Patenonkeln, meinen Freundinnen und meinen Kindern. Erst jetzt gestehen sie mir, wie sehr sie unter meinem Anblick und unter meiner gespaltenen Persönlichkeit gelitten haben. Außen eine Blondine, innen eine Brünette – und die beiden haben sich leider nicht besonders gut verstanden.

Vielleicht sah ich in Blond besser und jünger aus, kann schon sein, aber generell bevorzuge ich es, so auszusehen, wie ich bin – auch wenn das bedeutet, dass ich weniger Blicke auf mich ziehe.

Heute Vormittag begegnete ich im Supermarkt einem Mann, der meinem blonden Alter Ego letzten Monat ein charmantes Lächeln über die Truhe mit den mediterranen Spezialitäten hinweg geschenkt und mir in der Schlange an der Kasse unübersehbare, intensive Blicke der Gattung *Schade, dass ich verheiratet bin, aber ich wäre bereit, diese Tatsache für ein paar Stunden zu vernachlässigen* zugeworfen hatte.

Heute rammte er mir seinen Einkaufswagen in die Hacken, als sei ich durchsichtig, und murmelte, ohne aufzublicken, eine Entschuldigung, die eher wie eine Beschuldigung klang: wie ich es wagen konnte, ihm im Weg zu stehen.

Ich bin mit kurzen, dunklen Haaren vom Männer-Radar verschwunden wie ein Flugzeug, das urplötzlich an Höhe verliert.

Zum Glück habe ich ja auch vorher recht gut unterhalb der Wahrnehmungsgrenze der durchschnittlichen männlichen Ortungsfrequenzen gelebt.

Außerdem bin ich erfreulicherweise auf dem Radar meines eigenen Mannes wieder aufgetaucht, der mir unübersehbare, intensive Blicke der Gattung *Schön, dass ich verheiratet bin und dass die Frau, die ich geheiratet habe, endlich wieder da ist* zuwirft.

9. September

Habe heute Mittag einen halben veganen Schokoriegel gegessen und mir die zweite Hälfte für den Abend aufgehoben.
    Das ist der Beweis: Menschen können sich ändern!

16. September

Im Rahmen der September-Operation *Lebe lieber ungewöhnlich!* habe ich gestern einen Burlesque-Kurs besucht.
    Ich hatte kurz überlegt, über dieses Erlebnis nicht zu berichten und so zu tun, als sei es nie passiert, habe mich aber nun im Sinne einer lückenlosen Darlegung der kompletten Rechercheergebnisse für radikale Offenheit entschieden.
    In der Anzeige hatte gestanden: «Begib dich auf die Suche nach der Verführerin in dir – verwandle dich in eine strahlend burleske Göttin!» Dieser Text hatte mich ganz spontan überhaupt nicht angesprochen. Weil ich mich im Zuge meines Mehr-Abenteuer-im-Alltag-Programms immer wieder selbst überraschen will, hatte ich mich angemeldet und Vera gefragt, ob sie mitkommt.
    Ich wäre sogar bereit gewesen, ihr die Kursgebühr von hundertfünfundfünfzig Euro zu bezahlen, aber sie hatte mich brüsk abgewiesen: «Wozu soll das bitte gut sein? Was, glaubst du, wird mein Mann sagen, wenn ich morgen Abend nur mit schwarzen Handschuhen, einer Federboa und High Heels bekleidet unser Schlafzimmer betrete? Im besten Fall bekommt er einen Lachkrampf, im schlechtesten lässt er mich entmündigen.»

SEPTEMBER

«Aber Vera», hatte ich versucht, sie umzustimmen, «bei diesem Kurs geht es darum, brachliegende Teile deiner Persönlichkeit zu entdecken. Vielleicht schlummert eine erotische Lustgöttin in dir, die darauf wartet, endlich geweckt zu werden.»
«Die lass ich einfach weiterschlafen.»
«Man bekommt zum Schluss sogar ein Paar Nipple Pasties geschenkt», hatte ich als letztes, schlagendes Argument vorgebracht. In Wahrheit hatte ich bloß Schiss, alleine zu dem Kurs zu gehen.
«Nipple was? Du meinst doch nicht etwa diese Pailletten-Hütchen mit den Troddeln dran, die man sich auf die Brustwarzen klebt und dann im Kreis schwingt? Du solltest wirklich aufpassen, dass bei dem Kurs nicht fotografiert wird. Solche Bilder können Karrieren versauen.»

Nachdem ich auch von Frauke, Susanne, Karen, Karin und Tatjana Absagen und den ein oder anderen Witz auf meine Kosten zu hören bekommen hatte, war ich stolz und mutig alleine zu dem Kurs gefahren, der im *Tangostudio La Yumba*, einer zauberhaften, sympathisch abgeschrabbelten Tanzschule unweit der Reeperbahn, stattfand.

Wir saßen zu neunt an einem Tisch und wurden von der molligen, spärlich bekleideten Kursleiterin mit dem Künstlernamen *Golden Treasure* gebeten, uns vorzustellen.

Eine Achtzehnjährige hatte das Seminar von Freundinnen zum Geburtstag geschenkt bekommen, zwei Frauen Mitte vierzig waren extra aus Höxter angereist, eine Frau Ende fünfzig erhoffte sich mehr Schwung für ihre etwas schläfrig gewordene Affäre.

«Deine Affäre?», hatte ich überrascht nachgefragt.
«Ja», hatte sie geantwortet. Mit ihrem Mann sei der Sex schon vor zwanzig Jahren zum Erliegen gekommen. «Ich bin trotzdem glücklich verheiratet. Aber eine Affäre ohne Sex kommt natürlich nicht in Frage.»
«Natürlich nicht», hatte ich beeindruckt geantwortet.
Dann hatten wir uns in Paare aufgeteilt und versucht, uns ge-

genseitig zu verführerischen Pin-up-Girls zu stylen, mit langen, schwarzen Wimpern und dickem Lidstrich.

Wir schlüpften in die mitgebrachten Kleider, und unsere Seminarleiterin stellte es uns frei, wie weit wir uns bei der nun folgenden erotischen Choreographie ausziehen wollten.

Ich hatte mich für ein ärmelloses Kleid im Zwanziger-Jahre-Stil entschieden und war fest entschlossen, es anzubehalten.

«Sexyness ist keine Frage von Pfunden», sagte Golden Treasure. «Eine Frau, die sich erotisch findet, ist auch erotisch.»

Ich traute mich lediglich, mich so lasziv wie möglich der langen, schwarzen Handschuhe und meiner Halskette zu entledigen. Den großen Federfächer, der erotischer Verlockung dienen sollte, hielt ich verkrampft wie einen Schutzschild vor mir.

Die Entblätterung sollte einhergehen mit anregenden Bewegungen, für die ich leider kein auffallendes Talent zeigte.

Vibrieren mit den Schultern?

Sah aus, als wolle ich mir eine ausgekugelte Schulter wieder einrenken.

Kleine, kreisförmige Bewegungen mit dem Po?

Sahen aus, als wollte ich mit ausufernden Schwenkbewegungen auf einen Hubschrauberlandeplatz aufmerksam machen.

Als ich aufgefordert wurde, mir einen meiner Handschuhe leidenschaftlich, aber dennoch langsam mit den Zähnen von den Händen zu ziehen, biss ich mir schmerzhaft in den Finger, und als ich zum Schluss auch noch ungeschickt auf den Fächer trat, mit dem meine Partnerin gekonnt ihren nahezu nackten Körper umspielte, war wohl jeder der Anwesenden klar, dass ich keine Karriere als Burlesque-Tänzerin verpasst hatte.

Die Nipple Pasties bekam ich zum Schluss trotzdem geschenkt und ließ sie diskret in meiner Handtasche verschwinden.

«Dabei sein ist alles», hatte meine Partnerin aufmunternd zu mir gesagt, während sie sich die paillettenbesetzten Titten-Hütchen auf ihre Brüste klebte.

«Mein Mann wird begeistert sein!», rief eine der Damen aus Höxter und wippte mit dem Busen, sodass sich die Quasten der Nipple Pasties lustig drehten wie die Windräder in Schleswig-Holstein bei Windstärke sieben.

Ich fand diese Frauen wunderbar: lebendig und auf schräge Weise lustig, immer in Bewegung, nie fertig mit sich und der Welt und niemals langweilig.

Hemmungen und fragwürdige Normen haben sie über Bord geworfen. Was sich gehört und was nicht, entscheiden sie selbst.

Wie fantastisch Frauen sind, hatte ich letzte Woche bei einem Restaurantbesuch feststellen können. Ich trug ein an und für sich vorteilhaft geschnittenes Kleid, das sich aber elektrisch aufgeladen hatte und wie eine zweite Haut an mir klebte.

Aus dem Alter für eine zweite Haut bin ich lange raus, ich habe mit meiner ersten genug Ärger.

Der schockierende Anblick war es wert, der Tischgesellschaft erspart zu werden. Ich floh aufs Klo und schilderte dort den sich nachpudernden Damen mein Problem.

Es wurde lebhaft diskutiert, eine Dame prüfte kritisch den Stoff meines Kleides, eine zweite Dame bot an, mir ein Glas Wein auf die Toilette zu bringen, eine dritte zückte ihr Smartphone und schaute bei Frag-Mutti.de nach.

Ich verließ das stille Örtchen weiblicher Solidarität mit einem dank Haarspray entladenen Kleid und dem beflügelnden, warmen Gefühl, wie schön es ist, eine Frau unter Frauen zu sein, und mit der drängenden Frage, ob Männer eine Ahnung davon haben, was sie alles verpassen, bloß weil sie Männer sind.

Mein Eindruck ist, dass Frauen einander viel näher kommen, weil sie ihre Schwächen zeigen, ihre Zweifel zur Diskussion freigeben, ihre Ängste bekennen und untereinander Gespräche führen, in denen es um sie selbst geht und nicht um die neueste Smartphone-App oder einen schwachsinnigen Schiedsrichter, der das Abseits nicht gepfiffen hat.

«Und, wie war's?», fragte mich mein Mann, als ich vom Burlesque-Kurs nach Hause kam.

«Mal was anderes», hatte ich ausweichend gebrummelt. Und weil ich vergessen hatte, meine Titten-Hütchen ordentlich wegzuräumen, war mein kleiner Sohn am nächsten Morgen mit einem Nippelpastie auf der Nase zum Frühstück erschienen, und die Oma, die zu Besuch war, hatte sich womöglich ein wenig gewundert, aber höflich geschwiegen.

21. September

Ich rechne jeden Moment mit dem Abtransport meiner Oberschenkel. Es ist jetzt fünf Wochen her, dass ich mich einer Prozedur unterzogen habe, die so unfassbar beschämend war, dass ich sie bereits verdrängt hätte, würde ich nicht noch auf das Ergebnis warten und hätte ich nicht gerade erst die Rechnung über zweitausendneunhundertfünfundsiebzig Euro überwiesen.

Cool Sculpting oder auch *Kryolipolyse* nennt sich eine Methode, mit der Fettzellen gezielt an Problemzonen wie Bauch, Schenkel und Hüften mit Kälte behandelt werden. Das schockgefrostete tote Fett soll dann, so der Plan, innerhalb der folgenden sechs bis zwölf Wochen vom eigenen Stoffwechsel abtransportiert werden.

Zurückbleibende Zonen, die keine Probleme mehr haben.

Insgesamt habe ich neun Stunden beim Cool Sculpting mit Frau Sandrock, der zuständigen Vereisungsfachkraft im *Goldbek medical*, verbracht.

Vom durchschnittlichen Entwürdigungs-Grad gebührt der Fettvereisung der Spitzenplatz unter Prozeduren wie Milch abpumpen, Anprobe von zu engen Hosen in einer H&M-Umkleidekabine und dem Kreisenlassen von Nipple Pasties.

Zunächst wurden Fotos von mir im nahezu unbekleideten Original-Zustand gemacht. Das machte schon kaum Spaß.

Dann malte Frau Sandrock bester Laune mit schwarzem Edding ovale Formen auf meinen Bauch und meine Oberschenkel, um die Stellen zu kennzeichnen, an denen die Vereisung geschehen soll.

Ich begab mich voll düsterer Ahnungen in das Behandlungszimmer, ließ mich auf einem Kosmetikstuhl nieder und hatte Sekunden später das Gefühl, als würde ich von einem Riesenkraken angegriffen.

Nachdem mir Frau Sandrock einen schleimigen Lappen, der mich von der Konsistenz und Größe her an eine thailändische Sommerrolle ohne Füllung erinnerte, auf den Bauch gelegt hatte, setzte sie einen Vakuum-Sauger an und schaltete die Maschine ein.

Mit einem bedrohlichen Schlurfen saugte sich der Tentakel des Gerätes an meinem Bauch fest, und dabei fiel mir unwillkürlich ein, wie ein Junge aus meiner Klasse mal versucht hatte, mir einen Knutschfleck zu verpassen, und sich dabei ähnlich hartnäckig an meinem Hals verbissen hatte wie der Kryolipolyse-Apparat an meinem Bauch.

Ich musste leider hysterisch lachen, was das unangenehme Gefühl noch verstärkte, womöglich komplett in den Kraken hineingesaugt zu werden.

Aber es kam noch schlimmer. Denn dann begann die Tiefkühlung.

Eine Stunde lang wird jede Problemzone eingefroren. Am Bauch sind das in der Regel drei Zonen, macht drei Stunden. Und der Moment, wenn der Vakuum-Sauger abgeschaltet und von der Haut entfernt wird, ist zwar ein absolut unvergesslicher, aber keiner, den ich zu den Edelstein-Momenten zählen würde.

Denn das, was dann unter dem Sauger zum Vorschein kommt, ist ein tiefgekühltes, verformtes Körperstück, das an ein Putenschnitzel mit Gefrierbrand erinnert.

Ich starre entsetzt auf meine Bauchdecke.

Würde ich so was in meinem Kühlschrank finden, würde ich

es sofort mit spitzen Fingern entsorgen, den Kühlschrank abtauen und desinfizieren.

Frau Sandrock begann, die Stelle zu massieren, was ausgesprochen unangenehm war und mit jenem Schmerz verbunden, den man spürt, wenn die Wärme abrupt in sehr kalte Füße zurückkehrt.

Frau Sandrock sagte: «Die anschließende Massage ist sehr wichtig, denn es hat sich gezeigt, dass unentschlossene, nur angefrorene Fettzellen dadurch überredet werden, auch noch ihren Geist aufzugeben.»

Ich nickte und biss die Zähne zusammen.

Am nächsten und übernächsten Tag ging es weiter, bis auch die Fettzellen der Oberschenkel vereist worden waren. Bei der letzten Prozedur erzählte mir Frau Sandrock begeistert, dass sie vor mir eine Kundin hatte, die einundsiebzig Jahre alt ist.

Ich war darüber zutiefst erschrocken. Hört das denn nie auf??!!

Irgendwie hatte ich mir mein Alter anders vorgestellt, als es damit zu verbringen, Jagd auf meine armen alten Fettzellen zu machen. Ich musste an Uschi Glas denken, die ein ganzes Leben auf Ananas-Diät und ohne eine einzige Fettzelle am Körper verbracht hat. Trotzdem hat ihr Mann sie verlassen. Oder vielleicht deswegen?

Man wird ja ungenießbar, wenn man sich jeden Genuss verbietet, und wenn das einzige Glück in deinem Leben deine spitzen Hüftknochen sind.

Ich muss sagen, dass die gemeinsamen Mahlzeiten in unserer Familie auch deutlich an Liebreiz verloren haben, seitdem ich dabei immer das Gluten, die Laktose, den Zucker und die Freude am Essen weglasse.

Wer schön sein will, muss leiden. Und wer mit jemandem zusammenlebt, der schön sein will, muss mitleiden.

In den Tagen nach der Fettvereisung – ich hatte meinem Mann eine genaue Schilderung des Ablaufes erspart – fühlten sich die entsprechenden Stellen meines Körpers an, als seien sie blau geschwollen und als hätte ich dort massiven Muskelkater. Zu sehen war zum Glück nichts.

Bis heute habe ich ein taubes Gefühl in der Bauchdecke. Und als Vera mich neulich im Schwimmbad betrachtete, stellte sie eine Frage, die mich auf einen schrecklichen Gedanken brachte.

«Sag mal, wenn das Fett weg ist, was bleibt denn dann eigentlich übrig?»

«Wie meinst du das? Ich bleibe übrig, bloß mit schlanken Schenkeln und ohne Bauch.»

«Aber was ist mit der Haut? Die muss doch auch irgendwohin.»

«Die Haut bildet sich natürlich zurück», sagte ich bereits leicht verunsichert.

«Bis du dir da ganz sicher? Warum sollte sie? Das Wesen alter Haut ist, dass sie an Spannkraft verliert. Das kannst du sehr schön an meinem Hals und an meinen Ellenbogen sehen. Könnte es sein, dass nach dem Abtransport deiner Fettzellen einfach nur leere Haut zurückbleibt?»

«Du meinst, runzlige Epidermis-Beutel, die mir wie schlecht sitzende Baggy Pants sackartig an den Beinen runterhängen?»

Vera nickte, und mir wurde angst und bange. Werde ich, rechtzeitig zum Winter, einen körpereigenen Bauch-Muff vor mir hertragen?

Seither beäuge ich meinen Körper argwöhnisch.

Und der Appetit auf Sommerrollen und Putenschnitzel ist mir irgendwie auch vergangen.

23. September

Herbstanfang.

Habe heute im Supermarkt die ersten Butterspekulatius mit Mandelsplitter gesehen.

Glutenfreie Weihnachten? Heiligabend ohne Laktose? Kommt für mich eigentlich nicht in Frage. Ich liebe den altmodischen Geruch von gebrannten Mandeln und Bienenwachskerzen. Spekulatius, Heidesandplätzchen, Rotkohl mit einem nicht zu kleinen Stück Butterschmalz. In der Weihnachtszeit kann ich mich praktisch nicht mehr frei bewegen, ohne von Kindheitserinnerungen behelligt zu werden. Mein Geruchssinn scheint einen direkten Draht zu haben in die Fotoalben meiner frühesten Kindheit.

Im Sommer ist es der Geruch von Luftmatratzen und heißem Asphalt, im Herbst der Duft von reifen Quitten und ganzjährig das Rasierwasser meines Vaters, *Tabac Original,* der mich zuverlässig zurückversetzt in eine Zeit, als ich noch Milchzähne und den Eindruck hatte, mein Leben und das derer, die ich liebte, sei unendlich lang und unendlich schön.

Ich habe nichts gegen meine frühen Erinnerungen. Im Gegenteil. Ich habe den massiven Eindruck, dass früher alles besser war. An Weihnachten lag immer Schnee, ich bekam stets genau das, was ich mir gewünscht hatte, und über der gesamten, idyllischen Szenerie lag der Duft von frisch gebackenen Vanillekipferln.

Meine Recherchen haben jedoch ergeben: So war es nicht.

Aachen, meine Heimatstadt, belegt zusammen mit meinem jetzigen Wohnort Hamburg den letzten Platz auf der Liste der Städte, in denen man auf weiße Weihnachten auch nur ansatzweise hoffen sollte. Durchschnittlich warme Heilige Abende unterscheiden sich bei uns von durchschnittlich kühlen Sommerabenden nur dadurch, dass es früher dunkel wird. Dreizehn Grad, begleitet von ergiebigen Regenschauern, sind in beiden Städten das Ganzjahreswetter.

Meine Eltern, auch hier trügen mich meine glücklichen Erinnerungen, waren bedauerlicherweise überzeugte Anhänger von Holzspielzeug und anspruchsvoller Kinderliteratur wie *Die wunderbare Reise des Nils Holgersson mit den Wildgänsen* oder *Sagen des klassischen Altertums*. Ich dagegen favorisierte blonde Barbie-Puppen auf rosa Plastikpferden und Batman-Comics.

Ein ungelöster, innerer Konflikt bis heute.

Und, ich muss es im Sinne einer überfälligen Vergangenheitsbewältigung hier so offen sagen: Meine Mutter konnte sehr schlecht backen und hat das «Ich nehme die Backmischung und vergesse dann noch die einzige Zutat, die man selbsttätig hinzugeben muss»-Gen an mich weitergegeben.

Es ist mir tatsächlich noch nie gelungen, genießbares Backwerk herzustellen. Sollte mir der Teig gelingen, verbrennen die Plätzchen im Ofen. Und sollten die Plätzchen goldbraun und mürbe sein, schmecken sie garantiert ganz anders und viel, viel schlechter, als sie eigentlich schmecken sollen.

War meine Kindheit womöglich gar nicht so glücklich, wie ich glaube?

Gaukelt mir meine Erinnerung eine Vergangenheit vor, die es so gar nicht gegeben hat?

Bin ich etwa nicht in einem von Licht durchfluteten, palastartigen Gebäude mit imposanter Freitreppe groß geworden? Und welche üblen Spielchen spielt mein Gedächtnis womöglich sonst noch mit mir, nicht eingeschlossen die Tatsache, dass es sich regelmäßig weigert, Vornamen mir eigentlich recht gut bekannter Personen rauszurücken, und ab und zu PIN-Nummern verschluckt, bevorzugt dann, wenn ich nach einem Großeinkauf ohne Bargeld im Portemonnaie an der Kasse stehe?

Es ist nämlich so: Das Gedächtnis speichert das Außergewöhnliche.

Wir erinnern uns an das eine Weihnachten mit Schnee besser als an die vielen ohne. Genauso wie wir die verregneten, langweiligen Ferientage vergessen und die sonnigen im Gedächtnis behalten.

Deswegen sind Kindheits- und Jugenderinnerungen so intensiv und so häufig: Weil so vieles, was uns in dieser Zeit begegnet,

neu und besonders ist. Der erste Urlaub am Meer. Der erste Liebeskummer. Die erste Flugreise. Der Heilige Abend, an dem ich diesen unglaublich großen, weichen, braunen Stoffbären bekommen habe. Der Tag, an dem meine Großmutter beerdigt wurde und ich nicht verstand, warum ich nicht wenigstens einen Knochen von ihr als Andenken behalten durfte.
Unvergesslich.

Fast jeder, der nach dem Buch gefragt wird, das ihn am meisten beeindruckt hat, wählt eines, das er vor seinem dreiundzwanzigsten Lebensjahr gelesen hat. Und meistens ist *Siddhartha* von *Hermann Hesse, Homo faber* von *Max Frisch* oder *Die unendliche Geschichte* von *Michael Ende* darunter.

Und die meisten Menschen idealisieren die Musik, die sie als Teenager gehört haben, und sind der festen Überzeugung, dass bald nach *Nena* und *Supertramp* die Qualität dramatisch abgenommen habe und eigentlich nichts Hörenswertes mehr produziert wurde. Und, jetzt mal ehrlich: Nach Reinhard Mey, Whitney Houston, David Bowie und Hubert Kah kam ja auch wirklich nicht mehr viel.

Früher war nicht alles besser. Natürlich nicht. Aber früher war alles neu. Der erste Kinobesuch ist ein Erlebnis, der hundertste oft eine Enttäuschung. Nebenbei bemerkt: Woody Allen und James Bond sind ja auch nicht mehr das, was sie mal waren, und Hugh Grant ist auf eine tragische Weise gealtert, die ihn jeglichen Charme gekostet hat.

Der erste verknutschte Sonnenuntergang: So was von romantisch! Und später denkst du dann auch zuweilen ernüchtert: «Kennst du einen, kennst du alle.»

Der erste Geschlechtsverkehr ist in der Regel ein eindrucksvolles, wenn auch nicht immer angenehmes Ereignis. Jahre später schaut man dabei schon mal unauffällig auf die Uhr oder denkt an Claus Kleber.

Gewöhnung setzt ein, unvermeidlich, und dann legen sie los,

die *Furien des Vergessens*, wie Hegel sie nannte, schmeißen alles raus aus deinem Hirn, was schon mal so oder so ähnlich da war.

Vielleicht ist meine Kindheit nur glücklich, weil ich so ein schlechtes Gedächtnis habe?

Den Palast, in dem ich aufgewachsen bin, habe ich neulich zum ersten Mal seit dreißig Jahren wieder von innen gesehen.

Ich stand vor unserem alten Haus auf der Straße und überließ mich, wie immer, wenn ich meine Heimat besuche, der Wehmut und dem mitreißenden Gefühl von Unwiederbringlichkeit.

Ich bin durch und durch pathetisch, war ich schon immer, und ich liebe es, es mir mal so richtig schlechtgehen zu lassen.

Am Grab meiner Eltern weine ich bei jedem Besuch so herzzerreißend, als seien sie gestern und nicht vor fast zwanzig Jahren gestorben.

Die Zeit heilt alle Wunden. Aber meine nicht.

Dazu lass ich es nicht kommen.

Der jetzige Besitzer des Hauses erkannte mich, wie ich da so vom uralten Jammer beflügelt auf dem Bordstein stand, und bat mich herein in ein winziges Häuslein mit niedrigen Decken und kleinen Fenstern. Eine schmale Stiege führt nach oben in mein ehemaliges Kinderzimmer, in das nie die Sonne scheint.

Die Decken im Wohnzimmer kamen mir früher viel höher vor, und die Flügeltüren, die sich in meiner Erinnerung opulent auf eine strahlend helle Terrasse öffneten, sind realistisch gesehen eher schmale Luken, durch die man sich auf eine mit Waschbeton ausgelegte Freifläche zwängen kann.

Der Quittenbaum im Garten ist ein knöchriger Busch, und an den stattlichen Birnbaum erinnert nur noch ein fauliger Stumpf im Rasen.

Mein Kindheits-Palast schrumpfte zusammen auf das, was er war: ein schlecht isoliertes Giebelhaus aus den fünfziger Jahren mit bemoostem Dach, kleinen Fenstern und schattigen Zimmern.

Ich war enttäuscht. Zunächst.

Ich ging zurück auf die Straße und warf noch einen Blick zurück und bemerkte da bereits, dass sich meine Erinnerung von der Realität nicht unnötig beeinflussen lassen würde.

Kaum hatte ich dem kleinen Häuschen mit dem roten Dach in der Karl-Friedrich-Straße den Rücken zugekehrt, übernahm mein Gedächtnis wieder die Oberhand in meinem Hirn und überschrieb ungerührt das, was ich gerade gesehen hatte, mit dem, woran ich mich erinnern wollte.

Ich bin aufgewachsen in einem von Sonnenlicht durchfluteten Palast mit imposanter Freitreppe.

Mein Elternhaus wird für mich immer groß und der Quittenbaum in unserem Garten immer üppig und wunderschön bleiben.

Und das hat ja auch der einzigartige Reinhard Mey bereits vor dreißig Jahren sehr ergreifend besungen: «Erinnerungen sind vor allem in uns und nicht an irgendeinem Ort.»

Umso wichtiger, jetzt dafür Sorge zu tragen, in Zukunft glückliche Erinnerungen zu haben.

Wie man vermeidet, dass man vergesslich wird?

Unvergessliches tun!

26. September

Ich war heute mit meinem Mann im Kino.

Zum ersten Mal seit tausend Jahren. Mindestens.

Danach haben wir in unserem Lieblingsrestaurant *Carmagnole* Couscous gegessen, Weißwein getrunken und dazu ein Päckchen Gauloises Blondes geraucht.

Unvergesslich!

Heute ist Sünden-Samstag.

Morgen ist Tugend-Sonntag.

Immer was los.

Mein Freund Daniel sagt: «Charakter entsteht durch Triebverzicht zugunsten langfristiger Ziele.»

27. September

Kopfschmerzen.

Die ersten seit zehn Monaten.

Aspirin ist abgelaufen.

Ohne Rausch kein Kater.

Aber eben auch kein Rausch!

30. September

Habe jetzt eine fiese Bronchitis inklusive Rückenschmerzen und bin sehr trübseliger Stimmung.

Mein eigenwilliger Orthopäde vermutet Zusammenbruch des Immunsystems und innere Verspannungen aufgrund der falschen Haarfarbe.

«Es ist anstrengend, anders auszusehen, als man ist», sagt er. «Sie waren nicht lange genug blond, als dass Sie und Ihr Organismus sich daran hätten gewöhnen können.»

So gesehen ist Blondsein sogar gesundheitsgefährdend.

Weg mit dem Krempel!

Krieg der Materie!

Von zauberhaften Abschieden und wunderbaren Entdeckungen.

Wie ich innerhalb einer Woche dreiundvierzig Kilo verlor, und wie ich das Glück auf meinem Teller wiederfand, als ich beschloss:

Ich will mich nicht mehr ernähren! Ich will wieder essen!

5. Oktober

GEWICHT: Lebensbedrohliche Fettleibigkeit.
GEFÜHL: Atemnot. Überlastet. Überfüllt. Überfressen. Leichte, beständige Übelkeit. Beschämt beim Anblick der überquellenden Horte jahrzehntelanger Disziplinlosigkeit. Hier liegen meine eigentlichen Problemzonen. Es sind nicht die Oberschenkel, es ist nicht das Körperfett, es sind nicht die Falten im Gesicht – es ist der ganze Kram in den Ecken! Dieser hinderliche Lebens-Plunder!
PLAN: Totale, radikale Entschlackung.

In jedem Leben gibt es diese dunklen Flecken.

Schwarze Löcher, in denen Materie nicht verschwindet, sondern sich anhäuft zu bedrohlichen Krempel-Formationen.

In meinem Elternhaus war es der Dachboden. Ein unheimlicher, spärlich beleuchteter Raum voll mit Gerümpel, alten Koffern, mottenzerfressenen Kissen und kaputtem Spielzeug.

Wir öffneten die Tür nur, um etwas Neues hineinzuschmeißen, das ständig im Weg herumstand, aber irgendwie noch zu gut war für die Mülltonne.

Zwanzig Jahre lang strahlte der Dachboden etwas Bedrohliches für mich aus, und bis heute spielt er eine unrühmliche Rolle in meinen Albträumen, in denen ich mich gefangen fühle zwischen Bergen von Krimskrams und zugemüllten Ecken, in denen etwas Fieses lauert.

Wie eine träge, verfressene Ratte hockte der Raum unter dem Dach unseres kleinen Hauses und raubte uns Energie. Wenig zwar, aber ununterbrochen. Zwanzig Jahre lang.

Ich dachte, ich sei mir mittlerweile der Gefahr bewusst, die von diesen Krafträubern ausgeht, und dennoch haben sich in meinem

Leben wieder Nester des Unbehagens und Energieabsorbierer eingeschlichen.

Das können Menschen sein, die einem langsam, aber stetig die Substanz wegfressen. Es können die falschen Freunde auf Facebook sein oder die falschen Bücher im Regal. Es können Apps sein, die einem das Handy verstopfen, Kontakte, die längst keine mehr sind, oder ein Erbstück, das du nie erben wolltest.

Es können Pumps sein, die ein Vermögen gekostet und deine Füße bereits auf dem kurzen Weg zum Parkplatz traumatisiert haben, oder teure Gesichts-Masken, die du für einen besonderen Anlass so lange aufsparst, bis sie abgelaufen sind und von der Konsistenz her an preiswerte Margarine erinnern.

Und ja, es könnte auch die terrassenförmige Sprossenzuchtanlage im Küchenschrank sein oder der Spiralschneider für Gemüsespaghetti. Die Tatsache, dass beide nach einem knappen Jahr noch originalverpackt sind, deutet darauf hin, dass es sich womöglich nicht um wohlüberlegte Anschaffungen handelt.

Mein Leben ist voll. Zu voll!

Könnte man ein Wärmebild unseres Hauses machen, auf dem die Stellen sichtbar werden, an denen Energie durch Anhäufung von zu viel Materie und durch Aufschieben von unliebsamen Tätigkeiten verlorengeht, dann wären das ganz klar mein Schreibtisch und mein Kleiderschrank.

Kleinere, temporäre Energieverluste sind auch im Keller, im Badezimmerschrank und, je nach Aufräumlaune meiner Söhne, in den Kinderzimmern zu beklagen, aber ich muss unumwunden zugeben, dass ich es bin, die die Energiebilanz unseres Haushaltes komplett versaut. Und meine eigene natürlich auch.

Chaos kostet Kraft.

Zu viel vom Falschen zu besitzen, saugt dir das Mark aus den Knochen.

Ich übertreibe? Nein.

Es ist Zeit für einen Krieg.

Und ja, das klingt jetzt ganz genau so dramatisch, wie es gemeint ist.

Nachdem ich das Buch *Stuffocation – Living more with Less* in den letzten Tagen mit wachsender Beschämung und innerer Unruhe gelesen hatte, habe ich mich zu einem großen Befreiungsschlag entschlossen.

In *Stuffocation* steht: «Wie zu viel Essen und zu wenig Bewegung schädlich sind für die körperliche Gesundheit, ist zu viel Besitz ungesund für die mentale Gesundheit.

Wir konzentrieren uns auf das Anschaffen von Dingen, und das macht uns ängstlich und verspannt. Und je mehr Leute feststellen, dass der beste Weg zu Status, Identität, Sinn und Freude über Erfahrungen und Handlungen führt, umso mehr wird der alteingesessene Materialismus verschwinden und das Zeitalter des Experimentalismus beginnen. Wir werden weniger kaufen, und wir werden aus anderen Gründen kaufen. Wir werden keine Arbeit annehmen, die uns nicht wirklich liegt, um Dinge zu kaufen, die wir nicht wirklich brauchen. Experimentalisten sind keine Antikapitalisten oder Konsumgegner. Sie haben auch nichts gegen Besitz, aber sie haben was gegen zu viel vom falschen Zeug.

Um sicher zu sein, dass Ihre Besitztümer eine gesunde Rolle in Ihrem Leben spielen, sollten Sie sich folgende Fragen stellen:

1. Wie oft benutze ich das tatsächlich?
2. Brauche ich das wirklich?
3. Verschafft mir dieser Besitz Erfahrungen, die mich glücklich machen – oder beschwert er mich eigentlich nur und verursacht Stress und ein schlechtes Gewissen?

Denken Sie an meinen Großvater, der sagte: ‹Erinnerungen leben länger als Träume.› Kaufen Sie umsichtig. Entscheiden Sie sich dafür, Erfahrungen zu machen. Wählen Sie das Leben!»

6. Oktober

1918, Umsturz in Prag. Eine Horde Radau-Nationalisten will das Gebäude des *Prager Tagblatts* plündern. Die Männer reißen die Tür zum Zimmer von Dr. Raabe auf, dem Leiter der Sportredaktion, der unter seinen Kollegen für die chaotische Unordnung in seinem Büro berühmt ist. Angesichts des wüsten Bildes, das sich ihnen bietet, machen die Eindringlinge mit den Worten kehrt: «Hier waren wir schon!»

Diese Anekdote stammt aus *Die Tante Jolesch*, meinem Lieblingsbuch von Friedrich Torberg. Und wann immer ich meinem Schreibtisch kritisch gegenübertrete, muss ich mir eingestehen, dass es auch auf ihm so aussieht, als seien die Plünderer bereits da gewesen.

In meinem Arbeitszimmer steht Andrea Kaden, Professional Organizer und Efficiency Trainer, und sagt:

«Ordnung ist ein System, das Sie unterstützt, Ihre Ziele zu erreichen. Ordnung schafft Freiräume, Platz und Zeit für Wesentliches. Ihr Schreibtisch verrät mir, dass Sie Erledigungen aufschieben und unfähig sind, klare Strukturen zu schaffen. Die nächsten Stunden werden anstrengend für Sie. Sie müssen schnell Entscheidungen treffen, die Sie lange vor sich hergeschoben haben. Ordnung hat viel mit Loslassen zu tun.»

Auf meinem Schreibtisch erheben sich ungeordnete Haufen wie Maulwurfshügel auf einer Wiese. Hier ein Stapel Post, dort zwei Bücher, hier ein paar Einladungen und dort ein paar Notizen, hastig auf die Rückseite einer Mahnung der Wasserwerke gekritzelt, in der ich zum wiederholten Male gebeten werde, den Zählerstand mitzuteilen.

Im Bücherregal sieht es nicht besser aus. Ein System ist nicht zu erkennen.

Dass ich Rechnungen pünktlich bezahle, das Hausaufgabenheft meines Sohnes jede Woche unterschreibe und nicht durch Säumniszuschläge des Finanzamtes ruiniert worden bin, grenzt an ein Wunder.

Was dringend ist, erledige ich. Aber Zähler- oder Kilometerstände ablesen? Dazu bin ich aus mir unbekannten, sicherlich frühkindlich motivierten Gründen nicht in der Lage und auch nicht willens.

Was nicht dringend, mir aber wichtig ist – Briefe, Artikel, Rezepte –, landet auf Stapeln und in Schubladen, die ich mit der inneren Beschriftung versehe: Darum kümmere ich mich später ganz in Ruhe.

Aber wann ist später?

Und wann ist Ruhe?

«Eine Aufgabe benötigt so viel Zeit, wie wir ihr zubilligen», sagt Andrea Kaden. «Legen Sie Tag und Uhrzeit fest, um Dinge zu erledigen. Verbieten Sie es sich, von diesem Korsett abzuweichen. Aufgaben, die Sie weniger als zwei Minuten kosten, erledigen Sie immer sofort. Außerdem sollten Sie Ihr Verhältnis zu Papier überdenken.»

Tatsächlich habe ich eine altmodische und sentimentale und absolut unpraktische innere Haltung zu losen Blättern, was dazu führt, dass sich in meinem Leben deutlich zu viele Klarsichthüllen tummeln, die vollgestopft sind mit Papier.

«Für dieses Problem», sagt Andrea Kaden, «lautet die Lösung: scannen und im Computer ablegen. Unwichtiges schmeißen Sie künftig sofort weg.»

Vier Stunden verbringen wir in meinem Arbeitszimmer.

Danach ist mein Schreibtisch leer, und die Mülltonne vor dem Haus randvoll mit wichtigtuerischem, aber unwichtigem Papierkram, entleerten Ordnern und Röntgenbildern eines längst verheilten Meniskusrisses.

Im Regal steht ein To-do-Ablagekörbchen, das ich jeden Freitag um vier Uhr durcharbeiten werde, genau eine Stunde lang. Und um fünf gibt es zur Belohnung die erste Zigarette. Erst die Pflicht und dann das Vergnügen.

«Auf Ihrem Schreibtisch darf nur das liegen, was Sie gerade zum Arbeiten brauchen», sagt Frau Kaden so wunderbar freundlich und streng, dass ich sofort das beruhigende Gefühl habe, genau das Richtige zu tun, wenn ich mich nur an ihre Anweisungen halte. «Wenn Sie mit der Arbeit fertig sind, sollte Ihr Schreibtisch leer sein, denn Ihr Unterbewusstsein nimmt alles Unnötige wahr. Das Hirn beschäftigt sich mit jeder Unterlage, die wir in die Hand nehmen müssen, weil wir eine andere suchen. Respektieren Sie Ihren leeren Schreibtisch. Legen Sie nichts einfach mal so hin, denn dann setzt augenblicklich der Broken-Window-Effekt ein: Eine einzige zerbrochene Fensterscheibe, die nicht sofort repariert wird, kann zur Verwahrlosung eines ganzen Stadtteiles führen.»

Das leuchtet mir sogleich ein. Die Verwahrlosung meines Schreibtisches beginnt meist damit, dass ich gerade nicht weiß, wohin mit dieser Einladung oder jener Gebrauchsanleitung. Unordnung lädt zu noch mehr Unordnung ein. Auf ein Gerümpel mehr oder weniger kommt es dann auch nicht mehr an, und schon herrschen wieder chaotische, Energie auffressende Zustände.

Ordnung hält nicht nur den Tisch, sondern auch das Hirn frei.

Zu diesem Zweck stehen jetzt fünf ordentlich beschriftete Sammelordner in meinem Regal: Gesundheit, Wohnen, Kinder, Ideen und Presse.

Als Andrea Kaden am Abend mein Zimmer verlässt, sind die Nester des Unbehagens stark dezimiert. Bei unserem nächsten Termin werden wir meinen Computer aufräumen und den Bestand an Büchern einer kritischen Prüfung unterziehen.

Ich sitze noch eine Weile an meinem leeren Schreibtisch und atme tief durch.

Ich fühle mich befreit und bin wild entschlossen, der nächsten, noch viel wilderen Bestie zu begegnen: Morgen ist endlich mein Kleiderschrank dran!

7. Oktober

Vor mir liegt mein halbes Leben.

Mehr als zwanzig Jahre, erzählt von Schuhen und Klamotten.

Sich durch die hintersten Winkel der Kleiderschränke zu wühlen, längst vergessene Schubladen und verstaubte Kleidersäcke zu öffnen, ist, wie in alten Fotoalben zu blättern. Zumindest bei jemandem wie mir, der sich nicht durch regelmäßiges Ausmisten und ständige Wartung und Aktualisierung des Bestandes hervortut.

Abstruse Kleidungsstücke in absonderlichen Farben erinnern unangenehm an die Zeit, als ich noch der Meinung war, ich hätte Geschmack.

Erst allmählich und mit der Unterstützung meines Mannes hatte ich mich zu der Erkenntnis durchringen können, dass ich leider nicht mit einem gesunden Stilempfinden gesegnet bin, und hatte daraufhin gewisse Vorsichtsmaßnahmen getroffen. Über den Kauf von Möbeln und teuren Kleidungsstücken entscheide ich nicht mehr allein. Ich habe mich freiwillig verpflichtet, meinen Mann oder eine geschmackssichere Freundin zu kontaktieren, bevor ich Kostspieliges anschaffe. Und bevor ich das Haus zu einem wichtigen Termin verlasse, muss ich eine Geschmacks-Schleuse passieren, in der entweder der Ehemann, die Haushaltshilfe oder die eilig herbeigerufenen Nachbarn schlimmste Entgleisungen zu verhindern versuchen.

Ich habe immer Leute beneidet, die sich originell kleiden, sich individuell einrichten und die ganz genau wissen, was zu ihnen passt, und mit ein paar Handgriffen ihren ganz eigenen Stil kreieren.

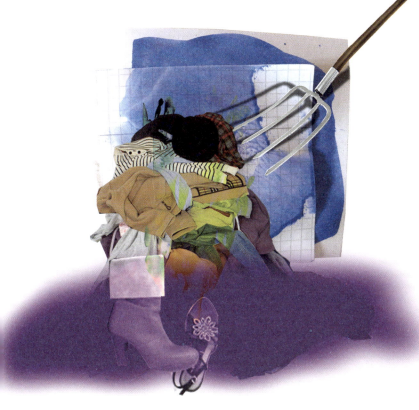

Ich habe leider keinen eigenen Stil.

Ja, man kann getrost sagen, dass ich alles andere als originell bin. Das sieht man an meinem Kleiderschrank, in dem dunkelblaue Hosen und weiße Blusen dominant sind und es höchstens sieben farblich auffällige Teile gibt, wobei drei davon Strandtücher sind und ich die anderen vier höchstens zweimal getragen habe, nämlich als die Geschmacks-Schleuse unbesetzt war und ich mit der türkisen Bluse im Indian-Style ungesehen entwischen konnte.

Weil ich weiß, dass auf meinen Geschmack kein Verlass ist, mache ich lieber keine Experimente mehr. Was mir nicht weiter schwerfällt, denn ich mag eigentlich auch keine Experimente und habe einen ganz ausgeprägten und nicht zu leugnenden Hang zum Durchschnitt.

Jenseits des Mainstreams war ich noch nie unterwegs.

Ich könnte mich problemlos und ausschließlich mit IKEA-Möbeln einrichten und komplett bei H&M einkleiden. Wenn mir was gefällt, gefällt es garantiert allen anderen auch. Mein Stil ist keinesfalls außergewöhnlich, mein Geschmack ist Massenware, und ich hatte noch nie eine Meinung, mit der ich ganz alleine dastand.

Schuhe, Parteien, Musik, Bücher: Was ich gut finde, ist meist sehr gut verkäuflich oder regierungsfähig. Ich liebe das Essen in Raststätten, ich höre die Charts, ich lese Bestseller, und die Bilder aus Postershops und Kaufhäusern – meist handelt es sich ja um Schwarzweißfotografien von Hochhäusern aus New York oder Cafés in Paris – gefallen mir oft besser als die, vor denen ich immer wieder verstört bei angesagten Vernissagen stehe, mit einem Champagnerkelch in der Hand und der Frage auf den Lippen: «Ist das Kunst, oder kann das weg?»

Meist habe ich bei solchen Ausstellungen mehr Zugang zu den Rahmen als zu den Bildern.

Meinen Geschmack überlasse ich mittlerweile anderen.

Jutta Flick ist Private Stylist und Personal Shopper. Und lässt sich von meinem Kleiderschrank und dessen Inhalt nicht einschüchtern.

Eine Stretchhose mit Tigerprint, die vor siebzehn Jahren unverschämt teuer war, erinnert an die Party zur Jahrtausendwende, die Riemchenpumps an meine erste Buchmesse und das schwarze, durchgeknöpfte, bereits fadenscheinige Abendkleid lässt mich an den ersten roten Teppich denken, über den ich gegangen bin.

Es war anno zweitausendundeins, und mein Buch *Mondscheintarif* war verfilmt worden. Voller Stolz und in besagtem, extra neu angeschafftem Kleid schritt ich würdevoll am Arm des Regisseurs Ralf Huettner zur Filmpremiere. Als wir in das Blitzlichtgewitter der Fotografen traten, bemühte ich mich, wie Julia Roberts zu lachen und wie Cindy Lauper zu posieren und war mir meiner eigenen, riesengroßen Bedeutung absolut bewusst.

Bis einer der Fotografen rief: «Frau Huettner, wir brauchen bitte einmal Ihren Mann allein!»

Löcherige Turnschuhe erzählen von Sommern an der Ostsee, als ich noch keine Kinder hatte und die reine Uhrzeit nie ein Grund war, nach Hause zu gehen. Schwer schließbare weiße Blusen stammen aus Zeiten, als meine Körpermitte noch nicht durch Schwangerschaften, jahrelangen Spaghetti-Abusus und den Lauf der Zeit gezeichnet war.

Meine heißgeliebten Plateau-Stiefeletten, die zerfleddert sind wie ein Vögelchen in der Mauser, haben mich selbst in sehr angeheitertem Zustand stets sicher nach Hause getragen, und die folkloristisch anmutende Tunika hatte ich zur Hochzeit meines Freundes Andreas tragen wollen, hatte mich dann aber nach der gezielt platzierten Bemerkung meines Mannes, ich würde ihn darin unvorteilhaft an die Sängerin Alexandra und ihren Welthit *Zigeunerjunge* erinnern, doch noch umentschieden.

Aus meinem Kleiderschrank quellen die Kleidungsstücke wie klebriger Hefeteig aus einer Backform.

Ich versinke in einem riesigen Stoffberg, Schuhkartons und Bügel bedecken den Boden, aber ich habe professionellen Begleitschutz organisiert – eine Mitstreiterin, bewaffnet mit Stilempfinden.

Jutta Flick stellt eine Kleiderstange auf und beginnt zunächst mit Blusen und Hosen. Ich muss jedes Teil anprobieren.

Einiges erledigt sich von selbst, die Glitzerhose in Lila beispielsweise, die ich gleich freiwillig auf den Haufen *Weg damit!* schmeiße, und die goldenen Stretchjeans, die nichts verzeihen und meinen Beinen gegenüber nicht die kaschierende Milde walten lassen, die sie benötigen und die sie sich im Laufe der Zeit, finde ich, auch verdient haben.

Eine meiner Lieblingsblusen hält dem strengen Blick der Stilberaterin nicht stand. Nun gut, ich hatte selber den Eindruck gehabt, dass ich darin unnötig kastenförmig wirke, aber weil mir die Farbe so gut gefiel, hatte ich die ungute Form erfolgreich verdrängt.

Ich sehe jetzt, dass ich beim Kleider- und Schuhekauf zu absurden Kompromissen bereit bin, zu denen ich mich beispielsweise bei der Partnerwahl niemals hinreißen lassen würde.

Ich bin zum Beispiel absolut willig, Schuhe zu kaufen, die eine halbe Nummer zu klein sind, wenn sie runtergesetzt und von Prada sind und mir die Verkäuferin glaubhaft versichert, dass sie sich noch weiten.

Bei mir hat sich noch nie ein Schuh geweitet. Das sind Lügen, und das weiß ich, aber manchmal will man belogen werden.

Ich hatte zum Beispiel auch geahnt, dass ich in den Stiletto-Ankle-Boots keine zehn Meter weit kommen würde, aber der Verkäufer hatte gemeint, dass sich jeder Fuß an das Gehen in Dreizehn-Zentimeter-Absätzen gewöhnen könne. Jeder. Das sei einzig eine Frage der Disziplin und der Motivation, und er würde nicht glauben wollen, dass ich etwas nicht schaffen würde, was Paris Hilton und Verona Pooth auch können.

Ich erinnere mich ungern an das Geburtstagsfest, das ich humpelnd, barfuß und weit vor Mitternacht verlassen musste, weil ich es in den Boots, deren Designer ich gerne wegen vorsätzlicher Körperverletzung angeklagt hätte, nicht mehr aushielt.

Ich weiß nicht, wie Paris und Verona das machen. Vielleicht haben sie einfach eine höhere Leidensbereitschaft oder durch jahrelange Übung eine meterdicke Hornhaut unter den Füßen.

Die Folterschuhe landen bei *Weg damit!*.

Mein Kleiderschrank ist ein beschämender Beweis für meine Inkonsequenz und meine gänzlich IQ-freie Gier nach Besitz.

Nicht nur, dass ich zu blöd bin, mir ausschließlich Sachen zu kaufen, die mir passen und stehen, nein, ich bin dann auch noch nicht in der Lage, mir die Fehlkäufe ehrlich einzugestehen und sie zügig und angemessen zu entsorgen – am perfekten Körper meiner Nachbarin zum Beispiel, die fast alles tragen kann.

Mein Schrank ist voller Altlasten, die Platz wegnehmen und schlechte Laune machen, die mich schmerzlich daran erinnern, was sie gekostet haben, und die ich aus fadenscheinigen Gründen, die mich nicht mal selbst überzeugen, bisher nicht rausgeschmissen habe:

«Wenn ich es nur lange genug hängen lasse, wird es irgendwann wieder modern.»

«Ich muss bloß sieben Kilo abnehmen, dann sitzt es perfekt.»

«Notfalls nehme ich es als Nachthemd.»

«Zum Wegschmeißen war das zu teuer.»

«Der hat über achthundert Euro gekostet!», höre ich mich entsprechend wehleidig jaulen, als Jutta Flick mit einem Kopfschütteln einen Nadelstreifenanzug von Jil Sander aus dem Jahr zweitausendunddrei an mir begutachtet.

«Er ist unmodern, macht dich alt und spannt an den Schultern.»

Meine Mohair-Strickjacke?

«Macht dich nicht schöner.»

Meine hochmodernen Baggy-Pants?
«Machen dich da dicker, wo du sowieso nicht gerade dünn bist.»
Mein beiger Wasserfallkragen-Pulli?
«Darin siehst du krank aus.»
Das Kleid, das ich letzten Winter jeden Tag getragen habe, weil es so wahnsinnig bequem ist?
«Bequem ist kein Argument. Außer auf dem Sofa. Das Haus würde ich darin an deiner Stelle nicht verlassen.»
Jutta Flick ist nicht der Typ Frau für unnötige Schmeicheleien. Ihr Job ist es, die Wahrheit zu sagen. Und die ist oft hart. Deswegen empfiehlt es sich unter keinen Umständen, den eigenen Kleiderschrank mit einer engen Freundin oder gar dem eigenen Mann auszumisten.

Es sei denn, die betreffende Freundin und der Partner sollen anschließend gleich mit entsorgt werden.

Mit jedem Kleidungsstück, jedem Paar Schuhe, jedem Halstuch, das keine Gnade vor Jutta Flicks Expertenaugen findet, fühle ich mich wohler und wohler.

Der Haufen *Weg damit!* wird in den nächsten Stunden immer höher, und in meinem Schrank entsteht Raum.

Raum, in dem die übrig gebliebenen Teile wirken können, in dem nichts verlorengeht oder vergessen wird. Ein Raum ohne Kompromisse, ohne Platz für Drei-Minus-Pullover und für Vier-Plus-Stiefel und für Röcke, die mir, seien wir doch ehrlich, nie wieder passen werden.

Jutta Flick rät mir, ein paar Hosen zu kürzen, und sie stellt aus den von ihr bewilligten Kleidungsstücken Outfits zusammen, die großartig sind und mir im Traum nicht eingefallen wären.

Sie macht aus weniger mehr, schafft Klarheit und neue Werte.

In dem schwarzen Kleid meiner Mutter, das ich als Andenken aufbewahrt habe, den weißen Schuhen, die ich schon freiwillig ausmustern wollte, und der hellen Jacke, für die ich nie eine Verwendung gefunden habe, sehe ich aus, als hätte ich einen exquisiten eigenen Stil.

Die uralte Lederjacke passt erstaunlicherweise zu der noch älteren Cordschlaghose, und die Strickjacke, die ich völlig vergessen hatte, wird mit dem für mich ebenfalls überraschend wieder aufgetauchten Jeansrock zu einem aufsehenerregenden Paar.

Jutta Flick fotografiert die abgesegneten Outfits an mir, damit ich nicht vergesse, was wozu passt, und hängt die Polaroids an die Innenseiten der Kleiderschranktüren.

Am Ende des langen Tages weiß ich zum ersten Mal in meinem Leben, welche Klamotten ich besitze und wie ich sie einsetzen kann. Es gibt keine vollgestopften Schubladen mehr, keine übereinander hängenden Hosen, und die Schuhe quetschen sich nicht länger auf engstem Raum zusammen wie japanische Pendler in der U-Bahn von Tokio.

Ich fühle mich wie berauscht von der Kleider-Entschlackung. Bis spät in die Nacht trage ich körbeweise Klamotten und Schuhe in den Keller, packe Kisten für Hilfsbedürftige und lege ein paar Teile, an denen mein Herz besonders hängt, für Freundinnen beiseite.

Wie bringt man einen Ballon zum fliegen?

Ballast abwerfen.

Es ist halb drei morgens, als ich die Türen meines halbleeren Kleiderschrankes schließe.

Keine halben Sachen mehr.

Ich habe weniger, und mir fehlt nichts.

Was für ein Glück.

Gute Nacht!

17. Oktober

Heute habe ich Post bekommen.
Eine Mahnung.
Von meiner Waage.
In der E-Mail mit dem Betreff *Wochenbilanz* stand in drohend großen Lettern:
«Handeln Sie jetzt, Ildikó! Jeder hat mal eine schlechte Woche. Kommen Sie in den nächsten Tagen wieder in die Spur!»
Dabei hatte ich gar keine schlechte Woche, ganz im Gegenteil. Genau genommen bin ich schon seit Beginn des Monats ausgesprochen vergnügt, nämlich seit jenem Abend Anfang Oktober.

Mein Mann und ich waren mit Freunden essen, und ich wollte gerade mal wieder Fisch mit gedünstetem Gemüse und eine klare Brühe vorweg bestellen, als ich innehielt, um mich für verrückt zu erklären.

Seit der Darm in unserer Gesellschaft und in den Bestsellerlisten zum hypersensiblen Superstar geworden ist, hat man ja das Gefühl, ihn bereits mit einem Stückchen Käsekuchen am Sonntagnachmittag oder einem Käsebrot am Abend gleich zu Tode zu beleidigen.

Wie gesund kann es sein, ständig auf alles zu verzichten, was einem richtig gut schmeckt?

Mein Darm hat es mir keinesfalls gedankt, dass ich in den letzten Monaten alles weggelassen habe, wogegen er angeblich intolerant ist. Meine Psyche auch nicht. Und meinen Beziehungsstatus kann ich demnächst von *verheiratet* in *gluten-, laktose- und ehemannfrei* ändern.

Es gab Zeiten, als wir uns gemeinsam schon ab mittags auf das Abendessen freuten, uns fragten, wonach uns der Sinn stünde, ob wir uns den teuren Parmesan leisten sollten oder ein besonderes Stück Fleisch.

Mittlerweile sehe ich meinen Mann nach den meisten von mir zubereiteten Mahlzeiten (wahlweise Fisch mit Gemüse, Putenbrust mit Gemüse oder Gemüse pur) wortlos zum Brotkasten gehen, um dort seinen Magen nachträglich mit Grundlagen zu versorgen.

Wie konnte ich nur zu so einer Food-Terroristin werden? Ein Nischen-Esser der übelsten Sorte, ein Schrecken der Kellner, ein Spaßverderber bei jeder Essenseinladung und definitiv nicht mehr die verfressene und versoffene Frohnatur, die mein Mann mal geheiratet hat, sicher auch um einen Ausgleich zu seinem nordischen Naturell zu schaffen.

Jetzt bin ich immer ausgeschlafen, sehe leichter und jünger aus und habe wahrscheinlich auch bessere Blutfettwerte, aber es würde mich nicht wundern, wenn er mich demnächst wegen einer runzligen Dicken mit gesundem Appetit verlassen würde.

Gut, dass mein Mann nicht so intolerant ist wie mein Darm.

Wobei, glaube ich, im Grunde seines Herzens mein Darm ein ausgesprochen verträgliches Organ ist.

Und wenn man nicht krank ist, sollte man nicht so essen, als sei man krank. Ich will mich nicht länger wie eine Ernährungs-Irre aufführen, nur weil irgendein fragwürdiger Bluttest mir Unverträglichkeiten attestiert, von denen ich bis dahin nicht mal was gemerkt hatte.

Ich will wieder essen, statt mich zu ernähren!

Den Glücksverlust, den es für mich bedeutet, beim Familien-Pizza-Abend als Einzige Putenbrust auf Reiswaffel zu essen, misst eben kein Nahrungsmittelunverträglichkeits-Test.

Und die tiefste Zufriedenheit, die ich neulich empfand, als ich heimlich zum Frühstück statt Hirsebrei mit Reismilch ein Dinkelbrot (Gluten!) mit Butter (Laktose!), frischem Gouda (noch mehr Laktose!) und Gurken (unbedenklich) aß, kann nur gesund sein – auch wenn diese Mahlzeit laut meinem Testergebnis einem suizidalen Akt gleichkam.

Ich bin es satt, nie satt und zufrieden zu sein. Mit kalten Füßen ins Bett zu gehen, weil meinem Körper ein paar Kohlehydrate fehlen, an denen er sich wärmen kann. Mein Magen ist ein Hohlraum geworden.

Ich mag beim Einkaufen nicht mehr jedes Produkt argwöhnisch auf seine Inhaltsstoffe überprüfen wie ein Laborant seine Trägerlösung. Ich will mich wieder fragen: «Worauf habe ich Lust?» statt: «Was kann ich vertragen?»

Nur ein verschwindend geringer Prozentsatz der Menschen leidet an ernstzunehmenden Nahrungsmittelunverträglichkeiten oder Allergien.

Und ich will nicht länger ein freiwilliger Ausnahme-Esser sein und zu den durchgeknallten Gesunden gehören, die alles blind kaufen, bloß weil *frei von* draufsteht, sogar den extra sauteuren, *laktosefreien* Edamer. Dabei ist Edamer, das habe ich jetzt erfahren, von Natur aus laktosefrei.

Demnächst halten wir Wodka für gesund, weil kein Gluten drin ist.

«Verbote machen das Leben schwer», hat mir Anne Fleck gesagt, die Ernährungsmedizinerin mit eigener Fernsehsendung. Die pragmatische Doktorin, die ein Cordon bleu zur rechten Zeit sehr zu schätzen weiß, hält nichts von Ernährungs-Extremismus. «Essen ist Genuss und Kultur. Allein die Dosis macht das Gift. Wir sind dabei, ein Volk von freudlosen Essern zu werden, mit durch Diäten versauten Körpern und der absurden Vorstellung, dass man von einer Tafel Schokolade zwei Stunden früher stirbt. Die Woche hat sieben Tage. Wenn Sie sich an fünfen davon ausgewogen und gesund ernähren, reicht das völlig. Zu viel Verbissenheit schlägt einem mehr auf den Magen als ein Stück Buttercremetorte.»

Und wie isst man ausgewogen und gesund?

Drei Mahlzeiten am Tag. Mischkost mit guten Fetten. Obst und Rohkost nur bis mittags. Wenig Zucker, keine Süßstoffe, Alkohol und Kaffee in Maßen.

Das war's schon.

Ach, wenn es denn nur so einfach wäre.

Denn es sind sich ja nicht einmal die Experten einig, wie man ordentlich isst. Bei Ernährungspyramiden, jede selbstverständlich mit Hilfe von promovierten Ernährungswissenschaftlern erschaffen, gibt es mittlerweile mehr Varianten als uneheliche Kinder von Dieter Wedel. Wir sind eine Nation von essgestörten, figurfixierten Deppen, die immer noch nicht kapiert haben, dass es nicht Hunderte verschiedene Diäten gäbe, wenn eine von ihnen wirklich funktionieren würde, und dass Kate Moss tausendprozentig lügt, wenn sie sagt: «Ich esse alles, was ich will, auch Schokolade.»

Gluten ist das neue Böse, vegan ist das neue Gute, und ob wir uns gewichtstechnisch im gesellschaftlich anerkannten Rahmen befinden, sagt uns der BMI, dieser ziemlich fragwürdige Body-Mass-Index, der die Menschheit in magersüchtig, untergewichtig, normalgewichtig, übergewichtig und fettsüchtig einteilt.

Ein BMI unter siebzehn ist die Voraussetzung für eine Karriere auf dem Laufsteg. Und für die Einweisung in eine Klinik für Essgestörte.

Das muss man sich mal bitte ganz kurz in Ruhe vorstellen: Die Frauen, die bei Guido Marias Modeschau an mir vorbeigeschwebt sind, beklatscht und beneidet wurden, sind biologisch gesehen schwer krank.

Models sind hochbezahlte Anorektikerinnen. Die angebliche Idealfigur ist für den Körper die Hölle. Aber fatalerweise sind es diese krankhaft mickerigen Figürchen, die die Sehgewohnheiten bestimmen.

Das Kranke wird als ideal, das Normale als gestört wahrgenommen.

«Der verzerrte Durchschnitt macht eine Gesellschaft unglücklich. So entsteht eine ganze Generation von vermeintlich Dicken, die es gar nicht gibt», schreibt der Ernährungsspezialist Udo Pollmer in seinem Buch *Esst endlich normal!*

Aber was, verdammt, ist normal?

Gibt es so was wie normal überhaupt noch?

Nein, normal ist vorbei.

Ein Verhaltensexperiment mit einjährigen Babys hat gezeigt, dass sie sich ihr Essen mit traumwandlerischer Sicherheit richtig auswählen. Aus einem riesigen Angebot nahmen sie die Nahrungsmittel, die sie normal wachsen und zunehmen ließen.

Aber ein dreißigjähriger Mensch hat in seinem Leben etwa vierzigtausend Mahlzeiten gegessen und weiß, dass Chips ungesünder sind als Möhrenschnitze, aber leider besser schmecken. Er weiß, dass er heute Abend zum *Deep-Work*-Kurs gehen sollte, aber er weiß auch, dass um Viertel nach acht ein Spreewaldkrimi läuft.

Er hat sich gemerkt, dass ein Schokoriegel die Energiedichte von sechs Bananen hat, aber er hat auch erlebt, dass nichts so glücklich macht wie ein in der Handtasche bereits leicht angeschmolzenes Snickers.

Wir sind als Mangelwesen erschaffen und programmiert worden. Und diejenigen von uns, die das Glück haben, nicht mehr unter Mangel zu leiden, müssen lernen, maßvoll mit dem Überangebot umzugehen, sich selbst zu kontrollieren und zu kultivieren und zu ständiger Achtsamkeit und Vernunft aufzurufen.

Und da sind wir wieder: bei der Kunst, das richtige Maß zu finden, und der dauernden Anstrengung, das richtige Maß einzuhalten. Das ist beim Essen und beim Rest des Lebens die eigentliche Herausforderung.

Ich schaute den Kellner an und hörte mich sagen: «Ich hätte gerne einmal das Geschnetzelte mit Pommes. Und anschließend den warmen Schokoladenkuchen.»

Mein Mann hob erstaunt den Kopf, schaute mich an, und für einen winzigen Moment schien es so, als würde er lächeln.

Vera seufzte theatralisch, hob ihr Glas und rief: «Willkommen zurück im Leben!»

26. Oktober

Meine Waage ist wieder zufrieden mit mir.
Ein paar maßvolle Tage haben sie versöhnlich gestimmt.
Heute hat sie mir geschrieben:
«Was für eine Woche, Ildikó! Sie haben in den vergangenen sieben Tagen 0,8 Kilogramm verloren. Ihr Ziel ist zum Greifen nah! Es fehlen nur noch 3,1 Kilogramm!»
Daraufhin habe ich beschlossen, mein Wunschgewicht, das ich Anfang des Jahres eingegeben hatte, eigenmächtig um zwei Kilo nach oben zu korrigieren.
Jetzt fehlt nur noch ein Kilo, um meine Waage glücklich zu machen. Alles eine Frage der Wahrnehmung und der Einstellung: Wer aufhört, sich mit Kate Moss zu vergleichen, verliert augenblicklich ein paar Kilo – eine ausgeklügelte Diät, ganz ohne Jo-Jo-Effekt.

Es ist sehr erleichternd, sich von Vorstellungen zu befreien, die man sein halbes Leben mit sich herumschleppt und bei denen man vergessen hat, sie regelmäßig auf ihre Tauglichkeit hin zu überprüfen.

Irgendwann, als man noch fast jeden Mist geglaubt hat, hat einem mal ein Vollidiot gesagt, harte Bauchmuskeln seien ein Must-have, ebenso wie ein verknöchertes Dekolleté und Oberarme, an denen die Adern und Muskeln hervortreten wie bei den Anatomiemodellen aus dem Biologieunterricht.

Mir sind mittlerweile Menschen suspekt, denen ich auf den ersten Blick ansehe, dass sie einen Großteil ihrer Zeit mit dem Training ihrer Oberarme verbringen; ich interessiere mich nicht für Männer mit Waschbrettbauch, und ich habe überhaupt nichts gegen Frauen, deren Körpern man ansieht, dass sie zwei Kinder geboren und immer wieder mal einen Kaiserschmarren zu verstoffwechseln hatten.

Ich brauche keine harte Bauchmuskulatur, und wie definiert meine Oberarme sein müssen, ist eine Frage der Definition. Ich brauch kein Idealgewicht, mir reicht normal.

Wie Heidi Klum auszusehen ist ein Beruf. Alles andere ist ein Hobby. Und ich hab schon einen Beruf.

27. Oktober

Habe mich heute zusammen mit einem Kasten Bier (alkoholfrei) auf die Waage gestellt. Bin gespannt, wie ich bei der nächsten Wochenbilanz von ihr angepöbelt werde oder ob sie dann womöglich überhaupt nicht mehr mit mir redet.

Man muss das eigene Gewicht mit Leichtigkeit zu nehmen wissen, und man darf sich auf keinen Fall von der eigenen Waage auf der Nase herumtanzen lassen.

Gehört Sex zum Glück?

Und wenn ja, wie oft? Und mit wem?

Was ist richtige Liebe, und was haben glibberige Sabberfäden mit den Gefühl von Heimat zu tun?

Wie ich mit meiner neuen Gitarre an einem imaginären Lagerfeuer sitze und in den Nachthimmel singe: «Speaking words of wisdom LET IT BE!»

4. November

Ich stehe ratlos vor meinem Kleiderschrank und weiß nicht, was ich anziehen soll. Ich bin es nicht gewohnt, mich kompromisslos zu kleiden. Seit ich denken kann, habe ich meine Lieblingsklamotten für besondere Tage aufgespart. Und heute ist bloß Mittwoch.

Aus Sorge, den teuren Pullover mit Flecken zu ruinieren, zog ich ihn vorsorglich lieber gar nicht an. Und Lederhosen sind ja auch so irre empfindlich, dass sie am besten in Kleiderschränken aufgehoben sind. Logisch ist das irgendwie nicht. Und die Klamotte wird vom Rumhängen auch nicht schicker.

So gammelten die besten Stücke im Schrank vor sich hin, während ich Tag für Tag in Kompromiss-Garderobe das Haus verließ. Entweder stimmte die Farbe nicht oder der Schnitt oder beides, dann war es aber immerhin runtergesetzt gewesen und von einem namhaften Designer. Eigentlich habe ich schon seit Jahren, außer an Feiertagen und runden Geburtstagen, größtenteils Sachen getragen, die ich nahezu ohne Bedauern hätte ruinieren können.

Aber jetzt blicke ich in einen Schrank, in dem nur noch Lieblingsklamotten hängen.

Beklemmend.

Alles viel zu schade zum Anziehen!

«Jeder Tag ist ein besonderer Tag», höre ich mich entschlossen mein neues Lebens- und Mode-Mantra murmeln und will schon zum roten Kleid und den schwarzen Plateau-Stiefeletten greifen, als ich zufällig einen Pullover aus alten Zeiten entdecke, der es durch die strenge Stilkontrolle nur geschafft hat, weil er gerade in der Schmutzwäsche gewesen war.

Die Versuchung ist groß. Ich ziehe mich an und gehe wenig später im roten Kleid zur Mülltonne vor dem Haus und entsorge dort Teile des Pullovers.

Ich habe ihn zerschnitten. Ein symbolischer Akt der Abnabelung von meinem gestrigen Ich.
Jetzt ist er zwei Lappen.
Und mit denen werde ich ab jetzt regelmäßig meine Lieblingsschuhe putzen.

11. November

Ich bin sehr ergriffen, denn heute ist St. Martin.
Bunte Laternen, singende Kinder, Sonne, Mond und Sterne usw.
Ich stapfe beseelt hinter meinen Söhnen durch den dunklen Park, singe aus vollem Herzen und tiefster Brust «St. Martin ritt durch Schnee und Wind, sein Ross, das trug ihn fort geschwind», bin voller Wärme, Freundlichkeit und durchdrungen von Nächstenliebe, die am heutigen Abend sogar die muffelige Mutter von Clemens mit einschließt, die mich nie grüßt und hinter meinem Rücken erzählt hat, ich wäre eingebildet und würde sie nie grüßen. Dabei grüßt die immer zuerst nicht.
«Ich geh mit meiner Laterne und meine Laterne mit mir!», schmettere ich durchdrungen von Empathie und versuche, mich auch von Charlotte nicht aus dem Konzept bringen zu lassen, die neben mir geht und statt einer Laterne ihr Handy in die Luft hält, als sei sie ein menschgewordener Sendemast.
«Du, sag mal, hier gibt es ja gar kein Netz!», flüstert sie mir panisch zu. «Kannst du bitte ein paar Minuten auf Luca aufpassen? Ich geh nur mal ganz kurz in Richtung Straße. Da müsste es Empfang geben.»
Ich nicke ergeben.
Es ist nicht leicht, eine Freundin zu haben, die frisch verliebt ist. Das verlangt Geduld, Sanftmut, ein solides Selbstbewusstsein und eine gefestigte eigene Beziehung.

Charlotte hat ihren neuen Partner vor sechs Wochen bei einer Partnerbörse im Internet kennengelernt. Nächsten Monat wollen die beiden zusammenziehen.

«Bist du dir sicher?», hatte ich vorsichtig eingewendet und dabei ganz langsam und sehr deutlich gesprochen, denn mir ist bekannt, dass verliebte Leute nicht alle Tassen im Schrank haben und im Grunde nicht geschäftsfähig sind.

In unseren Hirnen findet die Verliebtheit dort statt, wo auch Sucht und Besessenheit zu finden sind. Auf der indonesischen Insel Sulawesi nennt man Verliebtsein *Die Krankheit junger Menschen*.

Nun, Charlotte ist sechsundvierzig, aber sie benimmt sich trotzdem unglaublich bescheuert. Sie schreibt WhatsApp-Nachrichten in Groschenromanlänge und hat von früh bis spät diesen dümmlich-erlösten Gesichtsausdruck, als hätte gerade das Abführmittel gewirkt.

In Charlottes Körper wirbeln Glückshormone herum wie Autos in einer Windhose über dem Mittleren Westen. Sie hat glatte Haut, strahlende Augen und einen Grundumsatz, der es ihr erlaubt, drei Candle-Light-Dinner am Tag zu essen und dennoch rasant abzunehmen.

Charlotte ist nicht wiederzuerkennen, seit sich ihr Beziehungsstatus geändert hat und mit IHM zeitgleich eine Überdosis an Endorphinen und ungezügelter Lust in ihr Leben getreten ist.

Ungezügelte Lust, nur zur Erinnerung, so heißt das, wenn einem das Finale vom *Tatort* mit Maria Furtwängler nicht wichtiger ist als der Beischlaf mit dem Partner. Wenn man ungerührt ein Vermögen in winzige und nahezu durchsichtige Wäschestückchen investiert und die Oscar-Verleihung oder den Opernball frühzeitig verlässt, um IHN vom Flughafen abzuholen.

Charlotte ist derzeit unsozial, unpünktlich und unberechenbar.

Zu Verabredungen mit mir kommt sie grundsätzlich zu spät, weil das Verlangen nach IHM sie überkommt, sobald sie das Haus verlassen will. Eine Urgewalt.

Meine Silvestereinladung lehnte sie ab, weil sie lieber mit IHM den ganzen Abend im Bett verbringen möchte. Und ein Abend zu viert ist irgendwie mühsam, weil sie ständig mit IHM knutscht und mir und meinem Mann dabei das Gefühl vermittelt, dass wir erstens stören würden und es zweitens eine Schande sei, dass wir an diesem Tisch essen, statt darauf übereinander herzufallen.

«Essen ist der Sex des Alters», sagt dazu Vera, die dreiundzwanzig Jahre verheiratet ist und auch nichts gegen eine gute, störungsfreie Mahlzeit einzuwenden hat.

Als sei die permanente Sex-Konfrontation durch Charlotte

noch nicht irritierend genug, bekam ich jetzt auch noch Post von dem Paarberater Michael Mary, in der er mich über einen Online-Workshop zur Belebung der Paarsexualität informierte.

«Muss das denn sein?», fragte ich Herrn Mary daraufhin genervt am Telefon und sah mich schon meinen Mann mit den Nipple Pasties zu Tode erschrecken.

«Nein», sagte Michael Mary. Na immerhin. «Nichts muss sein. Es gibt kein starres, eindeutiges Konzept, wie Beziehungen sein müssen. Ich habe keine genaue Vorstellung, was eine gute und was eine schlechte Beziehung ist, und verbiete mir auch jedes Urteil darüber. Manche wählen ihren Partner aus, weil er erotisch und begehrenswert ist, andere wählen ihn gerade, weil er das nicht ist. In einigen Beziehungen spielt Sex eine entscheidende Rolle, in anderen eine untergeordnete. Paare sollten auf der Hut sein vor verallgemeinernden Aussagen über Liebe und Sexualität, denn Normalität gibt es heute nicht mehr. Sex gehört nicht automatisch zu einer guten Beziehung, und was Menschen unter Liebe verstehen, ist so individuell wie ein Fingerabdruck.»

«Und warum dann Ihr Workshop? Können Sie die Paare nicht einfach in Ruhe auf dem Sofa leidenschaftlich die *Tagesthemen* gucken lassen?»

«Dagegen ist nichts zu sagen, wenn beide damit zufrieden sind. Wer nichts vermisst, hat kein Problem und sollte sich auch keins einreden lassen. Die Leidenschaft geht mit der Dauer der Beziehung zurück, das ist ein völlig normaler Vorgang.»

Das schenkte mir neue Hoffnung.

Eventuell kann ich ja übernächstes Silvester wieder mit Charlotte feiern. Mal sehen, ob sie dann noch mit IHM zusammen ist. Ich wünsche es ihr, aber rein statistisch stehen die Chancen schlecht.

Von hundert neu begonnenen Beziehungen sind vierzig bereits nach einem halben Jahr wieder vorbei. Dann nämlich klingt der Rausch ab, und die Enttäuschung setzt ein.

Oder die Liebe. Je nachdem.

Aber es lohnt sich, das Ende des Rausches abzuwarten, ehe man weitreichende Entscheidungen trifft wie gemeinsame Kinder, eine gemeinsame Wohnung oder ein gemeinsames Darlehen. Und nicht wenige frischverliebte Paare, die zusammen auf Weltreise gehen wollten, haben sich bereits beim Einchecken getrennt.

«Willst du nicht wenigstens das erste Jahr abwarten?», hatte ich also Charlotte sanft gefragt und an ihre unter Endorphin-Geröll verschüttete Vernunft appelliert.

«Ich bin zu alt, um es langsam angehen zu lassen», hatte sie geantwortet. «Ich war zweimal verheiratet, habe zwei Kinder und bin bald fünfzig. Glaubst du, ich weiß nicht, was ich tue?»

«Genau das glaube ich. Frisch verliebt zusammenziehen, das ist wie besoffen Auto fahren.»

Charlotte hatte nur gekichert, und dann waren wir von einer eingehenden SMS unterbrochen worden.

Ausnahmsweise eine von meinem Mann. Und nein, da stand nicht, dass er jeden Augenblick an mich denken, dass er vor Sehnsucht verglühen und die Stunden zählen würde, bis er mir die Kleider vom Leibe reißt und sich in wilder Lust wieder und wieder mit mir vereinigt.

Er wollte lediglich wissen, ob ich bereits Sanssouci-Brot bei Butter Lindner eingekauft hätte.

Ich bin sicher, jede Internetbörse hätte sich geweigert, mir meinen Mann zuzuführen.

Dennoch möchte ich ihn gerne behalten. Durchaus auch für immer.

Ich bin anhänglich und spießig und rührselig. Und ich bin ein großer Freund langer Beziehungen, zu liebgewonnenen Menschen ebenso wie zu liebgewonnenen Dingen.

Die Krippe meiner Großmutter steht, seit ich denken kann, neben jedem Weihnachtsbaum, neben dem auch ich gestanden habe, und ich singe dieselben Lieder, die ich schon als Kind nicht konnte.

Von manchen sind mir nur die ersten zwei Zeilen geläufig, bei einigen hapert es deutlich bei der Melodie, und wieder andere kann ich ausschließlich summen, und das auch noch falsch.

Mich stört das nicht. Im Gegenteil, so war es, so ist es, so wird es sein.

Seit über fünfundzwanzig Jahren verteidige ich meine Rosalinde, die überdimensionale und sehr gewöhnungsbedürftige Stoffmaus, sowie das besonders hässliche Teddybärchen Mottek gegen die heimtückischen Entsorgungsversuche diverser Mitbewohner.

Als meine geliebten Nachbarn aus Aachen im Sommer ihre fünfzig Jahre alte Küche erneuern ließen, hätte ich mich am liebsten wehklagend auf die herausgerissene Spüle geschmissen, weil es mir vorkam, als würde mit ihr ein Teil meiner Kindheit demontiert werden.

Wenn Paare sich nach langen Jahren trennen, fühle ich mich persönlich in meinem Wohlbefinden beeinträchtigt. Die Scheidung von Charles und Diana habe ich im Grunde bis heute nicht verwunden. Und dass es sowohl mit Heiner Lauterbach und Jenny Elvers als auch mit Rafael und Sylvie nicht geklappt hat, macht mir immer noch zu schaffen.

Ich muss sagen, dieses ewige Getrenne finde ich blöd.

Ständig sehe ich Beziehungen zerbrechen an Sachen, die a) man vorher hätte wissen können, b) man aushalten sollte oder c) echt nicht so tragisch sind.

Es ist irgendwie völlig aus der Mode gekommen zu verzeihen, Kompromisse zu machen, durchzuhalten und der Liebe zuzugestehen, dass sie sich verändert, abnimmt und zunimmt, reif und runzelig und ein wenig träge wird, so wie die Liebenden im Laufe der Zeit auch.

Ich mag es, wenn Liebe älter wird und sich verändert, wenn sie Krisen standhält, Phasen durchläuft, gute und schlechte Zeiten, und im Laufe der Jahre die gemeinsame Vergangenheit zunimmt. Wenn man zusammen an Gräbern gestanden hat und im Kreißsaal, Routinen, Alltag und Marotten ertragen hat.

In unserem Bücherregal stehen etwa anderthalb Meter Fotoalben. Unsere zwanzigjährige Geschichte. Ich hoffe, dass noch mindestens zwei Meter dazukommen. Auch wenn mein Mann es nie lernen wird, Verpackungen an den dafür vorgesehenen, oft ja auch deutlich markierten oder gar perforierten Stellen zu öffnen oder Karnevalslieder mit der nötigen Inbrunst zu singen.

In seinem Buch *Lob der Vernunftehe* schreibt der Paartherapeut Arnold Retzer: «Sich einen dauerhaften Partner auszusuchen, heißt, sich ein paar dauerhafte Probleme auszusuchen. Und dabei kommt es letztlich nicht darauf an, sich zu vertragen, sondern sich zu ertragen. Das heißt, der Verzicht auf die Lösung des Problems ist die Lösung. Der Prozess führt von der Illusion des Vertragens hin zur Reife des Ertragens, der resignativen Reife.»

Auweia, dachte ich doch etwas beklommen, wo bleibt denn da die Romantik? Die Leidenschaft? Das Herzklopfen und die Hoffnung?

«Hoffnung ist Mangel an Information», antwortete mir Herr Retzer auf telefonische Nachfrage. «Sie wollen verheiratet bleiben? Dann hören Sie auf, Ihren Partner ändern zu wollen. Pfeifen Sie auf das Glück. Glück ist Zufall. Nehmen Sie sich selbst und Ihre Ehe nicht allzu ernst und haben Sie den Mut, Vorstellungen und Sehnsüchte aufzugeben, die Sie nicht verwirklichen können.»

Sonst gehört man irgendwann zu den Unverbesserlichen, den

Wiederholungstätern, den zweihunderttausend Paaren, die sich jedes Jahr in Deutschland scheiden lassen. Dann hast du so viele Ex-Partner wie Liz Taylor und Lothar Matthäus zusammen, kannst das gegenwärtige Scheidungsrecht in weiten Strecken auswendig zitieren und machst mit den neuen Männern einfach immer wieder die alten Fehler. Aus der dämlichen Sehnsucht nach einem immerwährenden Ausnahmezustand heraus und einer Vorstellung von Liebe, die in Teenagerzeiten entstand und seither nicht mehr korrigiert wurde.

Ich habe längst aufgehört, mich kleingeistig über die Beziehungen anderer Leute zu erheben, bloß weil die nicht meinen Vorstellungen von Liebe entsprechen.

Paare, die sich stundenlang schweigend im Restaurant gegenübersitzen, waren stets ein beliebtes Ziel meiner Überheblichkeit. Heute frage ich mich, ob die sich in stiller Übereinkunft womöglich besser verstehen als manche, die stundenlang intensiv aneinander vorbeireden.

Bei einem meiner zahlreichen Frisörbesuche in den letzten Wochen habe ich mir eine Seite aus der *Brigitte* rausgerissen:

«Liebe ist, sich beim Sex jemand anderen vorzustellen. Liebe ist, fremdzugehen. Liebe ist, treu zu bleiben. Liebe ist, an der Liebe zu zweifeln. Liebe ist Loyalität. Liebe ist Angst und Langeweile und Aushalten. Liebe ist heute anders als morgen. Starre Regeln und gnadenlose Ideale werden der Liebe nicht gerecht und verurteilen sie zum Scheitern. Die Toleranz und die Bereitschaft, sich in sein Schicksal zu fügen, die Tugend des Durchhaltens haben sich dramatisch reduziert. Jedem Zauber wohnt ein Ende inne – das ist das Dilemma der Monogamie. Und das Ende des Zaubers halten viele für das Ende der Liebe. Was für ein Quatsch!»

Sven Hillenkamp schreibt in seinem Buch *Das Ende der Liebe* von «Liebesextremismus und Romantikfanatismus»:

«Nie zuvor waren Liebeshoffnung und Liebeserwartung so groß. Die Menschen verlieben sich auf den ersten Blick – und sind enttäuscht auf den zweiten. Sie trennen sich nicht mehr nach, sondern vor der Liebe.»

Dabei sind das doch die eigentlichen Sensationen: Die Liebespaare, die noch immer zusammen sind – seit zehn, zwanzig, vielleicht vierzig Jahren –, ohne dabei den Eindruck zu vermitteln, dass sie sich das Leben nachhaltig vermiesen und sich eigentlich sehr gerne gegenseitig erwürgen würden.

Ob ich glücklich verheiratet bin?

Was für eine blöde Frage. Natürlich nicht!

Ich bin mal glücklich verheiratet und mal nicht. Und meistens bin ich verheiratet, ohne mir weiter groß darüber Gedanken zu machen.

Mein Lieblings-Paarexperte Arnold Retzer hat in einem Interview gesagt: «Glück und Unglück sind Extremformen. Dazwischen liegt eine große Bandbreite dessen, was ich die Banalität des Guten nenne. Zufriedenheit, die täglichen Sorgen und Querelen. Aber es ist heutzutage nicht leicht, die Banalität des Guten zu akzeptieren.»

Ich weiß mittlerweile, dass die Liebe viel mehr und viel weniger sein kann, als ich mir mal vorgestellt habe. Und schlechter ist sie deswegen nicht und auch kein Grund, sie zu beenden.

Ich beherzige den todsicheren Tipp von Arnold Retzer für die ewige Ehe: «Unterlassen Sie es, sich scheiden zu lassen!»

Erst gestern habe ich mich von meinem Mann mal wieder nicht scheiden lassen. Zum Glück.

Charlotte kommt mit seligem Lächeln zurück. Sie nickt mir entrückt zu und streichelt einem verdutzten Kind, das sie offensichtlich für ihr eigenes hält, über den Kopf.

Wir singen: «Mein Licht geht aus, wir geh'n nach Haus!»

Die Liebe gehört zum Glück wie die Kerze in die Laterne, so viel ist schon mal sicher.

«Rabimmel, rabammel, rabum!»

20. November

Ankunft meines Meditationsbänkchens per Post. Passend zur Meditationsmatte, zum Meditationskissen, zur pyramidenförmigen Meditationsuhr und zur vorbildhaft in sich ruhenden Buddha-Figur.

Ich finde, nach einem Jahr regelmäßiger morgendlicher Meditation darf ich mich mit einer entsprechend professionellen Ausrüstung belohnen.

In einer Ecke des Schlafzimmers ist eine Insel der Ruhe entstanden, ein stilles Plätzchen, mein *silent cookie* (Entschuldigung, aber es war, so kurz vor Schluss, die letzte Möglichkeit, diesen Granaten-Gag noch mal unterzubringen).

Nicht jeder Tag, den ich mit Meditieren starte, ist ein besonderer Tag. Nicht jeder ist ein Lieblingstag oder Edelstein. Natürlich nicht, das wäre ja auch nicht auszuhalten.

Ich setze mich auf mein neues Bänkchen, schließe die Augen und lasse das vergangene Jahr an mir vorbeiziehen: mein Auto, das mir tröstlich zublinkt, mitten in der Nacht auf dem Parkplatz vor dem Schweigekloster. Die Furien der Einsamkeit. Der Dirigent am Tropf. Das Erwachen im Wald und die Toilette mit Persönlichkeit bei der Fastenkur. Mein Promi-Darm, Mutzenmandeln, Reismilchbrei und der Starkmacher, der in seinem Leben schon einige Augen ausgedrückt hat. Angst-Tsunami auf der Bühne, schmutzige Füße im Bach, schmerzende Füße auf dem roten Teppich, kalte Füße in der Wildnis. Erfrorene Fettzellen, eine geliftete Blondine, die Hände einer Sterbenden. Die Sehnsucht nach ewiger Blüte und faltenfreier Weisheit, nach Rausch und Sünde, nach Abenteuer und Geborgenheit, nach Wagnis und Heimat.

Beim Stichwort Heimat denke ich an Heidi.

Ich sehe in ihre treuen, blutunterlaufenen Augen, ein Sabberfaden, in dem sich einige halbverdaute Grashalme befinden, senkt sich langsam von ihrem Maul herab. Sie legt den riesigen Kopf auf ihre Pfoten und seufzt zufrieden, vielleicht hat sie auch nur gepupst.

Heidi ist eine deutsche Dogge, die wir an einem der letzten schönen Spätsommertage am Ostseestrand kennengelernt haben.

Mein kleiner Sohn reichte ihr bis zur Schulter, mein großer Sohn rief «Sitz!», woraufhin sich Heidi auf seine Füße fallen ließ, die Beine in die Luft streckte und sich den Bauch kraulen ließ.

Ich sagte: «Heidi, gib Pfote.»

Heidi tat nichts dergleichen, legte aber den Kopf schief, sabberte ausgiebig und erinnerte mich schmerzlich an mein Hundchen, das vor meinen Augen überfahren wurde, bevor es ein Jahr alt wurde. Ich war damals zwölf. Ein schlimmes Trauma und eine große Sehnsucht, denn bis heute gehört für mich zu einem kompletten und behaglichen Heim ein Hund, der sich freut, wenn ich nach Hause komme, der im Traum auf Entenjagd geht und dabei schmatzt, der dich zwingt, abends noch mal rauszugehen, und der jeden Einbrecher freundlich wedelnd und mit einem Stöckchen im Maul begrüßen würde, dir aber trotzdem ein Gefühl der Sicherheit vermittelt.

Wir verliebten uns alle sofort in Heidi. Fast alle.

Mein Mann steht nicht in so direktem Kontakt zu seinen Gefühlen. Aber ich habe ihm seither einige Gespräche zum Thema *Hund, Glück und Erweiterung des persönlichen Horizontes* aufgedrängt, und ich bemerke ein deutliches Nachlassen des ursprünglichen Widerstandes.

Wenn alles gutgeht, bekommen wir in ein paar Monaten ein Baby.

Und vielleicht könnte es zunächst auf der Insel der Ruhe schlafen, meinem *silent cookie* (das war das letzte Mal, versprochen).

28. November

Ich habe mir selbst eine Gitarre geschenkt! Zu Weihnachten.
Ich hatte sie gleich nach ihrer Anschaffung vor zwei Wochen gut vor mir im Keller versteckt und versucht, sie zu vergessen. Aber heute konnte ich es nicht länger aushalten.
Ich dachte an die unzähligen Abende, die ich auf dem Flokati in meinem Zimmer saß und bewegende Lieder sang. Das waren zutiefst wehmütige und wunderschöne Nächte, die ich nur in Begleitung von Zigaretten, günstigem Wein und einem Haufen Songtext-Bücher verbrachte.

Diese Bücher habe ich noch, und ich beherrsche bis heute exakt sechs Akkorde auf der Gitarre, glücklicherweise genau die, mit denen man die wirklich epochalen Gesangswerke von Reinhard Mey, Cat Stevens, den Beatles und Simon & Garfunkel begleiten kann.

Mein Mann ist vor einer halben Stunde ins Bett gegangen. Ich hatte behauptet, ich wolle noch Wäsche aufhängen, aber das war gelogen gewesen.

Stattdessen hatte ich im Keller eine Flasche Wein und einen Aschenbecher besorgt und die Gitarre aus ihrem Versteck geholt, an das ich mich doch noch recht gut erinnern konnte.

Außerdem hatte ich in meinem Bücherregal in der Abteilung *Wehmut, Nostalgie und Trauer* mein Poesiealbum hervorgekramt, grün, mit seltsamen, roten Pflanzengebilden darauf. Schon damals deutete sich die Unterentwicklung meines Geschmacksempfindens an.

Zur Unterstützung meiner sensiblen Stimmung hatte ich noch mehrere Taschentücher und Tagebücher aus meiner frühen Schaffensphase hervorgeholt, in der ich mich selbst sehr an Hermann Hesse erinnerte und unter etlichen anderen das folgende Gedicht verfasste:

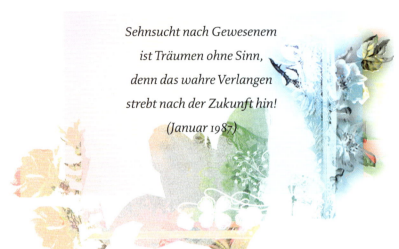

Sehnsucht nach Gewesenem
ist Träumen ohne Sinn,
denn das wahre Verlangen
strebt nach der Zukunft hin!

(Januar 1987)

Nun, mein wahres Verlangen strebt dreißig Jahre später eindeutig in Richtung Vergangenheit, wenn auch der Wein besser ist als früher, dafür aber die Augen umso schlechter.

Ich blinzle mit meinen leicht überforderten Bifokal-Linsen auf die antiquarischen Noten im Kerzenlicht.

Es ist Viertel vor zwölf, ich habe die Wohnzimmertür geschlossen und sitze auf einem imaginären Flokati unter einem imaginären Poster von David Bowie, bin imaginäre sechzehn und spiele den ersten Akkord.

Und es ist, als hätte das Glück von damals nur darauf gewartet, endlich wieder reingelassen zu werden.

2 Uhr 25

Ich habe mein Repertoire jetzt mehrmals engagiert durchgesungen. Die Flasche ist leer, mein Herz ist voll, und die zickigen Bifokal-Linsen hatte ich mir beim dritten *The House of the Rising Sun* aus den Augen gepult und einfach in den Aschenbecher geschmissen.

Jetzt sehe ich die Dinge viel klarer. Zumindest die naheliegenden.

«Speaking words of wisdom, let it be!», schmettere ich ergriffen in den Nachthimmel beziehungsweise gegen die Wohnzimmerdecke, die sich irgendwo im Nikotinnebel verliert.

Es folgen, jeweils mit einem Höchstmaß an Emotion vorgetragen: «The answer, my friend, is blowing in the wind», «Über den Wolken muss die Freiheit wohl grenzenlos sein», «Like a bridge over troubled water», «Take me home, country roads» und «Hello darkness, my old friend».

Jetzt wanke ich zufrieden mit mir selbst und dem Rest der Welt in Richtung Schlafzimmer.

«Wie spät ist es?», fragt mein Mann im Halbschlaf. Ich murmele etwas, was «I love you just the way you are» heißen soll, aber ich bin noch nüchtern genug, um zu registrieren, dass es sich irgendwie ganz anders anhört.

«Bist du betrunken?»

Ich sage: «Look at me, I'm old, but I'm happy.»

Und dann muss ich wohl blitzartig eingeschlafen sein.

30. November

So, und was jetzt?

Das Jahr der Selbstverwirklichung, der Lebensoptimierung, der Glückssuche geht zu Ende.

Meine Zornesfalten kehren langsam in mein Gesicht heim, während meine Oberschenkel offenbar nicht gewillt sind, ihren Rücktritt einzureichen.

Meine Waage hat sich länger nicht bei mir gemeldet, ist wahrscheinlich einer Selbsthilfegruppe beigetreten. In den *Push-to-open*-Schränken im Keller herrscht wohltuende Ordnung, all die Lametta-Lasten, überzähligen Lichterketten, Girlanden, Christbaumkugeln und singenden Elche sind entsorgt.

Übrig geblieben ist das, worauf es ankommt: eine Weihnachtskrippe, eingehüllt in die *Zeit* vom 30.12.1994, Gummistiefel, Gästebettwäsche, Karnevalskostüme und ein paar Flaschen guter Wein.

Die Liste mit meinen guten Vorsätzen habe ich übrigens auch weggeschmissen. Ich schreibe fürs neue Jahr eine neue Liste. Eine, auf der ich mir weniger verbiete und mehr erlaube.

Die terrassenförmige Sprossenzuchtanlage für den Heimbedarf ist immer noch originalverpackt. Ich werde sie Vera zu Weihnachten schenken, zur Erinnerung daran, dass der Mensch sich ändern kann. Aber nur, wenn er unbedingt will.

Den Spiralschneider für Gemüsespaghetti vermache ich meinem Mann um Mitternacht zum Jahreswechsel. Als Dank, dass er auch in den gluten- und freudefreien Zeiten radikaler Selbstverwirklichung nicht die Scheidung eingereicht hat, und als Versprechen für die Zukunft: Ein Leben ohne Lametta ist gut. Ein Leben ohne Nudeln nicht.

Bin ich jetzt glücklicher als im Januar?

Hat sich das Experiment gelohnt?

Ja.

Es war ein gutes Jahr.

Unvergesslich, wegweisend und ohne Happy End.

Denn das Wesentliche vom Unwesentlichen zu unterscheiden, ist eine Aufgabe für ein ganzes Leben, nicht nur für zwölf Monate.

Und im besten Fall hört man nie auf, sich selbst zu überraschen und sich hin und wieder mal zu sagen: «Das hätte ich nie von mir gedacht!»

Daran erinnerte ich mich heute Morgen, als ich ein Haar auf meiner Jacke fand.

Ein langes, blondes Haar.

Dezember

Ich stehe auf der Bühne.
Der Holzboden unter meinen Füßen scheint zu schwanken.
Im Halbdunkel sehe ich ein paar Leute, die in den Kulissen die letzten Handgriffe erledigen, Tonprobe, Lichtprobe.
«Noch fünfzehn Sekunden, Beleuchtung im Saal dimmen», sagt jemand.
Ich hole tief Luft, aber davon scheint in meinen Lungen nichts anzukommen.
Ich bin allein hinter dem Theatervorhang, der sich in wenigen Sekunden öffnen wird. Und da stehe ich dann. Oder auch nicht.
Ich schiele in Richtung Notausgang.
Ich berühre kurz den schweren, roten Stoff. Aus dem Zuschauerraum höre ich die gedämpften Stimmen von Menschen, die darauf warten, dass es losgeht.
Mein Herz rast, ich schließe die Augen und frage mich, warum ich mir das antue, wie ich diese Lesung überleben soll und ob es nicht eine schöne Alternative wäre, in dieser Sekunde laut schreiend das Theater zu verlassen.
«Hast du Angst?», fragt ein Bühnentechniker.
Ich nicke.
«Das ist gut. Das ist sehr gut.»
«Warum?», flüstere ich.
Im Zuschauerraum ist es still geworden.
«Würdest du jetzt lieber zu Hause vor dem Fernseher sitzen? Darum geht es doch: sich im Leben lebendig zu fühlen.»
Wer zittert, langweilt sich nicht.
Ein Weg entsteht dadurch, dass man ihn geht.
Der Vorhang öffnet sich.

Zitatnachweise

Seite 93: Hans Sahl, «Ich gehe langsam aus der Welt heraus» © Luchterhand Literatur Verlag, München, in der Verlagsgruppe Random House

Seite 91 und 108: «Nehmt Abschied, Brüder», Text: Claus Ludwig Laue, 1946

Seite 91: Supertramp, «Logical Song», Text: Roger Hodgson / Rick Davies, 1979

Seite 91: Rudolf Steiner, «Wie erlangt man Erkenntnisse der höheren Welten?», 1904

Seite 96: Dr. med. F. X. Mayr, «Die Darmreinigung. Wie Sie richtig entschlacken, entgiften und entsäuern» © Karl F. Haug Verlag in MVS Medizinverlage Stuttgart GmbH & Co. KG, 2001

Seite 127 f.: Sascha Lobo und Kathrin Passig, «Dinge geregelt kriegen – ohne einen Funken Selbstdisziplin» © Rowohlt · Berlin Verlag, 2008

Seite 144: Hinnerk Polenski, «In der Mitte liegt die Kraft. Mit Zen gelassen bleiben in der Arbeitswelt» © 2014 Theseus in J. Kamphausen Mediengruppe GmbH, Bielefeld

Seite 151: D. H. Lawrence, zitiert nach Tom Hodgkinson, «Leitfaden für faule Eltern» © Rowohlt Verlag, 2011

Seite 178 f.: Ulrich Renz, «Die Tyrannei der Arbeit. Wie wir die Herrschaft über unser Leben zurückgewinnen» © 2013 Ludwig Buchverlag, München, in der Verlagsgruppe Random House GmbH mit freundlicher Genehmigung von Anoukh Foerg Literary Agency

Seite 179 und 330: Tom Hodgkinson, «Die Kunst, frei zu sein. Handbuch für ein schönes Leben» © der deutschen Ausgabe 2007 by Rogner & Bernhard GmbH & Co. Verlags KG, Berlin

Seite 184: Johann Wolfgang von Goethe, «Maximen und Reflexionen», Weimar 1907

Seite 192: David Nicholls, «Drei auf Reisen» © 2014 by Kein und Aber AG, Zürich–Berlin

Seite 194: Albert Wunsch, «Mit mehr Selbst zum stabilen Ich! Resilienz als Basis der Persönlichkeitsbildung» © Springer Spektrum, Springer Verlag, Berlin, 2013

SEITE 216: Oscar Wilde, «Man sollte so leben»
SEITE 216 f.: «Wenn ich mein Leben noch einmal leben könnte», Verfasser unbekannt
SEITE 222: Clemens Brentano, «Sprich aus der Ferne» (Strophe I, 8)
SEITE 230: «Geo Wissen – Zuversicht», Heft 55 05/15
SEITE 250: Ulrich Renz, «Schönheit, eine Wissenschaft für sich» © Bloomsbury, Berlin, 2006
SEITE 263: Waltraud Posch, «Projekt Körper. Wie der Kult um die Schönheit unser Leben prägt» © Campus Verlag GmbH, 2009
SEITE 299: Nena, «Der Anfang vom Ende», Komposition & Text Gabriele Kerner, Edition Hate Music c/o EMI Songs Musikverlag GmbH & Co. KG
SEITE 306: Hermann Hesse, «Stufen» (Strophe I, Zeile 1–4), Ausgewählte Gedichte, Bibliothek Suhrkamp, 1972
SEITE 312: «Lass dich fallen, lerne Schlangen beobachten», Verfasser unbekannt
SEITE 314 UND 330: Robert Pfaller, «Wofür es sich zu leben lohnt. Elemente materialistischer Philosophie» © S. Fischer Verlag GmbH, Frankfurt am Main 2011
SEITE 324: Friedrich Wilhelm Nietzsche, «Die fröhliche Wissenschaft», 1882
SEITE 324: Stendhal, «Über die Liebe», 1822. Übersetzt von Arthur Schurig
SEITE 329: Wolf Schneider, «Glück! Eine etwas andere Gebrauchsanweisung» © Rowohlt Verlag, 2009
SEITE 352: James Wallman, «Stuffocation. Living more with less» © Crux Publishing Ltd, 2013. Frei übersetzt von Ildikó von Kürthy
SEITE 368: Udo Pollmer, «Esst endlich normal. Das Anti-Diät-Buch» © Piper Verlag GmbH, 2005
SEITE 381: Arnold Retzer, «Lob der Vernunftehe. Eine Streitschrift für mehr Realismus in der Liebe» © S. Fischer Verlag GmbH, Frankfurt am Main 2009
SEITE 382 f.: Sven Hillenkamp, «Das Ende der Liebe. Gefühle im Zeitalter unendlicher Freiheit» © J.G. Cotta'sche Buchhandlung, 2009/2010

Das für dieses Buch verwendete Papier ist FSC®-zertifiziert.